徳本 穰 編

スタンダード商法 II

会 社 法

〔第2版〕

法律文化社

スタンダード商法シリーズの刊行にあたって

　近年、商法をめぐる環境には、大きな変化がみられる。そうした変化には、例えば、ここ数年間だけでも、平成26年の会社法の改正、平成26年、27年、29年の金融商品取引法の改正、平成29年の民法（債権関係）の改正、平成30年の商法（運送・海商関係）等の改正等、大きな改正が続いていることがあげられる。

　いうまでもなく、商法の対象とする範囲は広く、実質的には、商法総則、商行為法、会社法、手形法、小切手法、保険法、金融商品取引法等の諸法が含まれ、法改正だけではなく、新たな裁判例の蓄積等も目覚ましく、その範囲は、拡大の一途をたどっている。

　そこで、こうした状況に鑑み、基本的に商法の全範囲についてカバーしながら、しかも、直近の法改正や新たな裁判例の蓄積等についても対応した、新しい教科書シリーズの刊行が、強く望まれてきたところである。本『スタンダード商法』シリーズ（全5巻）は、こうした期待に応えるべく、刊行されるものである。

　本シリーズは、その『スタンダード商法』という名称が示すように、基本となる幹の部分を丁寧に概説することにより、主として、法学部生をはじめ、経済学部、商学部、経営学部等の学生の皆さんが、商法の全体像をしっかりと修得しながら、リーガルマインドを養成することができるように、標準的な内容を提供することをコンセプトとしている。

　このような本シリーズが、これまでに刊行されてきた優れた教科書と並び、広く世の中に歓迎され、永きに亘って愛されることを心より祈念してやまない。

　末筆ながら、本シリーズの刊行に向けて鋭意取り組んで下さった執筆者各位に心より敬意を表するものである。また、本シリーズの刊行にあたっては、法律文化社の皆様、特に、小西英央氏と梶原有美子氏に大変お世話になった。ここに記して、心より感謝申し上げる次第である。

　2018年11月

徳本穰・北村雅史・山下典孝・高橋英治

第2版　はしがき

　今般、「会社法の一部を改正する法律」（令和元年法律第70号）及び「会社法の一部を改正する法律の施行に伴う関係法律の整備等に関する法律」（令和元年法律第71号）が成立し、改正に伴う法務省令も制定された。

　これらの法律による会社法の改正は、平成17年の制定後、平成26年の改正に続く会社法の改正である。

　そこで、第2版においては、この令和元年改正を中心に改訂を行うことにした。

　第2版の刊行に際しては、コロナ禍という困難な状況にもかかわらず、執筆者の先生方から、多大な御尽力を賜った。執筆者各位に心より敬意を表するものである。

　また、第2版の刊行にあたっても、法律文化社の皆様、特に、梶原有美子氏と徳田真紀氏に大変お世話になった。ここに記して、心より感謝申し上げる次第である。

　　2021年12月

徳本　穣

はしがき

　会社法は、平成17年に単行法化されて以来、平成26年に改正がなされた。また、関連する法律についても、ここ数年間だけでも、平成26年、27年、29年の金融商品取引法の改正、平成29年の民法（債権関係）の改正、平成30年の商法（運送・海商関係）等の改正等、大きな改正が続いている。

　また、こうした法改正だけではなく、商法が実質的に対象とする範囲の中でも、とりわけ、会社法においては、新たな裁判例の蓄積等が目覚ましく、その範囲は、拡大の一途をたどっている。

そこで、こうした大きな変化について対応した、新しい会社法の教科書の刊行が、強く望まれてきたところである。

　本教科書は、本『スタンダード商法』シリーズの第2巻にあたるが、本シリーズのコンセプトに沿って、基本となる幹の部分を丁寧に概説することにより、主として、法学部生をはじめ、経済学部、商学部、経営学部等の学生の皆さんが、会社法の全体像をしっかりと修得しながら、リーガルマインドを養成することができるように、標準的な内容を提供すべく、執筆されている。

　会社法は、ダイナミックで生き生きとした企業活動に直結している法律であるが、商法の中でも特に細かく技術的な制度も多いことから、ややもすると、学生の皆さんにとって、何となく近づきにくい印象を与えてしまいがちな法律でもある。そこで、本教科書の執筆にあたっては、初めて会社法を学ぶ学生の皆さんが、興味関心をもって、分かりやすく、会社法を学べるように、特に配慮と工夫を重ねた。そのため、本教科書では、本シリーズの他の教科書ともある程度共通しているが、本文をできる限り分かりやすく記述するとともに、本文とは別にスペースを設けて、理解を容易にし興味関心を抱きやすくするように、「論点」、「コラム」、「図表」をできる限り多く配置する等の工夫を行った。

　このような本教科書が、これまでに刊行されてきた優れた教科書と並び、広く世の中に歓迎され、永きに亘って愛されることを心より祈念してやまない。

　本教科書の執筆にあたっては、会社法の研究・教育において、顕著な業績を有する先生方に大変お世話になった。特に、本教科書は、平成最後となる大きな改正を反映した内容からなるが、執筆者の先生方の御尽力は並々ならぬものであったと思われる。末筆ながら、本教科書の刊行に向けて鋭意取り組んで下さった執筆者各位に心より敬意を表するものである。

　また、本教科書の刊行にあたっては、法律文化社の皆様、特に、小西英央氏と梶原有美子氏に大変お世話になった。ここに記して、心より感謝申し上げる次第である。

　2018年12月

　　　　　　　　　　　　　　　　　　　　　　　　徳本　穰

■コラム目次

■図表目次

凡　例
(＊主なものを掲載)

1　法令の略語

会社規	会社法施行規則	商規	商法施行規則
会社計算	会社計算規則	担信	担保附社債信託法
会更	会社更生法	破産	破産法
金商	金融商品取引法	民	民法
社債振替	社債、株式等の振替に関する法律	民保	民事保全法
商	商法	民再	民事再生法
商登	商業登記法	民訴	民事訴訟法

＊会社法については、原則、本文・（　　）内とも法令名を省略して表記することとしたが、例外として、（　　）内でほかの法令と併記する場合には「会社」と表記した。

2　裁判関係

大判	大審院判決
最大判	最高裁判所大法廷判決
最判（決）	最高裁判所判決（決定）
高判（決）	高等裁判所[支部]判決（決定）
地判（決）	地方裁判所[支部]判決（決定）
刑集	大審院刑事判例集・最高裁判所刑事判例集
民録	大審院民事判決録
民集	大審院民事判例集・最高裁判所民事判例集
下民集	下級裁判所民事裁判例集
裁判集民	最高裁判所裁判集民事
金判	金融・商事判例
判時	判例時報
判タ	判例タイムズ

3　文献略語

百選	神作裕之・藤田友敬・加藤貴仁編『会社法判例百選〔第4版〕』有斐閣、2021年
商判	山下友信・神田秀樹編『商法判例集〔第8版〕』有斐閣、2020年
江頭	江頭憲治郎『株式会社法〔第8版〕』有斐閣、2021年
神田	神田秀樹『会社法〔第23版〕』弘文堂、2021年
田中	田中亘『会社法〔第3版〕』東京大学出版会、2021年

1章 総論

1 会社法への誘い

1 企業と会社

　会社とは何であろうか。それを学ぶために、まずは、企業とは何かということから、説明を始めることにしたい。

　今から、あるビジネス＝事業を始めることを考えてみよう。このように、ある事業を行い、その活動を通して、利益を得ることを目的とする単位を**企業**とよぶ。すなわち、企業とは、一般の人とは異なり、営利行為を継続的かつ計画的に行う独立した主体のことである。この企業について、1人でその事業のための資金を出資する場合を個人企業とよび、複数の人間でこれを出資する場合を共同企業とよぶ。

　それでは、このような共同企業を行うには、いかなる法的形態があるのであろうか。実は、そのような法的形態には、様々な種類のものが存在しており（その中には、民法上の組合（民667条以下）、商法上の匿名組合（商535条以下）、特別法上の投資事業有限責任組合、等も含まれる）、ビジネスを始めようとする者は、そのニーズに応じて、これらの法的形態の中から、最も適切なものを選択することができるのである。そして、そうした様々な法的形態の中で、会社法が定めるものを**会社**とよぶ。

　従来、このような企業の中でも、会社という法的形態が多く利用されてきた。その理由としては、個人企業の場合には、一般的に、信用に限度があり、規模の拡大にも限界があり、危険の分散も難しく、また、営業主の死亡によって、企業の存在が一応終了してしまうわけであるが、会社の場合には、そのよ

うなことがなく、利益や効率性や安定性等の点で優れているためである。

2　会社法とは

　このような会社について、それを規律するための法が必要となるが、その基本となる法が、**会社法**である。そして、この会社法の内容を少し掘り下げて検討してみると、会社法とは、実質的な意味では、一般的に、会社の利害関係者の利害を調整するための法であるといえる。このような法の中には、形式的な意味では、会社法典（平成17年法律86号）をはじめ、その細則にあたる会社法施行規則、会社計算規則、電子公告規則等がある。また、その他にも、特別法として、商業登記法、社債、株式等の振替に関する法律、担保付社債信託法等がある。さらに、このような実質的な意味での会社法の他にも、多くの法律が会社に関係している。

　それでは、会社をめぐる利害関係者には、どのような者がいるのであろうか。従来、このような会社をめぐる利害関係者とは、株式会社では、原則的に、出資者である株主と、会社債権者がこれにあたるとされてきた。しかし、株式会社が大規模化し、その社会における活動の範囲が広がってくると、現実には、従業員、消費者、下請企業等の関連企業、地域の住民、等の多様な利害関係者（**ステーク・ホルダー**とよばれる）が、会社に関わってくることになる。

特に、会社の経営者の具体的な経営判断の中で、これらのステークホルダーの利害について、いかに対応してゆくべきか、ということは、現実に起きる難しい課題といえる（なお、このようなステークホルダーに関する具体的な規定を会社法の中に置いている国もあるが、我が国の会社法には、そのような規定は置かれてはいない）。

　そして、会社法は、会社が生まれてから死亡するまで、すなわち、会社の設立から解散・清算までを規定しているが、その中には、上述したような会社の利害関係者の利害を調整するための私法的な規定がほとんどを占めているが、中には、それらの規定を実現するために、訴訟法的な規定や刑罰規定も置かれている。

2　会社と会社法

1　会社の特徴

　会社には、**株式会社**、**合名会社**、**合資会社**、**合同会社**の4種類がある（2条1号）。この内、合名会社、合資会社、合同会社をまとめて**持分会社**と総称する（575条1項）。これらの会社は、すべて、**法人性**、**営利性**、**社団性**という3つの特徴を有している。

　(1)　**法人性**　　会社は法人とされる（3条）。法人とは、法によって、自然人と同様に権利能力を与えられた存在であり、出資者や構成員から独立して、別個の法人格を有している。したがって、会社の財産や債務は、直接出資者や構成員に帰属することにはならない。また、訴訟においても、会社の名前で訴えたり訴えられたりすることになる。会社については、いわゆる**準則主義**がとられており、行政官庁の許可等を得なくても、法定の要件を満たせば、法人格を取得することができる。会社が法人格を取得するのは、その設立の登記を行ったときである（49条・579条）。

　法人の権利能力について、法人は、法令の規定に従い、定款その他の基本約款で定められた目的の範囲内において権利を有し義務を負う（民34条）。会社も、法人の一種類であることから、この規定は会社にも適用され、その権利能力も定款に定められた目的の範囲内に限られる（会社の目的は、定款の絶対的記載事項である。27条1号・576条1項1号。また、会社の目的は、登記事項でもある。

911条3項1号）。

　それでは、もし、会社が、定款上の目的の範囲外の取引を行い、後になって、定款の目的条項を理由に、取引の相手方に対して、その取引について、会社の権利能力は否定され無効であると主張した場合は、どうなるのであろうか。このような場合、取引の相手方は不測の損害を被り、取引の安全が著しく害されることになってしまう。

　そこで、一方において、特定の事業目的を有する会社であることからその会社に出資した株主や社員がおり、その者からすれば、その目的と異なる事業を経営者が自由に行えば、予想外の不利益を被るおそれがあるといえる。また、他方において、たとえ、目的に具体的に記載されていなくても、目的遂行に有益な行為であれば、権利義務を認めた方が株主や社員にとって利益に合致することも少なくない。

　このような問題が争われた代表的な裁判例が、いわゆる八幡製鉄事件（最大判昭45・6・24民集24・6・625〔百選2、商判Ⅰ-3〕）である。本件において、裁判所は、「会社は定款に定められた目的の範囲内において権利能力を有するわけであるが、目的の範囲内の行為とは、定款に明示された目的自体に限局されるものではなく、その目的を遂行するうえに直接または間接に必要な行為であれば、すべてこれに包含される……（中略）……。そして、必要なりや否やは、当該行為が目的遂行上現実に必要であったかどうかをもってこれを決すべきではなく、行為の客観的な性質に即し、抽象的に判断されなければならない……（中略）……。」と判示した。そこで、今日では、裁判所は、取引の安全を図るべく、目的の範囲を広く解しており、会社の行為をもって、定款の目的外であり無効であると判断する可能性は、ほとんどないと思われる。

　また、法人性をめぐっては、裁判例上、特定の事案に限り、別の法人格であることを否定して、会社とその背後にいる株主等の出資者を同一視することによって、妥当な結論を導くことがみられる（そうした裁判例として、最判昭44・2・27民集23・2・511〔百選3、商判Ⅰ-4〕がある）。このような法理は、**法人格否認の法理**とよばれる。そこでは、**法人格の形骸化**又は**法人格の濫用**が要件とされている。上述したように、会社には法人格が与えられることから、会社と株主等の出資者は別々の法人格を有し、会社が有する権利義務と出資者が有す

┃**コラム1-2**┃　**法人格否認の法理と衡平**

　法人格否認の法理は、このように正義衡平の理念に由来するものである。ここに、衡平とは、一般的には、一般的な規範である法をそのまま適用することが妥当でないような場合に、それを具体的な事案に即して修正する原理のことをいうものとされ、英米法の国々では、Equity（衡平法）という語が用いられている。

　このEquity（衡平法）は、もともと、英国の大法官府裁判所（Court of Chancery）において発展してきたという歴史を持っており、さらに遡ると、この語は、かのアリストテレスが、エピエイケイアの名で定式化したことに由来するものとされている。

　世界の会社法を見たときに、米国のデラウエア州の会社法は、多数の会社がデラウエア州で設立していることから、非常に大きな影響力を持っているが、そこにも、このEquity（衡平法）は、強い関わりを有しており、デラウエア州の裁判所の中には、Delaware Court of Chancery（デラウエア州衡平法裁判所）とよばれる裁判所も存在している。

　デラウエア州衡平法裁判所では、M&A等の会社法の最先端の事案が多数扱われているが、その場においてこのような古い歴史を持つEquity（衡平法）というものが強く関わっていることは、大変に興味深い。

る権利義務とは別々であるが、これを貫徹すると、不都合で正義衡平に反する結果を来すような場合には、この法理が例外的に適用されることがある（したがって、この法理は、会社の法人格を常に全面的に否定するものではない）。

　しかし、この法理を広く採用することには批判的な見解が少なくなく、そうした一般的な法理の適用には慎重であるべきと説くものが多い。

　(2)　**営利性**　会社においては、利益が、株主や社員（株式会社では株主、持分会社では社員）に、剰余金の配当または残余財産の分配という形で、分配されることとされている。このように、その事業で得られた利益が構成員に分配されるという特徴を**営利性**とよぶ。

　法人は、この営利性を基準に営利法人と非営利法人に分類されるが、会社は営利法人ということになる（これに対して、例えば、一般社団法人や公益社団法人では、利益が社員に分配されることは予定されていない）。

　このように、営利性により、株主や社員への分配が要件となることから、例

えば、株主に、剰余金の配当を受ける権利と残余財産の分配を受ける権利をすべて否定することは、株式会社では、許されないことになる。そこで、そのようなことを定めた定款の規定は、無効である（105条2項）。

このように、会社は営利を目的とすることから、会社がその事業としてする行為及びその事業のためにする行為は、**商行為**とされる（5条。なお、最判平20・2・22民集62・2・576〔商判Ⅰ-1〕の裁判例も参照）。

(3) **社団性**　会社は社団であるといわれる。ここに、社団とは、争いはあるものの、一般的には、人の集まりないし人の集合体を意味するものとして、用いられている。このような特徴を**社団性**とよぶ。

この点について、現行の会社法では、1人の出資者だけで株式会社、合名会社、合同会社を設立することが認められており、このように株主や社員が1人しかいない会社は、**一人（いちにん）会社**とよばれる。かつて、一人会社は社団性に反するから認められないという議論もみられた。しかし、会社財産が堅固であれば、一人会社を解散させる必要はないし、例えば、株式会社では、原則として株式の譲渡は自由であるが（127条）、そうであれば、たとえ、株主が1人になったとしても、株式が譲渡されることにより、新たな株主が参加することも可能といえる。また、完全親会社として、当該会社の株式を100％保有しておくことを認める実益も大きい。そこで、今日では、一人会社も会社法で認められている。

2　会社の種類

上述したように、会社の種類には、株式会社、合名会社、合資会社、合同会社の4種類があり（2条1号）、この内、合名会社、合資会社、合同会社は、まとめて**持分会社**と総称される（575条1項）。現代では、このような会社の中でも、株式会社が広く利用されるようになってきた。

株式会社の出資者である株主は、その有する株式の引受価額を限度とし、それを超えて会社あるいは会社の債権者に対して責任を負わない（104条）。これは**株主有限責任の原則**とよばれる。

また、持分会社については、出資者である社員が、すべて無限責任社員からなるものは**合名会社**、無限責任社員と有限責任社員とが混在するものは**合資会**

社、有限責任社員のみからなるものは**合同会社**とよばれる（576条2項ないし4項）。

なお、外国の法令に準拠して設立された法人その他の外国の団体であって、会社と同種のもの又は会社に類似するものは、**外国会社**とよばれる（2条2号）。この外国会社は、特別の規制の下に置かれている（817条ないし823条・903条・933条ないし936条）。

3　会社法の構造

会社法は、以下のような構造からなる。

会社法では、条文の配置が一新された。

まず、第一編（1条ないし24条）の総則の規定は、ほぼ商法の第一編の総則規程（商1条ないし32条）の特別規定である。そこで、株式会社と持分会社には、商法の総則規程は適用されず、会社法の総則規程が適用されることになる（会社ではない個人商人には、商法の総則規程が適用される）。なお、商法の総則規程の内容と会社法の総則規程の内容は、ほぼ同じであることから、この教科書では、会社法の総則規程は、特には取り扱わない（この部分については、スタンダード商法Ⅰ巻を参照）。

次に、会社法の第二編（25条ないし574条）は、株式会社に関する規定であり、第三編（575条ないし675条）は、持分会社に関する規定である。また、第一編と第四編以下は、株式会社と持分会社の両方に関する規定である。

そして、第六編以下（817条ないし979条）に、外国会社に関する規定や各種の雑則、罰則が置かれている。なお、雑則には、解散命令等のほか、組織に関する訴え、責任追及等の訴え、役員解任の訴え等の訴訟、非訟、登記、公告に関する諸規定が置かれている。

また、会社法の細則にあたる事項は、会社法施行規則、会社計算規則、電子公告規則等の法務省令に定めが置かれている。

4　株式会社の特徴

上述したように、現代では、会社の中でも、株式会社が広く利用されるようになってきたことから、この教科書では、株式会社を中心に取り扱っている。

株式会社には、以下のような特徴がみられる。

まず、株式会社では、出資者である株主と業務執行を行う取締役とは、制度上、分離されている。これを**所有と経営の分離**とよぶ。

　また、上述したように、株式会社では、出資者である株主は、その有する株式の引受価額を限度として、それを超えて会社あるいは会社の債権者に対して責任を負わないという、**株主有限責任の原則**がとられている（なお、有限責任は株式会社の特徴であるが、持分会社の中にも、合同会社のように、出資者である社員が有限責任社員のみからなるものもある）。

　また、株主が有する会社に対する地位のことを**株式**とよぶが、株式会社では、この株式を自由に譲渡できるのが原則とされている（127条）。もっとも、会社法は、株式会社が定款に定めを置くことによって、株式の譲渡を制限することを可能としている（107条1項1号・108条1項4号・2条17号。我が国の株式会社の多くは、このような閉鎖的な企業であるが、そのような会社は、その株式を取引所に上場することはできない）。

　また、株式会社では、所有と経営の分離や株式の自由譲渡性と関連して、会社の意思決定や運営に関わる**機関**が分化し、各機関の間で役割の分担や相互の牽制がみられる。

　そして、会社法の下では、例えば、株式会社が、公開会社に該当するかどうか（2条5号）、大会社に該当するかどうか（2条6号）、取締役会を設置する会社に該当するかどうか（2条7号）、指名委員会等設置会社に該当するかどうか（2条12号）、等といった細かな分類がなされており、それによって、要求される規律が少しずつ異なっている。

5　会社法の改正

　従来、会社法の改正は、頻繁に行われてきた。こうした背景には、元々あった法の不備を是正するような場合もあるが、民法のような一般法と対比すると、会社をめぐる状況は、経済の変化や進展に伴い、進歩・発展のスピードが早く、立法の当時では適切と思われた法規制が、企業活動の現実に適合しなくなりやすいこと等から、このような状況に対応すべく、頻繁に改正が行われてきたといえる。

　会社法は、上述したように、平成17年に制定された会社法典を中心とする法

であるが、平成17年の改正以前には、商法典の第2編及び旧有限会社法（さらに、旧商法特例法等の法令も含まれる）の中に置かれていた。商法典は、明治32年に制定され、そのとき以来、会社に関する規定は、商法典の第2編を中心に設けられてきたが、このような規定には、改正が幾度も加えられてきた。

　大きな改正をとっても、昭和では、昭和13年（商法の大改正、有限会社法（昭和13年法律74号）の制定、等）、昭和25年（米国法の制度の大幅な導入、株式会社の基本的制度に関する大改正、等）、昭和49年（株式会社の監査制度についての大改正、株式会社の監査等に関する商法の特例に関する法律（昭和49年法律22号）の制定、等）、昭和56年の改正（株式単位の引上げ・強制、監査制度の強化、株主総会の活性化、利益供与の禁止、開示の充実、新株引受権付社債の導入等に関する改正、等）があり、平成に入ってからは、平成5年（代表訴訟、監査役、社債等に関する改正、等）、平成6年（自己株式取得に関する改正、等）、平成9年（合併等に関する改正、等）、平成11年（株式交換、株式移転に関する改正、等）がなされた。さらに、平成13年と平成14年には、合計4回の改正（自己株式取得の規制緩和、会社運営の電磁化、取締役の責任軽減制度の創設、商法特例法上の大会社についての新たな経営機関の創設等に関する改正、等）、平成16年（株券不発行制度の導入に関する改正、等）がなされ、平成17年には、上述したように、商法典の第2編に置かれていた会社に関する規定を商法典から分離し、新たに会社法典が制定され、単行法化された。

　この平成17年の改正では、基本的に、従来の商法の考え方が会社法に引き継がれたが、そこでは、実質的な改正も多くなされた。また、条文の形式も従来とは大きく異なるものとなり、条文が口語化され、有限会社という会社形態が廃止され、合同会社という新しい会社形態が導入される等した（かつての商法典の下では、株式会社、合名会社、合資会社について定められていたが、有限会社については、有限会社法が定めていた）。

　なお、このように、平成17年の改正では、**有限会社**という会社形態は廃止されたが、株式会社に関する規定の中に有限会社に関する規定が多く取り込まれて、株式会社と有限会社の規律は一本化された。また、これに関連して、従来は、いわゆる**最低資本金制度**の規制が置かれていたが、この規制も廃止された（従来は、株式会社の設立には1000万円、有限会社の設立には300万円の最低資本金が必要とされたが、この規制の廃止後は、資本金が1円の株式会社であっても設立できるよ

　コラム1-2で紹介したように、米国のデラウエア州の会社法は、多数の会社がデラウエア州で設立していることから、非常に大きな影響力を持っている。それでは、なぜ、多数の会社がデラウエア州で設立するのであろうか。その理由をめぐっては、幾つかの興味深い議論がみられるが、今日の米国における通説的な見解では、それは、デラウエア州が、会社にとって使い勝手のよい会社法（いわば効率的な会社法）という制度インフラを提供しているためであるとされる。つまり、このことを言い換えれば、米国という連邦国家には多数の州があり、実は、州ごとに異なる会社法が存在しているが、デラウエア州は、これらの多数の州の間における会社法という制度インフラをめぐる競争に勝利した州であるということがいえるのである。このような州の間の制度インフラとしての会社法の競争ということは、日本のように1つの会社法しか存在しない国では、通常、意識しにくいことであるが、米国のような国では、意識されやすいといえる。そして、実は、このような制度インフラとしての法の競争という現象は、米国だけではなく、地球全体を見たときに、世界中で起きているのである。そこで、このようなグローバルな観点から法を捉えることも、ときに、新たな視点と重要な示唆を与えてくれるものといえよう。

うになった）。そこで、現在では、小規模で閉鎖的な企業も、株式会社の形態を利用しやすくなった。なお、この改正に伴う経過措置によって、会社法の施行前に設立された有限会社は、会社法の施行後も存続する旨が定められており、そうした有限会社は、**特例有限会社**とよばれる。

　会社法の制定後には、平成26年に改正が行われ、監査等委員会設置会社や特定責任追及の訴えの制度等が、新たに設けられた。また、本書が刊行された後にも、令和元年に改正が行われ、株主総会に関する規律の見直しや取締役等に関する規律の見直しやその他の改正が行われた。

3　会社法の今日的課題

　それでは、会社法には、今日、いかなる課題がみられるのであろうか。個別の課題については、次章以下で詳しく記述されることになるが、ここでは、個別の課題ではなく、会社法の全体に関わるような大きな課題について特にとり

コラム1-4　企業価値

　近年、企業価値という用語が、頻繁に使われるようになってきた。この用語は、日本では、経済産業省が企業価値研究会を設けた平成16年頃から、次第に浸透してきたように思われる。それでは、企業価値という用語は、いかなる意味内容であろうか。それは、伝統的に会社の利益という用語で表されてきたものと、ほぼ重なるように思われる。

　企業価値という用語の意味内容としては、それは、株主の利益にすべて還元されるものなのであろうか。それとも、株主の利益のほかに、ステークホルダーの利益も含むものなのであろうか。例えば、「敵対的企業買収に対して、企業価値の毀損を防ぐために、対象会社の経営者は、いかなる場合に、防衛策ないし対抗措置をとることが許容されるのか」という課題に回答するにあたっては、まず、その前提として、企業価値という用語の意味内容を明らかにする必要があるように思われる。

あげ、紹介することにしたい。

1　株式の相互持合い

　従来、我が国には、**株式の相互持合いないし株式の相互保有**という現象がみられてきた。この現象は、多くの株式会社の主要な株主は、会社すなわち法人株主であり、その会社が相互に株式を持ち合っている状態をいう。

　このような現象が、いかにして我が国で形成されてきたのか、その歴史的経緯を探求することは、興味深いことである。この現象の下では、相互に他の会社の経営にはあまり関与しない傾向がみられ、法の建前においては、株主が取締役を選任することになってはいるものの、持合い株主は会社の経営者をあまり批判しないために、現実的には、取締役の選任において実質的な影響力を持っているのは、代表取締役を頂点とする当該会社の経営者ということになる。

　それでは、このような現象は、いかに評価されるべきであろうか。大方の見解によれば、このような現象は批判的に評価されている（法学者の多くは、このように評価しているように思われる）。その主な理由は、株式の相互持合いがあることにより、会社の経営者の規律付けが弱められることにあるとされる。しか

し、一部の見解によれば、株式の相互持合いがあることにより、会社の経営者は、例えば、企業価値を毀損するような敵対的企業買収の脅威に晒されることなく、長期的な視点から経営を行うことができるとして、必ずしも批判的には評価しない見解もみられる（経営学者の中には、このように評価するものがある）。

2　コーポレート・ガバナンス

それでは、このような、株式の相互持合いないし株式の相互保有という現象を、いかに評価してゆくべきであろうか。このことを突き詰めてゆくと、そこには、例えば、株式会社について、経営者の濫用的な会社経営から、株主の利益を守り、経営者の責任を追及してゆくには、いかにあるべきか、企業不祥事等の違法ないし不当な企業活動が生じないようにするには、いかにあるべきか、あるいは、企業が、社会の一員として、広く社会に対する責任を果たしてゆくには、いかにあるべきか、これらを達成するためには、いかにあるべきか、等の議論がみられる。このような議論が、近年、我が国においても活発になってきた、いわゆる**コーポレート・ガバナンス**をめぐる議論である。

このコーポレート・ガバナンスをめぐる議論は、もともとは、米国を中心に発展してきた講学上の議論であるが、その議論の内容を整理すると、一応、次のように整理できるのではないかと思われる。

すなわち、コーポレート・ガバナンスをめぐる議論とは、まず、非常に幅の広い議論であり、そこでは、企業が、企業活動を通じて、企業を取り巻く社会等との外的な面において、いかにあるべきか（例えば、企業の地球環境との関わりはいかにあるべきか、等）、また、企業が、企業活動を行うにあたり、企業の内部におけるシステム等の内的な面において、いかにあるべきか（例えば、企業の機関構成の在り方はいかにあるべきか、等）、といった、非常に幅の広い議論であると思われる。

次に、それでは、そこでの議論のねらいは、何なのであろうか。それは、企業活動の健全性を確保するとともに（例えば、違法な企業活動の発生を予防すべく、コンプライアンスを実施すること、等）、企業活動の効率性を高め（例えば、今日いわゆる攻めのガバナンス等とよばれるものの多くは、これにあたるように思われる）、企業価値の維持・向上に資することにあると思われる。

コラム1-5　コーポレートガバナンス・コード

　コーポレートガバナンス・コードとは、下記のように、会社法のような法律そのものではなく、一種のソフトロー（これに対して、法律そのものは、ハードローとよばれる）にあたる。

　このコーポレートガバナンス・コードについては、もともと、「日本再興戦略・改訂2014」（平成26年6月閣議決定）によって設けられた金融庁と東京証券取引所を共同事務局とする有識者会議が、平成27年3月5日に、上場会社向けに、「コーポレートガバナンス・コード原案」を策定したことに始まる。そして、このコードは、東京証券取引所において規範化され（有価証券上場規程の436条の3参照）、平成27年6月1日から施行されており、その後、コードの改訂が提言されたことを踏まえて、東京証券取引所は、当該提言に沿って、コーポレートガバナンス・コードの改訂に係る有価証券上場規程の一部改正を行い、平成30年6月1日から、改訂後のコーポレートガバナンス・コードが施行されていたが、その後、再び改訂がなされ、令和3年6月11日から、現行のコーポレートガバナンス・コードが施行されている。

　このコードの原案では、コーポレート・ガバナンスを「会社が、株主をはじめ顧客・従業員・地域社会等の立場を踏まえた上で、透明・公正かつ迅速・果断な意思決定を行うための仕組みを意味する」と定義した上で、①株主の権利・平等性の確保、②株主以外のステークホルダーとの適切な協働、③適切な情報開示と透明性の確保、④取締役会等の責務、⑤株主との対話について、合計して5つの基本原則、30の原則、38の補充原則を定めていた（現在は、全83原則となっている）。

　いずれの規範も、原則主義（プリンシプルベース）とされており、コードで示される規範は、「コンプライ・オア・エクスプレイン」規範とされ、規範を実施しない場合には、実施しない理由を説明しなければ、上場規則違反とされてしまうことになる。

　そして、このようなコーポレート・ガバナンスについて、近年、わが国において特に指摘すべき事項として、例えば、敵対的企業買収に対する防衛策の在り方やソフトローとしてのいわゆる**コーポレートガバナンス・コード**の導入等があげられるように思われる。

3　敵対的企業買収

　それでは、このような、コーポレート・ガバナンスにおける特筆すべき事項といえる**敵対的企業買収**に対する防衛策のあり方について、これをいかに評価すべきであろうか。このことは、上述したように、株式の相互持合いないし株式の相互保有という現象の評価とも関連しているが、このことを突き詰めてゆくと、そこには、株式会社における所有と経営と支配の関係はいかなるものであるのか、といった会社法の全体に関わる大きくて深い根源的な課題が存在するように思われる。

　例えば、株主は、株式会社のいわば実質的な所有者であることから、株主が会社の支配のあり方を決すべきであり、株主によって選任された経営者は、敵対的企業買収に対する防衛策ないし対抗措置を一切とることはできないのであろうか。あるいは、所有と経営は制度的に分離されているが、経営の専門家である経営者は、企業価値の維持・向上のために経営判断を行うことができ、そのことは、敵対的企業買収への対応という高度の経営判断の局面においてはなおさらであるとして、経営者が防衛策ないし対抗措置をとることはできるといえるのであろうか。

　このような問いに答えてゆくためには、株式会社における所有と経営と支配の関係を論理的に掘り下げて検討してゆくことが不可避であり、そのことは、会社法の全体に関わる大きくて深い根源的な課題であるように思われる。

2章 設　立

1　会社設立手続の概要と発起人

1　会社設立手続の概要

　本章では株式会社の設立手続について扱う。すべての株式会社は特別の設立手続を経なければ成立しない。会社設立手続とは、営利社団法人たる会社の実体を形成して法人格を付与する一連の手続を指すが、その基本的仕組みは我々が何か団体を作ろうとする場合と同じである。例えば、学生らが学園祭で「屋台」「商店」を出すことを企画した場合、企画者はまず「店名」「場所と時間帯」などを決めるが、広い意味ではこれらも規則である。次に、一緒に運営をしてくれそうな友人などに声をかけ、初期の材料購入や機材のレンタルのための資金とするためにお金を出し合う。さらに、メンバーが集まったら「リーダー」「会計係」など役割分担を決め、出店に向けた準備を進める。このように、私たちが団体を形成するときには「根本規則の制定」「メンバー集め」「役割分担決め」の3つを行っている。同様に、会社の設立手続の場合も、第1に会社の根本規則たる定款の作成、第2に団体の構成員である社員・株主の確定と出資の履行、第3に機関の形成と設立経過の調査という段階を経て社団の実体が形成される。もっとも、会社は通常の団体と違い、第4段階として、設立登記によって法人格を獲得する必要がある。

　新規事業を始める場合や、個人・小規模事業主（商人や組合形態）が法人組織へと変更する場合（法人成り）に上記手続（25条以下）を経る。ほかに、親子会社関係の形成や会社同士が合弁事業を遂行する過程で、会社の新設合併・新設分割・株式移転などの結果、新会社が設立される場合もある（→7章）。

図表2-1　通常の団体と会社の比較

通常の団体の設立過程	会社の設立手続	
何をどのような名前で行うか等、根本規則の制定	定款の作成	社団形成
メンバーを集めて資金を出し合う	社員の確定と出資の履行	
役割分担決め	設立時機関の形成と調査	
―	設立登記・法人格の獲得	

2　発起人の意義と発起人組合

　多くの団体や事業では、設立の発案者や設立事務を遂行する者を発起人と呼ぶ。これに対して、会社設立の場合の**発起人**は「定款に発起人として署名した者（26条1項）」と形式的に定義される。会社設立に問題があった場合に厳しい責任（後述）を負う発起人の人的範囲を明確にしておくためである。資格に制限はない（法人でも、制限行為能力者でも可）。複数の発起人が合意に基づいて共同で設立事務を行う場合には、この者らの間に「会社の設立」を共同遂行する**発起人組合**（民667条）が成立する（大判大7・7・10民録24・1480）。発起人組合の業務執行組合員の定めがなければ、対外的には組合員の過半数において代理することとなる（最判昭35・12・9民集14・13・2994〔百選A1、商判Ⅰ-15〕）。

3　発起設立と募集設立

　設立方法には発起設立と募集設立の2種類がある。設立の際は誰かが株式を引き受け、成立後の会社の最初の**株主**（会社の実質的所有者）になる必要があるが、この株式引受け・出資の履行を発起人のみで行うのが**発起設立**である（発起人のみが株主となる）。一方、発起人らは一部の株式のみ引き受けてその限りで出資し、残りは発起人以外の株式引受人を募集して出資を受けることで設立する方法を**募集設立**と呼ぶ（発起人と出資した引受人が株主となる）。いずれの場合も、発起人は最低でも1株を引き受けなければならない（25条2項）。我が国で設立される会社の当初の**資本金**はほとんどが100万～500万円程度であり発起人の財産で足りる点、募集設立は手続や発起人等の責任が複雑となる点などから、発起設立が多く用いられる。

図表2-2　定款の作成等の手順

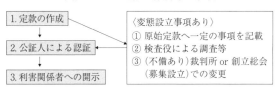

2　第一段階；社団の実体形成──定款の作成

　会社設立の第一段階は定款の作成である。**定款**（26条1項）とは社団法人の組織や活動などについて定めた根本規則であり、会社設立の場合も書面・電磁的記録（26条2項）によって作成される（要式行為）。以下の絶対的記載事項を記載した上で発起人が署名・記名押印等をすることで完成するが、公証人の認証を受けなければ効力は発生しない（30条）。なお、作成された定款は、本店・支店に備え置き、発起人・株主・債権者のほか、親会社社員（株主）等（裁判所の許可が必要）の閲覧に供される（31条）。

1　絶対的記載事項（27条）

　定款に必ず記載が必要で、記載がなければ定款が無効となる事項を**絶対的記載事項**というが、そのうち最初の定款（**原始定款**）に定款認証時までに記載すべき事項として、①目的、②商号、③本店の所在地、④設立に際して出資される財産の価額又はその最低額、⑤発起人の氏名又は名称と住所がある。①**目的**とは株式会社で営む営利事業のことであり、投資家にとっては投資判断の目安となる一方、会社にとっては権利能力の上限を画する機能がある（民34条：なお、代理権・代表権の制限と解する等の反対説あり）。通常は会社が営みうる事業を「自動車の製造・修理・販売・賃貸」「衣料品の製造・販売・輸入・企画」等と具体的に記載したものを列記し「その他これに付帯関連する一切の事業」等と記載する例が多い。②**商号**とは事業上自己を表示する名称のことで、会社の場合には社名がこれに該当する（6条1項）。後述の通り、会社は本店所在地において**設立登記**（国内に限られる）することで成立し、会社の住所（4条）や裁判

管轄（835条・848条・856条等）にも関係するため③の記載も必要となる（④については、**コラム2-1**を参照）。⑤は発起人の同一性認識に必要であり、先述の通りここに署名すれば実際の会社の設立過程への関与の程度に関わりなく発起人の権限を持ち責任を負う。さらに⑥発行可能株式総数（授権株式数）も絶対的記載事項であるが、会社設立登記の時までに発起人全員の同意で定めることが認められる（37条1項）。公開会社のいわゆる授権資本制度（4倍ルール）につき、3章参照。

2　相対的記載事項（28条・29条）

　次に、定款に記載しなくても定款自体は無効とはならないが、その効力を発生させようとすれば定款に記載せねばならない事項を**相対的記載事項**という。**種類株式の発行**（108条）や**単元株制度の採用**（188条）など会社法の中に散見され、**定款変更手続**が必要となる。会社設立手続においては、相対的記載事項のうち、成立後の会社の財産的基礎を危うくすることで他の社員や会社債権者を害する危険のある以下の(1)から(4)を**変態設立事項**（危険な約束）と呼んで特別の規制をしている。いずれも、原始定款に一定の事項（詳細は各項目を参照）を記載し、裁判所選任の検査役による調査を受け（後述）、不当とされた場合は

裁判所により定款変更がなされる（募集設立の場合は創立総会で変更できる）という手続（後述）を経る。

(1) **現物出資（28条1号）**　　後述する通り、株主となるには金銭による出資の履行が原則だが、発起人だけは金銭以外のものを出資でき、この出資を**現物出資**と呼ぶ。不動産や各種動産、有価証券は当然のこと、債権や知的財産権など権利も出資できるが、履行時に存在しない物や信用・労務、会社成立後に発生する債権などは出資できない。設立後の事業活動に必要な土地・建物や特許権などを発起人が保有している場合、これを出資させて会社のものとすれば会社にとって合理的であるし、発起人は手元に現金がなくとも株式を引き受けられる利点があるが、定款に記載の出資額より実際の物の価値が低かった場合に問題がある。具体的に、発起人の1人が1000万円分といって土地を現物出資し、それに見合う株式を引き受けたが、実際の地価は500万円しかなかった場合、金銭で満額を出資した者との不公平の弊害が生ずるほか、売れば500万円しかない土地が1000万円分の会社財産と表示されることで債権者を害する。このような目的物の過大評価による弊害から変態設立事項の1つとされており、出資者の氏名と目的財産・価額、それに割り当てられる株式数等が原始定款記載事項となる。

(2) **財産引受け（28条2号）**　　会社のために、会社の成立を条件として特定の財産を譲り受ける契約を発起人が相手方と結ぶことを**財産引受け**と呼ぶ。印刷・出版業を営む会社の設立で、必要となる印刷機を発起人が設立手続中に発注しておいて、会社設立登記直後に会社財産として利用できる状態にしておくなど、迅速に事業活動を始める前提となる取引で、開業準備行為（後述）の一種である。ここで、前記現物出資は出資の一種であり、それに見合う株式が与えられるのに対して、財産引受けは売買の一種であり、株式は発行されないので両者の性質は全く異なる。もっとも、700万円で財産引受けをした印刷機が実は500万円の価値しかなかった場合など、目的物を過大評価し会社財産を危うくするおそれがあるのは現物出資と同様である。また、現物出資の厳しい法規制を回避する方法として濫用される（現物出資もできる財産を成立後の会社に移転する契約を結んでおいて、その対価で株式発行を受ける）危険もあるので、同様に規制したものである。譲受けを約した財産・価額と譲渡人の氏名が原始定款記

　会社が成立した後2年以内に、成立前から生成・存在する財産で会社の事業のために継続的に使用するものを取得することを**事後設立**といい、原則として株主総会特別決議による承認を要する（467条1項5号・309条2項11号）。財産取得のタイミングをずらすことで財産引受け規制を潜脱するのを防止する趣旨であるが、事後設立は変態設立事項ではなく、検査役調査が必要ないなど少し緩やかな規制となっており、当該財産の帳簿価格の合計が純資産額（会社規135条参照）の5分の1（定款で引下げ可）未満である場合や、会社法25条以下の手続によらず（組織再編手続の結果）会社が設立される場合は特別決議すら不要となる。

載事項である。

　(3) **発起人の報酬等（28条3号）**　　発起人が設立事務の履行等に関して成立後の会社から受ける報酬等のうち、額が確定したもの（発起人の報酬）等は、過大な額とならないよう、原始定款へ記載し、上記手続を経なければならない。

　(4) **設立費用（28条4号）**　　設立事務所の賃借料や株式募集の広告費など、発起人がその権限に基づき会社設立のために立替え支出した費用は、原始定款に記載された限りにおいて会社の負担となる（発起人が会社へ求償）。なお、定款認証手数料や検査役への報酬、設立登記登録免許税等、額がある程度決まっており濫用のおそれのないものは除かれている（会社28条4号括弧書、会社規5条）。

3　任意的記載事項（29条）

　そのほか、法の規定に違反しない事項を定款に書き込むことができ、これを**任意的記載事項**と呼ぶ。任意的記載事項が欠けても定款自体は無効とならず、定款外でも規定できる事項がほとんどである。もっとも、例えば「定時株主総会は〇月に開催」「取締役・監査役は〇名」「×月から△月を一事業年度とする」等の事項の明確性を高めるために定款に記載する例がある。なお、他の記載事項同様、一旦規定した内容を変更するには定款変更の手続が必要となる。

3　第二段階；社団の実体形成──社員（株主）の確定と出資の履行

　会社設立の第二段階として、出資して社員となる者を定め、出資を履行させて初期の会社財産を形成し、出資者らには株式を発行する必要がある。ここで**社員**とは、日常用語では従業員を意味するが、会社法上は会社に出資をして構成員となった者のことをいい、株式会社の社員は特に**株主**と呼ぶ。

1　設立時発行株式事項の決定（32条）

　設立に際して、「発起人が割当てを受ける株式の数」「払込金額」「成立後の会社の資本金・資本準備金の額」の３つの事項は、定款か発起人全員の同意によって定める。設立時に出資される財産の価額・最低額（27条4号）は定款の絶対的記載事項だが、定款作成後の事態の進展に機動的に対応（例：募集設立で思うように出資が集まらない場合に発起人がその不足分を補う）できるように、発起人全員の同意でも可能な仕組みになっている。

2　株式の割当てと引受け──発起設立と募集設立での違い

　株式の**引受け**とは、募集に応じて出資者となることを意味し、発起設立の場合は全株式を発起人が引き受ける。一方、募集設立では発起人が株式の一部を引き受け（25条2項）、残部の引受人を募集する。募集設立の場合の第一段階は募集事項等の決定で、具体的に、発起人全員の同意により残部の引受人を募集する旨（57条）、並びに、設立時募集株式の数・払込金額、払込期日など必要事項（58条）を定めた上で、一定の事項を申込者に通知する（59条）。募集は特定の第三者に対してでも、一般公衆に対してでもよい。第二段階は株式の**申込**みで、具体的に、募集に応じて株式の申込みをする者（株式申込人）は、法定の事項を記載した書面（又は電磁的方法）で申込みをしなければならない（59条3項・4項）。第三段階は株式の**割当て**、すなわち、株式の申込みに対応して、その申込人の引受株式数を決定する会社の意思表示である。誰に何株割り当てるかは発起人の自由である（**割当自由の原則**）。割り当てられた株式申込人は**株式引受人**となり、割当株式数に応じて払込義務を負う（62条・63条）。株式引受

けに関しては、心裡留保（民93条１項但書）、通謀虚偽表示（民94条１項）、錯誤（民95条）、詐欺・強迫（民96条）など意思表示の瑕疵・欠缺に関する規定に基づく取消し・無効は主張できない（51条・102条５項・６項）。法的安定性の要請からでた規定であるが、制限行為能力による取消し（民５条２項）等上記以外の規定に基づく無効・取消しは条文上制限されていない。

3　出資の履行

　通常の団体であれば、お金と関係なくメンバーが出入りできる場合があるが、会社の場合、株主となるために必ず定められた出資の履行をせねばならない。その仕方は発起設立と募集設立で若干異なる。発起設立の場合は発起人が定めた払込期日・期間までに各株式の払込金額（現物出資の場合は全部の給付）の払込みがなされなければならない（34条）。全額の払込み（全部の給付）を必要とし（**全額払込制**）、未履行の部分があれば発起人には失権予告付催告がなされ、それでも履行しなければ株主となる権利を全部失う（**失権手続**、36条）。例えば、１株1,000円で10株引き受けた発起人は10,000円を払い込む義務を負う。この場合、発起人は7,000円支払ったら７株の株主になれるのではなく、１株も得られないということである。

　募集設立の株式引受人も同様に所定の払込期日・期間までに払込金額全額の払込みをなす義務を負う（63条１項）。一部しか支払わない場合、株式引受人は当然に（失権手続を経ずに）失権する（63条３項）が、他の引受人らにより定款に定めた出資財産価額（又は最低額）の払込み履行があれば設立手続自体は続行でき、逆に足りなければ追加の引受人を募集する流れとなる。なお、発起設立・募集設立を問わず各発起人は最低１株引き受ける義務があるので、発起人が失権するなどすれば、他の発起人・株式引受人の払込合計額が定款記載額を満たしていたとしても設立無効原因となる。払込みは発起人が定めた銀行等（34条２項・63条１項）で行う。募集設立の場合のみ**払込金保管証明**の制度があり（64条）、当該払込金を成立前に設立費用として使うことはできない。会社成立前の段階で設立事務に直接関与しない株式引受人が存在する募集設立において、その出資金が発起人等により不当に流用されるのを防ぐ趣旨である。

　一方、発起設立には払込金保管証明制度がないので、設立登記時に預金通帳

コラム 2-3　**出資の仮装**

　会社設立の場面や募集株式の発行（→**6章**）において、十分な引受人・払込金を用意できない場合に、出資がなされたかのように仮装する方法が存在する（以下、主に設立の場面を想定する）。

　1つめの方法は**預合い**で、発起人が払込取扱金融機関の役職員と共謀の上、当該金融機関から不足する払込金相当額を借入れ、それを払込みにあてるが、当該借入金弁済までは払込金を引き出さない合意を結ぶ方法が典型である。実際に資金移動はなく、帳簿処理のみで出資されたような外観が生まれるが、現実には出資がなされていないに等しく、刑事罰をもって禁じられている（965条）。民事上も無効であるとする見解が多い［神田 2021：56］。

　2つめは**見せ金**である。これは、設立手続中に、発起人が第三者から借り入れた金銭を株式の払込みにあてて、会社成立後に直ちに払込金を引き出して当該第三者へ返還する方法である。見せ金は資金移動があり、一旦定款記載の出資金が満たされることは確かだが、判例は会社資金を確保する意図がなく全体が計画されている場合は無効の払込みと解している（最判昭38・12・6民集17・12・1633〔百選7、商判Ⅰ-19〕。なお、会社成立後の第三者割当増資につき、最判平成3・2・28刑集45・2・77〔百選101、商判Ⅰ-192〕）。なお、これら仮装出資に関する責任等については後述する。

の写しや払込金受入証明書（銀行が発行）によって払込みがなされた事実を証明できればよく、発起人が会社成立前に払込金を引き出して設立費用に使うことができる。なお、株式会社では一度出資して株主となった者が後から会社にその出資金の返還を求めて退社することはできない（**退社制度の不採用**）代わりに、会社成立後に株式を譲渡することにより、投下資本を回収する（**株式譲渡自由の原則**等につき、**3章**参照）。

4　変態設立事項と検査役の調査（33条）

　定款に変態設立事項がある場合には、発起人は、公証人の認証後遅滞なく、調査をさせるため裁判所に検査役選任の申立てをする義務がある。**検査役**とは、会社法上必要な調査をさせるために、裁判所により選任される臨時的機関であり、弁護士が選任されることが多い。設立手続における検査役は選任後、

変態設立事項に関して必要な調査をして裁判所へ報告し、裁判所は不当と認めた場合に当該変態設立事項を変更する決定をする。例えば、現物出資財産が過大に評価されている場合などにこの決定がなされ、適正価格へと変更される。ただし、現物出資・財産引受けに関して、「定款記載総額が500万円未満」「目的財産が市場価格のある有価証券である」「弁護士・弁護士法人・公認会計士・監査法人・税理士・税理士法人の証明を受けたとき」等の場面は検査役の調査が免除されている（33条10項）。

4　第三段階——設立時機関の形成と設立経過の調査

　法人は自然人によって形成される機関を通して様々な行為を行う。会社の発起設立においても、発起人は出資の履行完了後、遅滞なく**設立時取締役**という機関（**設立時監査役**等も置く場合はそれも）を選任しなければならず（38条1項）、選任は定款（38条4項）か発起人の議決権（一株一議決権、40条2項）の過半数による決議による（40条1項）。なお、設立される会社が取締役会設置会社である場合には、設立時取締役（一人一議決権）の過半数をもって決議し、**設立時代表取締役**も選任する（47条。なお指名委員会等設置会社につき48条）。ここで、会社成立後の取締役は業務執行などを、また監査役は取締役の職務執行の監査などを主に行うのに対して、設立時取締役・監査役の職務は成立後のそれとは異なり、発起人の設立に関する職務遂行がきちんとなされたかの調査に限られる。具体的な「調査事項」は、「出資の履行が完了していること」「設立の手続が法令又は定款に違反していないこと」であり（46条1項3号・4号）、加えて、現物出資・財産引受けで検査役の調査を省略している場合には、その価額の相当性に関する調査も必要である（46条1項1号・2号）。これら調査によって不当な事項や法令・定款違反が見つかった場合には各発起人に通知し（46条2項）、是正を促す。

　一方、募集設立の場合には発起人以外に株式引受人がいるので、創立総会を開いて設立時取締役・監査役等を選任する（65条）。**創立総会**とは、設立時株主（正確には、設立登記によって株主となる予定の株式引受人）からなる意思決定機関であって、出資金の払込期日・期間の経過後遅滞なく開催される会議であ

る。創立総会は基本的に会社成立後の**株主総会**の前身と考えてよいが、以下の点において違いがあるので注意が必要である。

　まず、1つめの違いは会議の権限や内容に関わる。会社成立後、取締役会設置会社の株主総会は会社法・定款に規定した事項を、取締役会非設置会社の株主総会は株式会社に関する一切の事項を決議できる（295条）。これに対して、創立総会は、以下の①から⑤に掲げるように、その報告内容、決議内容や流れが法定されている。具体的に、①発起人による設立経過の報告（87条）、②設立時取締役やその他の役員選任の決議（88条）、③設立時取締役（と設立時監査役）による設立事項の調査（93条・94条）の3つが法定されている。③の調査の内容は、発起設立における発起人が行う上記「調査事項」と同様である（93条1項）。さらに、当該調査の結果、④変態設立事項を不当と考えた場合にその変更（96条）をさせることができ、この場合反対株主は株式引受けを取り消すことができるという特則がある（97条）。ほかに、⑤定款変更や設立廃止の決議（73条4項但書）を決議できる。

　2つめの違いは決議の成立要件である。会社成立後の株主総会は、議決権を行使できる株主の議決権の過半数が出席（定足数）した上で、普通決議事項は出席した株主の議決権の過半数の賛成により成立（309条1項）、特別決議事項は出席した株主の議決権の3分の2以上の賛成により成立（309条2項）するなど、決議要件に種類がある。これに対して、創立総会の決議の定足数は同じ（議決権を行使することができる設立時株主の議決権の過半数）であるが、出席した株主の議決権の3分の2以上にあたる多数をもって決議すること（73条1項）とされており、株主総会の特別決議と同水準である（4章も参照）。

5　第四段階──設立登記による法人格の取得と会社成立

　以上の過程を経て社団としての実体が形成された後、**設立登記**をする（911条）。登記は代表取締役等が定められた日から2週間以内に本店所在地の登記所で所定の書類（商登47条2項）を添付して申請し（911条1項）、設立登記の登録免許税も納付する。会社法人格の付与に関しては、登記官に形式的な審査を行わせる**準則主義**がとられており、あらかじめ法律で定めた要件を満たせば当

然に法人格が付与される。登記事項も法定されており（911条3項）、定款の絶対的記載事項とも一部重なるが、定款の認証と登記は別の行為である。設立登記の完了で会社に法人格が与えられる（49条）。

6　会社設立中の法的問題

1　「設立中の会社」と設立に関する権利義務の帰属

　これまで、会社設立手続の流れを説明してきたが、本款ではその権利・義務の帰属について考えてみたい。法律上、権利義務の主体となるには資格（**権利能力**）が必要だが、会社が権利能力を獲得するのは設立登記の段階である。もっとも、それ以前にも設立事務所の賃借、設立時株式の引受けと出資の履行、成立後の事業活動に必要な土地の賃借や機械の事前買い入れなど多様な法律行為がなされているが、これらの権利義務はどう移転・帰属しているのだろうか。

　まず、会社設立手続の過程においては、たとえ会社の成立を目的としてなされた法律行為であっても、その効果は法的には権利能力を持つ発起人に一時的に帰属すると解さざるを得ない。もっとも、ここでの発起人の権利義務（範囲につき**論点2-1**参照）は最終的に発起人から成立後の会社へと引き継がれ、成立後の会社に帰属する。ここで、発起人が会社成立後に権利の全部を1つ1つ会社に移転し、債務を全部会社に引き受けさせることも可能ではあるが、迂遠である。また、設立時発行株式の引受人が引受け・出資の履行を会社成立前に行うのに、会社成立後に当然に株主になる（50条1項・102条2項）ことなどが説明できなくなる。そこで、発起人が形式的に負った権利義務を当然に（何らの移転手続をせずに）成立後の会社に引き継がせることはできないか。これを説明するために、会社法学では、設立登記前であっても「**設立中の会社**」という社団法人の前身たる組織が存在していると考えることが多い。これは通説によれば、会社の成立を目的とした権利能力なき社団の一種であり、発起人がその代表・執行機関である。そして、発起人が会社設立のために得た権利や負った義務は、「設立中の会社」の機関として得たり負ったりしたものなので、実質的には「設立中の会社」に帰属していると考えれば、当然に設立登記によって

論点2-1　「発起人の権限」に関する議論

　基本的に、発起人が設立中の会社の機関として権限内でなした行為であれば成立後の会社に承継され又は帰属する（株主募集の新聞広告を定款記載の設立費用とし、定款記載・創立総会の承認（変態設立事項規制）を経た額に限り、会社への帰属を認めた事例として、大判昭2・7・4民集6・428〔百選6、商判Ⅰ-18〕）。そして、上記のように「設立中の会社」の概念で発起人の権利義務が成立後の会社に当然に承継されることは説明できるが、具体的にどの権利義務が承継されるか。この論点について、発起人の行為を次の4種類に分けて論ずるのが一般的である。

	発起人の行う行為	例
a	会社の成立を直接の目的とする行為	定款の作成、設立時発行株式の割当て、創立総会の招集（募集設立）
b	会社の設立のために事実上・経済上必要な行為	設立事務所の賃借、設立事務員の雇用、株式募集広告の委託（募集設立）
c	会社設立のために必要ではないが、会社成立後スムーズに事業活動を開始できるように準備する行為（開業準備行為）	従業員の雇入れ、宣伝広告、事業用地の取得・賃貸、事業用機械の買入れ、財産引受け
d	事業行為そのもの	商品の販売など

　これらのうち、aは当然に発起人の権限内である。次に、会社成立前にdができるとすれば、設立手続を法定している趣旨が没却されるので、発起人の権限外である（過料の対象ともなる（979条））。さらに、発起設立では払込金保管証明の制度がなく、設立登記前でも払込取扱銀行等口座から金銭の払戻しを受け、b必要行為に利用することが正面から認められているので、bは発起人の権限内であると解することができる（前掲大判2・7・4参照。なお〔江頭 2021：110〕は反対）。特に大きな争点はc開業準備行為を含めるか否かとなり、付随して、「定款に記載された財産引受け」の説明の仕方も変わりうる。

　発起人の権限にc開業準備行為が含まれないとする見解は、仮に権限内と解した場合にその債務等が成立後の会社の財産的基盤を危うくする危険を重く見る。もっとも、定款に記載した財産引受け（c開業準備行為の一種）は特に必要性が高いので、先述の厳格な手続のもと、例外的に発起人の権限内とされていると解釈する〔神田 2021：63、田中 2021：601、613〕。一方、「設立中の会社」が成立後の会社の前身であるという実体を重視すれば、「設立中の会社」の機関たる発起人はc開業準備行為までなす権限があると解することも可能である。この見解からは、本来

発起人の権限内であるc開業準備行為の中で、少なくとも定款記載の財産引受けは上記趣旨から法が特に規制し、法定の手続を経なければならないと解釈する［大隅・今井 1991：203］。

　関連する判例として、発起人組合が設立手続中に、成立後の会社名義で、転売目的をもって石炭を購入（上記dの事業行為）した契約の債務について、発起人らの連帯責任となる旨判示した事例（前掲最判昭35・12・9）、また、まだ設立手続中であるのに発起人が成立後の会社の代表取締役と称して、会社の宣伝を目的としてなした取引（野球試合の開催；cの開業準備行為）の債務につき、平成29年改正前民法117条1項の類推適用により発起人の履行責任を認めた事例（最判昭33・10・24民集12・14・3228〔百選4、商判Ⅰ-16〕）がある。判例は、発起人の権限の範囲を明確にしてはいないが、権限外の行為は会社に帰属せず発起人らの責任となると解している点は明らかである。なお、定款に記載のない財産引受けの効力に関して、判例はこれを（会社も譲渡人も主張可能な）無効であると解し、成立後の会社の追認（最判昭61・9・11判時1215・125〔百選5、商判Ⅰ-17〕）や事後手続の履践（最判昭28・12・3民集7・12・1299）によっても有効にはならないとしている（会社に有利な財産引受けの追認は認めてよいとする反対説もある［田中 2021：601、弥永 2021：294］。もっとも、上記昭和61年最判においては、当該事業譲渡契約の残債務を免れる目的でなしたものと認め、成立後の会社による無効主張を信義則上制限する結論をとっている。

成立後の会社の権利義務となることが説明できる。「設立中の会社」と成立後の会社は全く同一の主体と捉えることから、同一性説とも呼ばれる。

　なお、発起人組合と設立中の会社とは別の団体であるが、発起人らは両方の構成員であることに伴い、発起人が会社設立のために行う行為は、発起人組合の側から見れば組合契約の履行、設立中の会社から見れば機関としての行為と考えられる。

7　発起人や設立に関与した者の責任

　設立手続の過程で発起人などの義務違反があり、それにより債権者や設立時募集株式の引受人（成立後の会社や株主）等が損害を受ける場合に備えて、発起

人などの損害賠償責任が規定されている。会社成立後の役員等の**任務懈怠責任**（→**4章**）と同様、成立後の会社に対する責任と第三者に対する責任とがあるほか、一部特別な責任が法定される。

1　成立後の会社に対する任務懈怠責任（53条1項）

　発起人、設立時取締役・監査役がその職務を行うについて任務を怠ったときは、成立後の会社に対し、それによって生じた損害を賠償する責任（**連帯責任、54条**）を負う（53条1項）。主体以外の要件は条文上「**任務懈怠**」「**損害発生**」「**因果関係**」の3つであるが、さらに「**帰責事由（過失）**」も要件である。具体的に、任務懈怠とは、発起人の場合は設立中の会社の執行機関として負う義務（**善管注意義務、民644条**）への違反、設立時取締役・監査役の場合は設立事務の監督機関としての義務（46条等）への違反を意味する。さらに、「損害発生」すなわち財産的な損害が現実に発生し、「因果関係」すなわちその任務懈怠と損害発生との間に社会通念上相当な関係がある（**相当因果関係**）場合に、条文上の3つの要件が満たされる。加えて、これは過失責任だと理解されているため「帰責事由（過失）」が4つめの要件となり、任務懈怠につき発起人・設立時取締役などに帰責事由がない場合には、責任は発生しない。

2　成立後の会社に対する特別な責任

　⑴　**財産価額てん補責任（52条・103条）**　　現物出資・財産引受けの対象となった財産の会社成立時における価額が、定款に記載された額に「著しく不足」する場合には、発起人及び設立時取締役は会社に対して不足額を連帯して支払う義務を負う（**財産価額てん補責任、52条1項**）が、次の「義務を負わない場合」に該当すれば責任を免れる。具体的に、(A) 現物出資者・財産引受譲渡人以外の者で、(a-1) 発起設立の場合は「検査役の調査を経た場合」又は「職務を行うにつき注意を怠らなかったことの証明をした場合」（52条2項1号・2号）、(a-2) 募集設立の場合は「検査役の調査を経た場合」（103条1項・52条2項1号）が「義務を負わない場合」に当たる。(B) 現物出資者・財産引受けの譲渡人は、発起設立・募集設立とも、「義務を負わない場合」が法定されていない（52条2項括弧で除外）。

図表2-3 財産価額てん補責任の免除等

主体	設立方法	義務を負わない場合
A 下記の者以外	(a-1)発起設立	・検査役の調査を経る ・帰責事由がないことの証明
	(a-2)募集設立	・検査役の調査を経る
B 現物出資者 財産譲渡人	発起設立	なし
	募集設立	

(2) **仮装出資の場合の責任**（52条の2・102条の2）　設立の際の出資が仮装（前述）された場合に備え、平成26年改正において会社法は**仮装出資の場合の責任**を設けた。まず、①発起人・設立時募集株式の引受人は、金銭の払込みを仮装した場合には、成立後の会社に対して仮装した出資に係る金銭全額の支払義務を負う（52条の2第1項1号・102条の2第1項）。次に②発起人は現物出資財産の給付を仮装した場合に、成立後の会社に対して財産全部の給付義務を負う（52条の2第1項2号）。これらの責任は**無過失責任**であり、仮装をした者らは上記責任を履行した後でなければ設立時株主・株主の権利を行使できない（52条の2第4項・102条3項）。もっとも、この設立時発行株式や株主となる権利が譲渡された場合には、譲受人は悪意・重過失がある場合を除き権利行使が可能である（52条の2第5項・102条4項）。さらに、③前掲①②の出資の仮装等に関与した発起人・設立時取締役等（会社規7条の2・18条の2）も成立後の会社に対して同様の支払義務を負うが、この者らの責任は**過失責任**である（52条の2第2項・103条2項）。なお、募集株式の発行等の場合にも同様の責任が規定されている（→**4章**）。

3 代表訴訟と責任免除

上記で説明した、発起人等の会社に対する責任は、**株主代表訴訟**による追及が可能である（847条）。また、これら責任は総株主の同意がなければ免除できない（55条・102条の2第2項・103条3項）（以上の点につき、**4章**も参照。）。

4 第三者に対する責任 （53条2項）

発起人、設立時取締役・監査役が職務を行うにつき悪意又は重過失があった

論点2-2　仮装出資の場合の責任の趣旨

　これらの責任は複数回改正されており、その趣旨の変遷に注意が必要である。便宜上、以下の3つの時期に区切って説明する。

　第1期　会社法制定（平成17年）前の商法では、発起人・設立時募集株式の引受人が払込みや現物出資財産給付を仮装した場合に、発起人や設立時取締役は**引受け・払込み担保責任**（連帯責任・無過失責任）を負うとされていた。これは、主に会社設立当初から財産を確保できない事態を防ぐ「**資本充実**」に関する責任であり、「**債権者保護**」をその趣旨としていた。

　第2期　もっとも、上記責任を履行した者らが所定の手続を経ていないのに株式を引き受けられることへの批判が高まるなどし、平成17年会社法は引受け・払込み担保責任を基本的に廃止した。立案担当者は、実質的な財産流出がない以上、上記責任は債権者保護に役に立たない点を理由とする。もっとも、会社法では現物出資が仮装された場合の発起人等の不足額支払義務のみを存続させたが、これは仮装出資者が株式価値に見合う価値の財産を拠出せず株主となれる、つまり、既存株主から引受人へと価値が不当に移転することを防止し、「**株主間の平等**」を確保することを趣旨とする。

　第3期　第2期の制度では、仮装払込みがなされ会社財産が確保できない場合に、これに関与した者の責任が不明確になる点が批判された。そこで、平成26年改正会社法において、発起人・引受人に責任を課す規定を復活させ、責任を履行した場合にのみ株主権の行使ができる旨の規定などを置いた。これが現行法である。改正法の立案担当者は、株主間の不当な価値の移転防止が趣旨であるとする［坂本 2015：154］が、これらの責任が資本の充実や債権者保護に果たす役割も重視すべきであるとする見解もあり［田中 2021：607、弥永 2021：306］、論争が続いている。

ときは、それによって第三者に生じた損害につき賠償責任（**連帯責任**、54条）を負う（53条2項）。会社が成立した場合の責任だが、事後的に設立が無効とされてもこの責任は消滅しない（大判昭8・5・22民集12・1230）。なお、設立時の株主も第三者にあたる（起業目論見書中の隠秘不明な表示により設立時募集株式を引き受けさせ株主に損害を与えた事例として、大判昭8・12・28民集12・2978）。役員等の対第三者責任（429条）と同等の性質の責任と解され、その趣旨は第三者保護にあると考えられる。

論点 2 - 3　株式の引受け・払込み欠缺と無効原因

　株式の引受け・払込みが定款記載額に満たない場合に、設立無効の訴えの無効原因となるか。設立に際して出資される額（27条4号）に大幅に不足すれば無効原因となるが、その不足がごくわずかに止まる場合や事後的な払込みにより瑕疵が治癒された場合はどうか。不足した以上、形式的に無効原因（27条4号）を構成すると考えることもできるが、法的安定性は若干犠牲になってしまう。これに関して学説では、速やかに未出資額が会社に拠出されるなどして瑕疵が治癒された場合は無効原因とはならないと解する立場が多く［神田 2021：65、田中 2021：619］、実務も同様である。この立場では、いくらの不足が無効原因になるかは裁判所の判断となり事前予測が難しくなる不都合はあるものの、重大な瑕疵のみ設立無効事由として法的安定性を確保する制度趣旨に沿い妥当性も確保しやすい。

5　擬似発起人の責任（103条4項）

　上記責任に関連して、法は募集設立の場合に、募集の広告や募集に関する書面（電磁的記録）に、自己の氏名・名称及び設立に賛助する旨記載・記録することを承諾した者を**擬似発起人**と呼び、この者を「発起人とみなして」責任を負わせることとした（103条4項）。なお、定款に署名・記名押印した者は擬似発起人ではなく発起人そのものである（26条1項）。

8　会社の成立が否定される場合

1　設立無効の訴え（828条1項1号・2項1号）

　私法上の「無効」は、誰かが「効力を失わせる」主張をせずとも、元から効力がなく、時の経過によっても有効化しない場合を指す（よって、原則として、いつでも誰からでも裁判上の無効主張が可能となる）。会社の設立の場合も、その手続の過程に著しい違法があった場合などには設立が無効となるが、この無効は、提訴期間・原告適格等が法定され、**設立無効の訴え**によらなければ主張できない。多数の利害関係者との法律関係が形成されてしまう会社設立の場面で、簡単に会社の設立を覆すと法律関係の混乱をもたらし、法的安定性を害するからである。先述の通り法は起業促進の観点から準則主義をとっている以

> **論点 2-4　明文なき裁量棄却の可否**
>
> 　「払込みの欠缺」が設立無効原因となるか否かの問題等と関連して、明文規定な**き裁量棄却**も問題となる。昭和25年改正前の商法は、設立無効の訴えが提起されても、裁判所が諸事情を斟酌して裁量棄却できる旨明文規定があったが、裁判所の裁量権を広げすぎるとの理由で、一旦昭和25年の改正によって削除された。昭和56年改正では、違反する事実が重大でなく、かつ決議に影響を及ぼさない場合に限り、**株主総会決議取消しの訴え**の裁量棄却を認める規定が置かれ、それが現行法に引き継がれている（831条2項）。このように、現行法上設立無効の訴えに関して裁量棄却を認める明文はなくなっているので、実務では瑕疵が軽微な場合や治癒された場合には無効原因に当たるか否かのみを問題とする。一方、学説では、設立手続中の払込み不足が判明しても、その不足が極めて軽微であったときや速やかに払い込まれて瑕疵が治癒された場合に、明文規定はなくとも（831条2項を参照するなどして）裁量棄却の余地も認める立場が多数である［神田 2021：65、江頭 2021：120］。このように、無効原因の有無か裁量棄却の可否か、いずれかの場面で実質的な利益衡量をして、設立無効とすべき瑕疵が判定される。

上、事後的に設立が無効となる事象の発生はある程度やむを得ない。

　法は設立登記から2年以内に（828条1項1号）、株主・取締役・清算人（株主等、828条2項1号）などの者に限り、会社を被告として（834条1号）、訴えをもってのみ（828条1項）設立無効を主張できると規定する。無効原因（無効事由）は法定されていないが、上記のような立法趣旨から、重大な瑕疵に限定されると解されている。例えば、「定款の絶対的記載事項の欠缺や内容の違法」「1株も引き受けない発起人がいる」「定款の認証がない」「発起人全員の同意による設立時発行株式に関する事項の決定がない」「（募集設立）創立総会の不開催」「設立登記の無効」などが挙げられるが、実際の判断には利益衡量が必要となる。設立を無効とする判決は第三者に対しても効力が及ぶ（対世効、838条）。これは将来に向かってのみの効力であって遡及しない（839条）ため、会社成立までに生じた法律関係は覆らず、改めて**清算手続**が開始される（475条2号）。

2　会社の不存在

　会社設立手続や設立登記を経ずに会社と称する団体が活動を開始している場合を**会社の不存在**と呼び、いつでも誰でも、訴訟によらずとも不存在の主張をできると解されている。設立手続に甚だしい瑕疵があるが、諸事情により設立無効の訴えの提訴期間を過ぎてしまった場合などに、会社の不存在を認めるか否かが問題となるが、法的安定性の要請から設立無効の訴えを法定している趣旨からすると、例外的にどの程度の瑕疵がある場合に会社の不存在と評価するかは難しい問題といえる。募集設立において、発起人の有効な署名がなく定款が無効、払込みもほぼ全額が欠如し、創立総会は開催されず議事録のみ作成され、設立時取締役の選任もされず、設立登記も無資格者によりなされ無効であるなど重大な手続違反が重畳する場合に、法律上会社として成立せず不存在である旨判示した古い裁判例がある（東京高判昭36・11・29下民集12・11・2848）。

3　会社の不成立

　会社の設立手続が何らかの事情で頓挫し、設立登記まで至らず終わってしまうことを**会社の不成立**という。一旦設立登記がなされたが、その過程に瑕疵があった設立の無効とは異なる。会社の不成立の場合も、そのことを誰でもいつでも、訴えによらずとも主張可能である。また、発起人らは連帯して無過失責任を負い（56条）、募集設立で払込みを受けた出資金は引受人に返還されなければならないし、会社が成立しなかった以上、定款に定めがあったとしても、設立費用等は発起人の負担となる（56条後段）。

3章 株　式

I　株式の意義と種類

1　総　説

(1)　**株式の意義**　　株式とは、株式会社における社員の地位であり、株式を有する者が株主である。株主は会社に対して株主総会での議決権や剰余金配当請求権に代表される種々の権利を与えられるが、社員が会社との間で有するこのような権利・義務関係の総体（社員の地位）を細分化して割合的単位の形で示したものが株式である。割合的単位とは、発行済株式総数が1万株の会社の場合、1株は当該会社における1万分の1の地位を表すという意味である。

　株式は、このように、均一の割合的単位の形（持分均一主義）をとっており、各株主は、複数の株式を所有することが認められ（持分複数主義）、株主・会社間の集団的法律関係を数量的に簡単に処理することを可能としている。このように、会社に対する法律関係を明確にすることで、株主による権利行使、あるいは会社から株主への各種通知や配当の支払等を容易にすることができ、さらには、株主が必要に応じて全部又は一部の株式を譲渡し、投下資本の回収を図ることを可能としている。その結果、多くの人々が安心して株式会社に出資することができ、会社に多くの事業資金をもたらすことで、株式会社制度を成り立たせている。これに対して、持分会社の持分は、その内容が均一ではなく（持分不均一主義）、各社員は不均一な内容の持分を1個ずつ保有する（持分単数主義）と解されている。

(2)　**株主の権利と義務**

(i)　**株主の権利**　　株主は、会社に対し社員たる地位に基づく種々の権利

　通説・判例の立場とされる社員権説に対しては、それを否定する見解として、社員権否認説、株式債権説、株式会社財団説が唱えられている。

　社員権否認説によると、そもそも議決権等の共益権は、株主が社員たる資格に基づいて有する権利ではなく、会社の機関としての資格において有する権限にすぎないので、その行使にあたっては、株主個人の利益ではなく、会社全体の利益のために行使すべきものとする。したがって、株式の内容は、株主が社員たる資格において有する剰余金配当請求権等の自益権だけとなる。この社員権否認説をさらに発展させた見解が株式債権説である。この説によると、株式は自益権のうち剰余金配当請求権のような金銭債権を意味する。その一方で、共益権は国家における参政権のように株式会社における公権的な性質を有するものであるから、株式の内容には当たらないことになる。そして、共益権は譲渡や相続の対象とならない一身専属的な権利であって、自益権の取得により原始取得されるものであるから、共益権は会社のために行使すべきものとされる。

　株式会社財団説は、株式会社を営利社団法人ではなく営利財団法人と解し、株式の内容は、自益権の中でも剰余金配当請求権や残余財産分配請求権のような純然たる債権だけであるとして、これらについては譲渡性を有するが、これら以外についてはすべて株主の利益保護のために法が認めた権利であって譲渡性はないものとする。

　（**社員権**）を有しており、それは**自益権**と**共益権**とに分類される。自益権とは、株主が会社から直接経済的な利益を受けることを目的とする権利であり、剰余金配当請求権（105条1項1号）及び残余財産分配請求権（105条1項2号）を中心とするが、ほかにも株式買取請求権（116条・182条の4・469条・785条・797条・806条）等がこれに属する。一方、共益権とは、会社の経営に参加すること、あるいは取締役等の行為を監督是正することを目的とする権利であり、株主総会における議決権（105条1項3号）や取締役等の違法行為の差止請求権（360条・422条）等がこれに属する。このように、社員権の内容として自益権と共益権の両者を含むものとする見解を社員権説と呼び、この見解が通説・判例（最大判昭45・7・15民集24・7・804〔商判Ⅰ-21〕）の立場である。

　また、株主の権利には、1株の株主でも行使できる権利（**単独株主権**）と、

図表 3-1　主な監督是正権と行使要件

	議決権数・株式数	保有期間	権利の内容
単独株主権		要件なし	非取締役会設置会社の株主提案権（303条1項・305条1項本文） 累積投票請求権（342条） 会社の組織に関する行為の無効訴権（828条） 総会決議取消訴権（831条）
		行使前6ヵ月	取締役・執行役の違法行為差止請求権（360条・422条） 代表訴訟提起権（847条・847条の2）
少数株主権	総株主の議決権の1％以上	行使前6ヵ月	総会検査役選任請求権（306条）
	総株主の議決権の1％以上又は300個以上	行使前6ヵ月	取締役会設置会社の株主提案権（303条2項・305条1項但書）
	総株主の議決権の1％以上又は発行済株式の1％以上	行使前6ヵ月	多重代表訴訟提起権（847条の3）
	総株主の議決権の3％以上	行使前6ヵ月	株主総会招集権（297条）
	総株主の議決権の3％以上又は発行済株式の3％以上	行使前6ヵ月	清算人の解任請求権（479条） 役員の解任請求権（854条）
	総株主の議決権の3％以上又は発行済株式の3％以上	要件なし	検査役選任請求権（358条） 会計帳簿閲覧請求権（433条）
	総株主の議決権の10％以上又は発行済株式の10％以上	要件なし	解散請求権（833条）

※要件は定款で緩和することができる（加重は不可）。
※非公開会社では保有期間の要件はない。
※発行済株式は自己株式を除く。

一定数の議決権、総株主の議決権の一定割合又は発行済株式の一定割合を有する株主のみが行使できる権利（**少数株主権**。複数の株主が共同して法定要件を充たすことも可能）とがある。自益権はすべて単独株主権であり、共益権のうちでも議決権は単独株主権であるが、監督是正権には単独株主権に属するものと少数株主権に属するものとがある。

　(ii)　**株主の義務**　　株主は、引き受けた株式の引受価額を限度とする責任のみを負う（104条）。それ以外の義務や責任は生じない（株主有限責任）。出資義務は、株式を引き受けた者が株主となる前に履行すべき義務であり、株主としての義務ではない。なお、株主のうちの支配株主は、会社及び他の株主に対し、その権利行使について（一般条項的な）誠実義務を負うとする学説がある。

　(3)　**株主平等の原則**　　株式会社は、株主に対して、その有する株式の内容及び数に応じて、平等に取り扱わなければならない（109条1項）。この原則を「**株主平等の原則**」という。これは、株式が株主の地位を均一の割合的単位の形で表すものであることから、それぞれの株式の権利内容が原則として同一であることによる。したがって、会社は、権利内容の異なる様々な種類株式を発行することができるが（108条1項）、同一種類の株式においては、会社は、株主の権利等に関して、その株主が有する株式の数に応じて平等に取り扱わなければならない。当該原則は、資本多数決の濫用や取締役等の恣意的な取扱いから少数株主を保護する重要な役割を担っている。この原則に反する会社の行為は無効となる。例えば、無配に陥った会社が特定の株主にだけ、無配決定直前期の配当に相当する額を中元・歳暮等の名目で支払うことは、株主平等の原則に反して無効である（最判昭45・11・24民集24・12・1963〔商判Ⅰ-26〕）。ただし、当該行為によって不利益を被ることになる株主が当該不平等な取扱いに対し同意するときは、その瑕疵は治癒されるものと解される。また、この原則に反する内容の株主総会決議がなされた場合には、決議内容の法令違反となり、株主総会決議無効の訴えの対象となる（830条2項）。

　鉄道会社や航空会社の割引又は無料の乗車券や航空券、映画配給会社の無料鑑賞券など、一定数以上の株式を有する株主に対して、当該会社の事業に関連する便益や商品が付与される**株主優待制度**が多くの会社で実施されている。これは配当とともに、個人株主にとっての株式の取得及び維持に対する大きな誘

因となっている。そのため、特定の株主あるいは大株主のみが享受できるような制度は、株主平等の原則に反し認められない。学説においても、個人株主の拡大など合理的理由が認められ、営業上のサービス程度の軽微なものであれば、有効と解するのが多数説である。

(4)　**株主の権利行使に関する利益供与の禁止**　　株式会社は、何人に対しても、株主の権利（適格旧株主（847条の2第9項）及び最終完全親会社等（847条の3第1項）の株主の権利を含む）の行使に関し、当該会社又は子会社の計算において、財産上の利益を供与してはならない（120条1項）。この規定は、総会屋などの特定の株主等への**利益供与**を禁止することで、会社財産の浪費を防ぐことができるとともに、会社が株主の権利行使に影響を及ぼすような利益供与を禁止することで、健全な会社運営を確保することを、その目的とする。したがって、規制の適用は、総会屋に対するものに限定されない。すなわち、会社提案に賛成してもらうことを目的として、会社が議決権行使者全員（会社提案への賛否を問わない）にQuoカード1枚（500円相当）を交付する行為（東京地判平19・12・6判タ1258・69〔百選31、商判Ⅰ-81〕）も適用の対象となる。

当該規定の対象となるのは、利益を受ける相手方が株主であるか否かにかかわらず（その親族や自ら影響力を有する企業なども含まれる）、当該会社及び子会社の計算においてなされる利益供与であり、それが株主の権利行使に関連する場合である。したがって、会社にとって好ましくない株主の議決権行使を回避するために、当該株主から株式を譲り受けるための対価を何人かに供与する行為（最判平18・4・10民集60・4・1273〔百選12、商判Ⅰ-131〕）のように、株主以外の者への供与も、本条の利益供与にあたる。

利益供与と株主の権利行使との間の関連性を証明することは困難であることが多いので、会社が特定の株主に対して無償で財産上の利益を供与したとき、若しくは有償であっても、会社又は子会社が受けた利益が供与した利益に比べ著しく少ないときには、当該利益の供与は、株主の権利行使に関する利益供与であると推定される（120条2項）。したがって、反対給付を伴わない現金や物品などの提供のほか、形式的には反対給付を伴うが、その対価として著しく見合わない金額での様々な契約（無価値な出版物の購読契約、不必要なコンサルタント契約など）等が、これに含まれる。また、たとえ対価は正当であったとして

も、多数の業者の中から総会屋に関連した特定の企業を選び工事等を発注した場合など、利益供与と解されよう。

この規定に違反してなされた利益供与は無効となり、当該利益供与を受けた者は会社又は子会社に対し返還義務を負う（120条3項前段）。利益供与を受けた者が会社又は子会社に対して当該利益と引換えに給付したものがあるときは、その返還を受けることができる（120条3項後段）。また、総会屋のような者からの返還は、実際には期待できないので、利益供与に関与した取締役・執行役として法務省令（会社規21条）で定める者は、会社に対して連帯して供与した利益の価額に相当する額を支払う義務を負うことになっている（120条4項）。ただし、当該利益供与を行った取締役・執行役以外の者は、職務を行うにつき注意を怠らなかったことを証明すれば、この義務を免れる（120条4項但書）。義務の免除には総株主の同意が必要とされる（120条5項）。会社に対する取締役・執行役の支払義務と利益供与を受けた者の返還義務については、株主代表訴訟の対象とされる（847条）。利益供与に関与した者については、刑罰規定も設けられている（970条）。

(5) **株式の共有**　　株式は、均一の割合的単位の形をとるため、原則として、1株未満に細分化することは許されない。ただし、複数人による株式の共同引受けや、相続のように1個の株式を複数人で所有することは認められる。

共有株式につき権利行使をするには、共有者は、当該株式について権利行使する者1人を定め、会社に対し、その者の氏名又は名称を通知しなければならない（106条本文）。ただし、会社が権利行使に同意した場合は、この限りでない（106条但書）。また、会社から株主への通知・催告については、共有者が会社からの通知・催告を受領する者1人を定めて、会社に対し、その者の氏名又は名称を通知しなければならず、通知・催告はその者に対してなされれば足りる（126条3項）。共有者による当該通知がない場合には、会社は共有者の1人に対して通知・催告をすればよい（126条4項）。

2　株式の種類等

(1) **概　要**　　会社法においては、株式の権利内容は同一であることが原則であるが、株式による資金調達を容易にし、会社支配関係の多様性を図ること

ができるように、会社法はその例外として、一定の範囲と条件の下、定款の規定により、(イ)発行するすべての株式の内容として特別な事項を定めること(107条)、及び(ロ)権利内容の異なる複数の種類の株式（**種類株式**）を発行することを株式会社に認めている（108条）。

　すなわち、定款に上記(イ)の定めをした会社は、一種類の同一内容の株式だけを発行する会社であり、その株式の内容とは、①譲渡による当該株式の取得について会社の承認を要すること（**譲渡制限株式**）、②当該株式について、株主が会社に対してその取得を請求することができること（**取得請求権付株式**）、及び③当該株式について、会社が一定の事由が生じたことを条件としてこれを取得することができること（**取得条項付株式**）の３つの事項に限定される。

　一方、上記(ロ)の種類株式を発行する会社は、２種類以上の株式を発行する会社であり、以下の①～⑨の事項について異なる定めをした内容の異なる株式を発行することができる（108条）。その事項としては、①剰余金の配当、②残余財産の分配、③株主総会において議決権を行使することができる事項（議決権制限種類株式）、④譲渡による当該種類株式の取得について会社の承認を要すること（譲渡制限種類株式）、⑤当該種類株式について、株主が会社に対してその取得を請求することができること（取得請求権付種類株式）、⑥当該種類株式について、会社が一定の事由が生じたことを条件としてこれを取得することができること（取得条項付種類株式）、⑦当該種類株式について、会社が株主総会の決議によってその全部を取得すること（全部取得条項付種類株式）、⑧株主総会又は取締役会等の決議のほか、当該種類株主総会の承認決議を要するもの（拒否権付種類株式）、及び⑨当該種類株式の種類株主を構成員とする種類株主総会において取締役・監査役を選任すること（取締役・監査役の選任権付種類株式）の９つの事項に限定されている。種類株式を発行するためには、種類株式の内容と各種類株式別の発行可能種類株式総数を定款で定めなければならない（108条２項）。

(2)　すべての株式の内容についての特別な定め

　(i)　譲渡制限株式　　譲渡制限株式（２条17号）とは、譲渡による当該株式の取得について会社の承認を要する旨の定めがある株式である（107条１項１号）。発行するすべての株式が譲渡制限株式であるということは、当該会社は

非公開会社である（2条5号）。

　同族会社のような閉鎖的な会社では、株主間の信頼関係が重要な基礎をなすものであり、株式が自由に譲渡されることで、面識のない、あるいは好ましくない者が株主となることもあり得る。そして、それにより安定的な株主構成が崩れてしまい、会社の存続が危うくなることも考えられるので、これに備えようとする会社のニーズに応えたものである。

　会社がすべての株式の内容として譲渡制限株式を発行するには、定款で、①当該株式を譲渡により取得することについて会社の承認を要すること、及び②一定の場合においては、会社が当該株式の譲渡又は取得を承認したものとみなすときは、その旨及び一定の場合を定めなければならない（107条2項1号・136条・137条1項）。なお、上記②の一定の場合とは、譲受人が会社の従業員や株主など会社の関係者である場合などが考えられる。

　譲渡制限は相続による株式の承継には効力が及ばないので、相続等の一般承継により、会社にとって好ましくない者が当該株式を取得する場合に備えて、株式取得者に対して会社は株式の売渡しを請求できる旨を定款で定めることができる（174条以下）。

　なお、株式発行後に定款変更により譲渡制限の定めを設ける場合には、株主総会の特殊決議が必要であり（466条・309条3項1号）、さらに反対株主には株式買取請求権が与えられ（116条1項1号）、新株予約権者にはすべての新株予約権につき買取請求権が与えられる（118条1項1号）。

　(ii)　取得請求権付株式　　取得請求権付株式（2条18号）とは、株主が会社に対して当該株式の取得を請求することができる旨の定めがある株式である（107条1項2号）。当該株式の取得対価とされるのは、当該会社の社債、新株予約権、新株予約権付社債、及びそれ以外の金銭等である。ただし、発行するすべての株式が取得請求権付株式であるので、取得対価には当該会社の株式が含まれることはない。

　会社がすべての株式の内容として取得請求権付株式を発行するには、定款で、①株主が会社に対して当該株主の有する株式を取得することを請求することができる旨、②会社が上記①の株式1株を取得するのと引換えに交付する取得対価の具体的内容、及び③株主が取得請求権を行使できる期間を定めなけれ

ばならない（107条2項2号）。ただし、対価である財産の帳簿価額が当該請求の日における会社の分配可能額（461条2項）を超えているときは、株主は会社に対し当該株式の取得を請求することができない（166条1項但書）。

　取得請求権付株式の取得の請求に際しては、株主は、当該株式の数を明らかにしなければならず（166条2項）、株券発行会社においては、株券を会社に提出しなければならない（166条3項）。会社は、当該請求の日に、その請求に係る取得請求権付株式を取得することになる（167条1項）。当該請求をした株主は、その請求の日に対価に関する定款の定めに従い、当該会社の社債権者や新株予約権者等になり（167条2項）、対価が金銭であれば、株主の地位を失うだけである。

　(iii)　取得条項付株式　　取得条項付株式（2条19号）とは、一定の事由が生じたことを条件として、会社が当該株式を取得することができる旨の定めがある株式である（107条1項3号）。当該株式の取得対価とされるのは、上記(ii)の取得請求権付株式の場合と同様である。

　会社がすべての株式の内容として取得条項付株式を発行するには、定款で、①一定の事由が生じた日に会社がその株式を取得する旨及びその事由（会社が別に定める日（168条1項）が到来することをもって「一定の事由」とするときは、その旨）、②上記①の事由が生じた日にその株式の一部を取得することとするときは、その旨及び取得する株式の一部の決定方法、及び③会社が上記①の株式1株を取得するのと引換えに交付する取得対価の具体的内容を定めなければならない（107条2項3号）。株式発行後に定款を変更して、取得条項付株式の定めを設け、又は当該事項の内容を変更する場合（当該定款の定めの廃止を除く）には、通常の定款変更手続（466条・309条2項11号）に加えて、当該株式を有する株主全員の同意が必要である（110条）。

　「一定の事由が生じた日」に会社が取得条項付株式を取得するものと定款に定めた場合には、会社は、当該事由が生じた後、遅滞なく、取得条項付株式の株主及び登録株式質権者に対し、当該事由が生じた旨を通知しなければならない（170条3項）。当該通知は、公告をもってこれに代えることができる（170条4項。なお、社債振替161条2項）。また、会社が別に定める日が到来することをもって「一定の事由」とする旨の定款の定めがある場合には、株主総会（取締

役会設置会社では取締役会）の決議によってそれを定めなければならず（168条1項。ただし、定款に別段の定めがある場合は、この限りでない）、会社は対象となる株主及び登録株式質権者に対し、当該日の2週間前までに、当該日を通知しなければならない（168条2項）。当該通知は、公告をもってこれに代えることができる（168条3項。なお、社債振替161条2項）。

会社が取得条項付株式の一部を取得する場合には、対象となる株式を株主総会（取締役会設置会社では取締役会）の決議で決定し（169条1項・2項）、当該株式の株主及び登録株式質権者に対し、直ちに当該株式を取得する旨を通知しなければならない（169条3項）。当該通知は、公告をもってこれに代えることができる（169条4項。なお、社債振替161条2項）。

会社は、「一定の事由が生じた日」（取得条項付株式の一部を取得する場合には、「一定の事由が生じた日」と169条3項の通知・公告の日から2週間を経過した日のいずれか遅い日）に対象となる株式を取得する（155条1号・170条1項）。そして、取得請求された株式の株主は、対価に関する定款の定めに従い、当該会社の社債権者や新株予約権者等となり（170条2項）、対価が金銭であれば、株主としての地位を失うだけであることは、上記(ii)の取得請求権付株式と同様である。

(3) 種類株式

（i）剰余金の配当・残余財産の分配に関する種類株式　　株式会社は、剰余金の配当・残余財産の分配について、異なる定めをした内容の異なる2以上の種類の株式を発行することができる（108条1項1号・2号）。

会社が当該種類株式を発行する場合には、定款で、当該株式の剰余金の配当・残余財産の分配に関する取扱いの内容（当該種類の株主に交付する配当財産・残余財産の価額の決定方法、剰余金の配当をする条件、残余財産の種類等）、及び当該種類株式の発行可能種類株式総数を定めなければならない（108条2項1号・2号。なお、各種類株式別に発行可能種類株式総数を定款に定めなければならないことは種類株式に共通しており、以下省略する）。ここでの条件や内容には、剰余金の配当が特定の子会社や会社の特定部門の業績に関連付けられる、**トラッキング・ストック**に関する定めも含まれる。

剰余金の配当・残余財産の分配の双方とも、他の種類の株式よりも優先的な地位が与えられる株式を優先株式、劣後的な地位が与えられる株式を劣後株式

（後配株式）、基準となる株式を普通株式と呼ぶ。なお、剰余金の配当・残余財産の分配のいずれか一方は優先株式とするが、他方については劣後株式とする株式の発行も許される。

　配当優先株式については、普通株式に優先して配当を受けた後に、なお配当可能利益が残っている場合、普通株式とともにその残余の利益から配当を受けることができるかどうかによって、参加的優先株式と非参加的優先株式とに分類される。また、ある年度の配当金が所定の優先配当額ないし優先配当割合に満たない場合には、その不足分の配当を次年度以降に合わせて行うかどうかによって、累積的優先株式と非累積的優先株式とに分類される。

　剰余金の配当について内容の異なる種類株式に係る配当額その他法務省令で定める事項（会社規20条1項1号・2号）の全部又は一部については、定款にその内容の要綱を定めれば、具体的な内容は、当該種類の株式を初めて発行する時までに株主総会（取締役会設置会社では株主総会又は取締役会、清算人会設置会社では株主総会又は清算人会）の決議で決定できる旨を定めることもできる（108条3項）。これは、当該種類株式の機動的な発行を可能とするためである。

　なお、会社は営利法人であることを本質とするから、剰余金の配当・残余財産の分配に関して、どちらか一方を与えないことは認められるが、両方を与えないことは認められない（105条2項）。

　(ii)　議決権制限種類株式　　株式会社は、株主総会において議決権を行使することができる事項について、異なる定めをした内容の異なる2以上の種類の株式を発行することができる（108条1項3号）。

　会社が当該種類株式を発行する場合には、定款で、①株主総会において議決権を行使することができる事項、及び②当該種類の株式につき議決権の行使条件を定めるときはその条件を定めなければならない（108条2項3号）。上記②の議決権行使の条件には、一定額以上の剰余金の配当がされない場合には、議決権が生ずることになる等が考えられる。

　株主総会において議決権を行使することができる事項に制限のない株式を議決権株式、議決権を全く認めない株式を無議決権株式、全部又は一部について議決権を認めない株式（無議決権株式を含む）を議決権制限株式という。

　公開会社では、当該会社の経営者等による議決権制限種類株式を利用した会

社支配を防止するため、当該種類株式の数が発行済株式総数の2分の1を超えるに至ったときは、会社は、直ちに当該種類株式の数を発行済株式総数の2分の1以下にするための必要な措置をとらなければならない（115条）。

(iii) 譲渡制限種類株式　　株式会社は、譲渡による当該種類の株式の取得につき会社の承認を要する旨の定めについて、異なる定めをした内容の異なる2以上の種類の株式を発行することができる（108条1項4号）。譲渡制限種類株式発行会社は同時に譲渡制限株式でない種類株式を発行することを意味するから、当該会社は公開会社（2条5号）である。

会社が当該種類株式を発行する場合には、定款で、発行するすべての株式が譲渡制限株式である場合と同様の記載事項（→本章❶の2(2)(i)）を定めなければならない（108条2項4号）。

種類株式発行会社が、特定の種類株式の発行後に、定款を変更して譲渡制限の定めを設ける場合には、通常の定款変更手続（466条・309条2項11号）に加えて、①当該種類株式の株主、②当該種類株式を取得対価とする取得請求権付種類株式の株主、及び③当該種類株式を取得対価とする取得条項付種類株式の株主を構成員とする種類株主総会の決議を要する（111条2項・324条3項1号）。ただし、当該種類株主総会において議決権を行使することができる種類株主が存しない場合を除く。また、反対株主には株式買取請求権が与えられる（116条1項2号）。さらに、譲渡制限の定めを設ける種類株式を目的とする新株予約権を有する新株予約権者にも、買取請求権が与えられる（118条1項2号）。

(iv) 取得請求権付種類株式　　株式会社は、株主が会社に対しその株式の取得を請求することができることについて、異なる定めをした内容の異なる2以上の種類の株式を発行することができる（108条1項5号）。当該種類株式の取得対価とされるのは、当該会社の社債、新株予約権、新株予約権付社債、及び金銭等それ以外の財産であり、当該種類株式発行会社では、取得対価として当該会社の別の種類株式も交付され得る。

会社が当該種類株式を発行する場合には、定款で、発行するすべての株式が取得請求権付株式である場合と同様の記載事項（→本章❶の2(2)(ii)）を定めなければならない（108条2項5号）。当該種類株式1株の取得対価として当該会社の他の種類株式を交付するときは、当該他の株式の種類及び種類ごとの数又は

その算定方法を定めなければならない（108条2項5号ロ）。また、取得対価が当該会社の他の株式以外である場合、対価である財産の帳簿価額が当該請求の日における会社の分配可能額（461条2項）を超えているときは、株主は会社に対して当該種類株式の取得を請求することができない（166条1項但書）。

　当該種類株式の取得の請求に際しては、当該種類株式の株主は、その請求に係る取得請求権付株式の種類及び種類ごとの数を明らかにしなければならず（166条2項）、株券発行会社においては、株券を会社に提出しなければならない（166条3項）。会社は、当該請求の日に、その請求に係る取得請求権付株式を取得することになる（167条1項）。また、当該会社の他の種類株式を対価とする場合、株主による取得請求によって交付される種類株式の数は、取得請求期間中は、当該種類株式の未発行株式の数を超えることはできない（114条2項1号）。

　(v)　取得条項付種類株式　　株式会社は、一定の事由が生じたことを条件として会社がその株式を取得することができることについて、異なる定めをした内容の異なる2以上の株式を発行することができる（108条1項6号）。当該種類株式の取得対価とされるのは、上記(iv)の取得請求権付種類株式の場合と同様である。

　会社が当該種類株式を発行する場合には、定款で、発行するすべての株式が取得条項付株式である場合と同様の記載事項（→本章❶の2(2)(iii)）を定めるとともに、当該種類株式1株の取得対価として当該会社の他の種類株式を交付するときは、当該他の株式の種類及び種類ごとの数又はその算定方法を定めなければならない（108条2項6号）。

　種類株式発行会社が特定の種類株式の発行後に、定款を変更して取得条項付種類株式の定めを設け、又は当該事項の内容を変更する場合（当該定款の定めの廃止を除く）には、通常の定款変更手続（466条・309条2項11号）に加えて、当該種類株式を有する株主全員の同意が必要である（111条1項）。

　「一定の事由が生じた日」に会社が当該種類株式を取得するものとした場合の事由が生じた旨の株主への通知・公告、会社が別に定める日が到来することをもって「一定の事由」とした場合の決定方法及び当該日の通知・公告、会社が当該種類株式の一部を取得する場合の対象となる株式の決定方法及び当該株

式を取得する旨の通知・公告、並びに当該種類株式の取得については、すべての株式を取得条項付株式とした場合と基本的には同様であるが（→本章1の2(2)(iii)）、取得対価として当該会社の他の種類株式を交付されることもあるので、その場合には、一定の事由が生じたことによって交付される種類株式の数は、当該種類株式の未発行株式の数を超えることはできない（114条2項2号）ことは、上記(iv)の取得請求権付種類株式の場合と同様である。

(vi)　全部取得条項付種類株式　　株式会社は、株主総会の決議によってその株式の全部を取得することができることについて、異なる定めをした内容の異なる2以上の株式を発行することができる（108条1項7号）。当該種類株式の取得対価とされるのは、上記(iv)の取得請求権付種類株式の場合と同様である。

　まず、2以上の種類株式を発行する旨の定款変更を行い、既存の株式を全部取得条項付種類株式に切り替え、株主総会の決議を経て当該株式のすべてを取得し、株式の消却と資本減少の手続（447条）をとることで、企業整理・再建の場合に必要な100％減資が実現できる。また、いわゆるMBO（Management Buyout）において少数株主を締め出す手段としても利用される。

　会社が当該種類株式を発行する場合には、定款で、①当該種類株式を取得するのと引換えに交付する取得対価の価額の算定方法（171条1項1号）、及び②取得に関する株主総会の決議をすることができるか否かについての条件を定めるときはその条件を定めなければならない（108条2項7号）。

　種類株式発行会社が、特定の種類株式の発行後に、定款を変更して全部取得条項付種類株式の定めを設ける場合には、通常の定款変更手続（466条・309条2項11号）に加えて、①当該種類株式の株主、②当該種類株式を取得対価とする取得請求権付種類株式の株主、及び③当該種類株式を取得対価とする取得条項付種類株式の株主を構成員とする種類株主総会の決議を要する（111条2項・324条2項1号）。ただし、当該種類株主総会において議決権を行使することができる種類株主が存しない場合を除く（111条2項但書）。また、反対株主には株式買取請求権が与えられ（116条1項2号）、さらに、全部取得条項付の定めを設ける種類株式を目的とする新株予約権を有する新株予約権者にも、買取請求権が与えられる（118条1項2号）。

　会社が全部取得条項付種類株式を取得するには、当該種類株式の取得を決定

する株主総会（171条1項）の日の2週間前の日、又は株主に対し当該種類株式の全部を取得する旨を通知・公告する日（172条2項・3項）のいずれか早い日から取得日後6ヵ月を経過する日までの間、法務省令（会社規33条の2）で定める事項を記載・記録した書面等を本店に備え置かなければならない（171条の2）。

取得を決定する株主総会においては、取締役が当該種類株式の全部の取得を必要とする理由を説明した上で（171条3項）、特別決議により（309条2項3号）、①取得対価の内容・数や金額等又はその算定方法（171条1項1号）、②株主に対する取得対価の割当てに関する事項（171条1項2号・2項）、及び③取得日（171条1項3号）が決定されることになる。

株主総会に先立って会社に対し当該種類株式の取得に反対し、かつ当該株主総会で当該取得に反対した株主及び当該株主総会で議決権を行使できない株主は、取得日の20日前の日から取得日の前日までの間に、裁判所に対し、取得価格の決定の申立てをすることができる（172条1項）。なお、会社は、取得日の20日前までに、当該種類株式の株主に対し、当該種類株式の全部を取得する旨を通知・公告しなければならない（会社172条2項・3項、社債振替161条2項）。また、当該種類株式の取得が法令・定款に違反する場合において、株主が不利益を受けるおそれがあるときは、株主は、会社に対し、当該種類株式の取得の差止めを請求することができる（171条の3）。

会社は、取得日に全部取得条項付種類株式の全部を取得し、株主は、同日、株主総会の決議の定めに従い、当該会社の株主、社債権者、及び新株予約権者等になり（155条5号・173条）、対価が金銭（無償の場合を含む）であれば、株主の地位を失うだけである。

会社は、取得日後遅滞なく、会社が取得した当該種類株式の数その他取得に関する事項として法務省令（会社規33条の3）で定める事項を記載・記録した書面等を作成し、取得日から6ヵ月間、本店に備え置き、株主等の閲覧等の請求に供さなければならない（173条の2）。

(vii) **拒否権付種類株式**　株式会社は、株主総会（取締役会設置会社では株主総会又は取締役会、清算人会設置会社では株主総会又は清算人会）において決議すべき事項のうち、当該決議のほか、当該種類株式の種類株主を構成員とする種類

株主総会の決議があることを必要とすることについて、異なる定めをした内容の異なる2以上の株式を発行することができる（108条1項8号）。この場合において、当該種類株式の株主は、当該決議事項について拒否権を有することになるので、当該種類株式を拒否権付種類株式あるいは**黄金株**と呼ぶ。したがって、株主総会で合併や経営統合等の提案を拒否できる内容の種類株式が発行され、当該種類株式を現経営者に友好的な者に保有させた場合、敵対的企業買収の局面においては、当該種類株式は、現経営者を守るための買収防衛策として有効に機能することになる。ただし、証券取引所の上場規則は、原則として、取締役の選解任など重要事項につき拒否権を付与された種類株式を発行している会社の上場を認めない。

　会社が当該種類株式を発行する場合には、定款で、①株主総会（取締役会設置会社にあっては株主総会又は取締役会、清算人会設置会社にあっては株主総会又は清算人会）において決議すべき事項のうち、当該種類株主総会の決議があることを必要とする事項、及び②当該種類株主総会の決議を必要とする条件を定めるときはその条件を定めなければならない（108条2項8号）。上記①の事項については、議決権を行使できる種類株主が存しない場合を除き、定款の定めに従い、株主総会、取締役会又は清算人会の決議のほか、拒否権付種類株式の株主による種類株主総会の決議がなければ、その効力を生じない（323条）。

　(viii)　取締役・監査役の選任に関する種類株式　　株式会社は、その種類株式の種類株主を構成員とする種類株主総会において取締役（監査等委員会設置会社では、監査等委員である取締役とそれ以外の取締役とは別扱い。以下同じ）又は監査役を選任することについて、異なる定めをした内容の異なる2以上の株式を発行することができる（108条1項9号）。ただし、指名委員会等設置会社では、指名委員会が取締役等の選任議案の内容を決定するため（404条1項）、また公開会社に当該種類株式を認めると、経営者による会社支配の濫用のおそれがあるため、両会社では当該種類株式を発行することができない（108条1項但書）。

　会社が当該種類株式を発行する場合には、定款で、①その種類株主を構成員とする種類株主総会において取締役又は監査役を選任すること、及び選任する取締役又は監査役の数、②選任することができる取締役又は監査役の全部又は一部を他の種類株主と共同して選任することとするときは、当該他の種類株主

の有する株式の種類及び共同して選任する取締役又は監査役の数、③上記①又は②に掲げる事項を変更する条件があるときは、その条件及び当該条件が成就した場合における変更後の上記①又は②に揚げる事項、並びに④その他法務省令（会社規19条）で定める事項を定めなければならない（108条2項9号）。なお、当該種類株主総会において選任された取締役又は監査役は、いつでも、その選任をした種類株主総会の決議により解任することができる（347条1項・2項）。

(4)　**非公開会社における属人的定め**　　公開会社でない株式会社においては、①剰余金の配当を受ける権利、②残余財産の分配を受ける権利、及び③株主総会における議決権に関する事項につき、株主ごとに異なる取扱いを行う旨を定款で定めることができる（109条2項）。定款に当該規定を定めた場合、該当する株主が有する株式を当該権利に関する種類株式とみなして、会社法の規定を適用することになる（109条3項）。種類株式の場合、保有する株主が誰であっても、異なる種類株式の間で異なる権利内容を定めるものであったのに対し、当該規定は、特定の株主についてのみ属人的な特別扱いをするものであり、株式が譲渡されて株主が変更すれば特別扱いはされないことになる。

　定款を変更して当該規定を定める場合には、株主総会の特殊決議が必要である（309条4項）。この規定は、会社は株主に対して、その有する株式の内容及び数に応じて平等に取り扱わなければならないとする、株主平等の原則の例外を法律上、明文で認めたものといえる。これは、旧有限会社法で認められていた制度であり（有限39条1項但書・44条・73条）、閉鎖的な会社においては、株主の持株数の多寡にかかわらず、属人的な権利の配分を求めるニーズがあることから、会社法に引き継がれることとなった。

(5)　**種類株主総会**　　会社が種類株式を発行する場合に、異なる種類株主間での利害調整を行うために設けられた制度が種類株主総会であり、会社法及び定款で定めた事項に限り決議することができる（321条）。

　種類株主総会も、原則として、当該種類株式の総株主の議決権の過半数を有する株主が出席し、出席株主の議決権の過半数の賛成により成立する（324条1項）。すなわち、普通決議による。また、会社法では、種類株式発行会社が一定の行為を行う場合において、特定の種類株式の種類株主に損害を及ぼすおそ

れがあるときには、当該種類株主を構成員とする種類株主総会の決議を必要としている（322条1項）。ここでの「一定の行為」として、①株式の種類の追加・株式の内容の変更・発行可能株式総数又は発行可能種類株式総数の増加についての各定款変更（111条1項・2項に規定する場合を除く）、②特別支配株主による株式等売渡請求の承認（179条の3第1項）、③株式併合又は株式分割、④株式無償割当て（185条）、⑤株主割当てによる募集株式の引受人の募集、⑥株主割当てによる募集新株予約権の引受人の募集、⑦新株予約権無償割当て（277条）、⑧合併、⑨吸収分割、⑩吸収分割による他の会社が有する権利義務の承継、⑪新設分割、⑫株式交換、⑬株式交換による他の会社の発行済株式全部の取得、⑭株式移転、及び⑮株式交付が掲げられている。また、上記①の定款変更（単元株式数についてのものを除く）を行う場合を除き（322条3項）、種類株式発行会社は、種類株主総会の決議を要しない旨を定款で定めることができる（322条2項）。ただし、種類株式の発行後にこのような種類株主総会の決議を要しない旨の定款の定めをするには、当該種類株主全員の同意を要する（322条4項）。また、定款で種類株主総会の決議を要しないと定めた場合に、会社法に規定する会社の行為によってある種類株式の株主に損害を及ぼすおそれがあるときは、当該種類株式の反対株主には株式買取請求権が与えられる（116条1項3号）。

　なお、種類株主総会において特別決議が要求される場合として（324条2項）、①全部取得条項付種類株式とする定款変更（111条2項）、②譲渡制限種類株式の追加発行又はその委任（199条4項・200条4項）、③譲渡制限種類株式を新株予約権の目的とする新株予約権の発行又はその委任（238条4項・239条4項）、④損害を及ぼすおそれがある場合（322条1項）、⑤選解任種類株式による役員の解任（347条2項により読み替えて適用する339条1項）、⑥譲渡制限種類株式発行会社である存続会社等における吸収合併等の承認（795条4項）、及び⑦譲渡制限種類株式発行会社である株式交付親会社における株式交付の承認（816条の3第3項）が掲げられている。また、特殊決議が要求される場合として（324条3項）、①その種類の株式に譲渡制限を新設する定款変更（111条2項）、及び②譲渡制限種類株式を発行している消滅会社等における譲渡制限種類株式を対価とする吸収合併等の承認（783条3項）・譲渡制限種類株式を発行してい

る消滅会社等における譲渡制限種類株式を対価とする新設合併等の承認（804条3項）が掲げられている。種類株主総会の招集その他の手続に関しては、株主総会についての規定が準用される（325条）。

2　株券・振替口座簿

1　総　　説

　平成16年商法改正までは、株券を発行することが原則とされていたが、同改正において、株券を発行しないことが原則となった。また、金融商品取引所において上場されている株式等（社債振替11条1項1号、証券保管振替機構・株式等の振替に関する業務規程6条1号・2号）については、新たな株式振替制度の対象とされることになったことから、株券の発行に関しては、次の3つの類型が生じることとなった。また、株式は、譲渡（質入れ）することができるが（127条・146条1項）、各類型で株式移転の方法が異なっている。

　第1に、その株式（種類株式発行会社では全部の種類の株式）につき株券を発行する旨を定款で定めた会社（株券発行会社）においては、株券が発行されるため、当事者の意思表示に加え、当該株券を交付することによって株式移転の効力が生じることとなる（128条1項）。

　第2に、「社債、株式等の振替に関する法律」（平成13年法律75号）に基づく方法であり、同法で取り扱われる株式については株券が発行されず、株式に関する権利の帰属は、振替口座簿の記載・記録により定まるものとされる（社債振替128条1項・140条・141条）。なお、同法で取り扱われる株式は、金融商品取引所に上場されている株式等である。

　第3に、株券発行会社でない会社の株式で、新たな株式振替制度の対象とならない株式については、株券が発行されないので、当事者の意思表示のみにより株式移転の効力が生じることとなる。

2　株　　券

　(1)　**株券の意義**　株券とは、株式、すなわち株式会社における株主の地位を表章する有価証券である。会社法の下では、株券の不発行が原則であり、株

券を発行する場合、株式会社は、定款で株券を発行する旨を定めなければならない（214条）。ただし、種類株式発行会社では混乱を生じさせることのないように、すべての種類株式につき、株券を発行するかどうかを定めるものとし、一部の種類株式についてのみ株券を発行する旨を定めることはできない（同条括弧書）。

(2) **株券の記載事項と有価証券性**　　株券とは、株式会社における株主の地位を表章する有価証券であるが、株主としての地位は、株券の作成・交付によって生じるものでなく、会社成立・新株発行によって発生する。したがって、株券は非設権証券であり、有因証券でもある。さらに、株主としての地位の内容が株券の記載によって決まるものではないので、株券は非文言証券である。

　株券の記載事項は、会社の商号、当該株券に係る株式数、譲渡制限株式の場合はその旨、種類株式発行会社では株券が表章する株式の種類と内容、及び株券番号であり、代表取締役（指名委員会等設置会社では代表執行役）が署名又は記名押印を行う（216条）。このように、株券は、記載事項が法定された要式証券であるが、それは厳格なものではなく、基本的事項（会社の商号、株式数及び代表取締役等の署名・記名押印）の記載さえあれば、その効力が認められる。また、株券には株主の氏名は記載されず、株式の譲渡には意思表示と株券の交付のみでよいので（128条1項）、無記名証券である。

(3) **株券の発行**

(i) **株券の発行時期**　　株券発行会社は、原則として株式発行日（50条1項・102条2項・209条）以後遅滞なく、株券を発行しなければならない（215条1項）。株券発行会社が株式併合又は株式分割を行った場合も、その効力発生日以後遅滞なく、株式併合した株式に係る株券又は株式分割した株式に係る株券（既発行の株券を除く）を発行しなければならない（215条2項・3項）。ただし、公開会社でない株券発行会社では、株式の譲渡が頻繁に起こることはないので、株主からの請求があるまで株券を発行しなくてもよい（215条4項）。我が国では、昔から閉鎖的な会社の多くで株券が発行されてこなかったことから、その実態を考慮したためである。そのほか、株主が株券不所持の申出（217条）をした場合や、定款により単元未満株式に係る株券を発行しない旨を定めた場合（189条3項）にも株券を発行しなくてよい。また、株式発行の効力発生前に

株券が発行された場合も含め、これらに違反した取締役等に対しては、過料の制裁が課せられる（976条13号・14号）。なお、株券発行前の株式の譲渡は、会社に対して効力を有しない（128条2項）。会社が誰を株主として扱い、株券を誰に発行してよいかが分からなくなるからである。ただし、会社が株券の発行を不当に遅滞し、信義則に照らしても株式譲渡の効力を否定できない状況にある場合には、会社は株券発行前であることを理由として、株式の譲渡の効力を否定できない（最判昭47・11・8民集26・9・1489〔百選A4、商判Ⅰ-34〕）。

　(ii)　株券の効力発生時期　　株券の効力発生時期については、会社による株券作成後に、当該株券が会社から株主への運送の途中で盗取等され、その後、善意の第三者のものとなった場合において、善意取得が認められるか否かといった問題に関して議論されてきた。判例（最判昭40・11・16民集19・8・1970〔百選23、商判Ⅰ-33〕）は、株券の効力発生時期を、会社が株券を作成し、株主に交付した時点とする（交付時説）。これに対して、有力説は、会社が株券を作成し、当該株券が誰に交付されるかが確定した時点をその効力発生時期とする（作成時説）。

　(iii)　株券不所持制度　　株券発行会社の株主は、株券を有しなくとも株主名簿の記載・記録に基づいて権利行使が可能である。また、当面株式の処分を予定していない株主にとっては、株券を有することで却って喪失の危険も生じることになる。そこで、株券発行会社の株主は、会社に対し、株券の所持を望まない旨を申し出ることができる（217条1項）。

　当該申出を受けた会社は、遅滞なく、株券を発行しない旨を株主名簿に記載・記録しなければならず（217条3項）、これにより会社は株券を発行できなくなる（217条4項）。

　株券発行後に不所持の申出を行うには、株主は不所持の申出に係る株券を会社に提出しなければならず（217条2項後段）、当該株券は株主名簿に同旨の記載・記録がなされたときに無効となる（217条5項）。

　株券不所持の申出をした株主は、いつでも、会社に対し株券の発行を請求することができる（217条6項前段）。ただし、それが再発行の請求である場合には、株券の発行費用は、当該株主の負担となる（217条6項後段）。したがって、それが当該株式に関する最初の株券発行である場合には、会社は株主に対

し株券発行費用を請求することができない。なお、株券発行会社は、この株券不所持制度とは別に、定款変更により、株券を発行する旨の定款の定めを廃止して、株券不発行会社になることができる（218条）。

3 株券失効制度

(1) **総 説** 株券発行会社の株主が株券を盗難や紛失等により喪失したとしても、それにより株主権が失われるわけではない。また、通常の権利行使についても株主名簿の記載・記録に基づいてなされるので、株券を有しなくとも、特に不便が生じることもない。しかし、そのままでは株券の交付が必要とされる譲渡（質入れ）ができなくなるし（128条1項・146条2項）、第三者に株券を善意取得されるおそれもある（131条2項）。

平成14年商法改正までは、株券を喪失した者は、裁判所の公示催告手続により**除権判決**を得て喪失株券を無効にし、その後、会社から株券の再発行を受けることになっていた（平成14年改前商230条）。しかし、この制度に対しては、公示催告手続をとったとしても、公示催告期間（少なくとも6ヵ月）中に善意取得されてしまう可能性が拭えなかったし、株券の現所持人が官報等により公示催告の存在を知ることは難しく、現実的ではないなどの指摘が従来からなされていた。そのため、平成14年商法改正により株券失効制度が導入されることとなり、会社法にも引き継がれている。ただし、この制度が適用されるのは、株券に限ってであって、他の証券については、公示催告手続及び除権決定制度（非訟事件手続法〔平成23年法律51号〕99条以下）が適用される（233条）。

(2) **株券喪失登録と株券の再発行** 株券を喪失した者（名義株主に限らない）は、法務省令（会社規47条）で定めるところにより、株券発行会社（株主名簿管理人を置く場合は、株主名簿管理人）に対し、当該株券についての株券喪失登録を請求することができる（223条）。また、株券発行会社（株券を発行する旨の定款の定めを廃止した日の翌日から起算して1年を経過していない会社を含む）は、株券喪失登録簿を作成し、株券喪失登録の請求がなされたときは、株券喪失登録簿記載事項（請求に係る株券番号、株券喪失者の氏名又は名称・住所、名義人の氏名又は名称・住所、株券喪失登録日）を記載・記録しなければならない（221条）。なお、株主名簿管理人とは、会社に代わって株主名簿及び株券喪失登録簿の作成

及び備置きその他の株主名簿及び株券喪失登録簿に関する事務を行う者である（222条・123条）。

株券喪失登録がなされると、株券発行会社は、喪失登録がされた株券に係る株式について、株券喪失登録が抹消された日又は株券喪失登録日の翌日から起算して1年経過した日のいずれか早い日（登録抹消日）までの間は、①株主名簿への名義書換（230条1項）、②株券喪失登録がされた株券の再発行（230条2項）、③株券喪失登録者が名義人でない場合の当該名義株主による株主総会又は種類株主総会における議決権行使（230条3項）、及び④所在不明株主等の株式の競売又は売却（230条4項・197条1項・2項）ができない。

株券喪失登録（抹消されたものを除く）がされた株券は、株券喪失登録日の翌日から起算して1年を経過した日に無効となる（228条1項）。そして、株券発行会社は、無効となった株券の株券喪失登録者に対し、株券を再発行しなければならない（228条2項）。

(3) **株券喪失登録の抹消**　　株券喪失登録者が名義人でないときは、株券発行会社は、遅滞なく、名義人に対しその株券につき株券喪失登録をした旨、及び当該株券に関する株券番号、株券喪失者の氏名又は名称・住所、株券喪失登録日を通知しなければならない（224条1項）。また、株券喪失登録がされている株券が権利行使のために株券発行会社に提出されたときは、株券発行会社は、遅滞なく、当該株券提出者に対し、当該株券について株券喪失登録がされている旨を通知しなければならない（224条2項）。これは、株券の所持人に対し、当該株券につき株券喪失登録がされていることを知らせることで、当該所持人に株券喪失登録抹消の申請を促すためである。

株券喪失登録がされた株券の所持人は、株券喪失登録日の翌日から起算して1年を経過するまでの間、法務省令（会社規48条）で定めるところにより、株券発行会社に対し、当該株券喪失登録の抹消を申請することができる（225条1項）。その際、株券の所持人は、当該株券を提出しなければならない（225条2項）。

当該申請がなされると、株券発行会社は、遅滞なく、株券喪失登録者に対し、株券喪失登録の抹消申請をした者の氏名又は名称・住所、株券番号を通知しなければならない（225条3項）。これにより、株券の所持人と株券喪失登録

者との間で当該株券の帰属に関し、必要な措置がとられることが予想される。なお、当該通知は、株券喪失登録簿に記載・記録した当該株券喪失登録者の住所（当該株券喪失登録者が別に通知・催告を受ける場所又は連絡先を会社に通知した場合には、その場所又は連絡先）に宛てて発すればよく（232条1項）、通常到達すべきであった時に到達したものとみなされる（232条2項）。

　株券発行会社は、株券喪失登録者への当該通知の日から2週間を経過した日に、株券喪失登録を抹消するとともに、提出された株券を抹消申請をした者に返還しなければならない（225条4項）。なお、株券喪失登録の抹消申請は、株券喪失登録者も行うことができる（会社226条1項、会社規49条）。紛失したとされていた株券が見つかった場合等のためである。当該申請を受けた株券発行会社は、申請を受けた日に、株券喪失登録を抹消しなければならない（226条2項）。株券喪失登録の抹消により、株主名簿への名義書換等が可能となる。

(4)　**株券を発行する旨の定款の定めの廃止**　　株券発行に掛かるコストを節約したい場合や、上場のため株式を振替株式（社債振替128条1項）とする必要がある場合など、株券発行会社は株券を発行する旨の定款の定めを廃止することができる。

　株券発行会社が株券を発行する旨の定款の定めを廃止する定款変更をしようとするときは、当該定款変更の効力発生日の2週間前までに、①当該定款の定めを廃止する旨、②定款変更の効力発生日、及び③当該定款変更の効力発生日に株券が無効となる旨を公告し、かつ、株主及び登録株式質権者に各別に通知しなければならない（218条1項）。株券は、当該定款変更の効力発生日に無効となる（218条2項）。ただし、株式の全部について株券を発行していない株券発行会社については、当該定款変更の効力発生日の2週間前までに、当該定款の定めを廃止する旨、及び定款変更の効力発生日を、株主及び登録株式質権者に通知するだけでよく（218条3項）、当該通知は、公告をもってこれに代えることもできる（218条4項）。

　以上の通知・公告があった場合には、質権者（登録株式質権者を除く）は、当該定款変更の効力発生日の前日までに、株券発行会社に対し、質権者の氏名又は名称・住所、及び質権の目的である株式を株主名簿に記載・記録するよう請求することができる（218条5項・148条）。

4 振替口座簿

(1) **総 説** 株式取引が頻繁に行われる上場会社では、株券を用いずに1ヶ所に預託して動かさないことで、迅速かつ安全に株式の譲渡がなし得る株券保管振替制度が利用されてきた（「株券等の保管及び振替に関する法律」（昭和59年法律30号）の下での株券保管振替制度）。しかし、従来の制度の下では、株主が同制度に加入しない（株券を預託しない）ことも任意であり、取引の迅速な決済の障害となっていた。そこで、2009年1月以降、「社債、株式等の振替に関する法律（社債株式振替法）」（平成13年法律75号）に基づく、株券自体を発行しないことを前提にした新たな振替制度（以下「**株式振替制度**」とする）へと移行することとなった（平成16年法律88号。平成21年1月5日施行）。

(2) **株式振替制度の概要** 株式を株式振替制度の対象とするには、あらかじめ発行会社において発起人全員の同意又は取締役会の決議を経ておかなければならず（社債振替13条1項・128条2項）、当該株式は、特定の振替機関（社債振替2条2項。現在、株式・社債・新株予約権に関しては、株式会社証券保管振替機構が唯一の振替機関である）でのみ取扱いが許される（社債振替13条2項）。株券を発行する旨の定款の定めがない会社の株式（譲渡制限株式を除く）で、振替機関において取り扱われる株式を振替株式といい（社債振替128条1項）、金融商品取引所に上場されている株式等（証券保管振替機構・株式等の振替に関する業務規程6条1号・2号）である。

振替機関とは、社債株式振替法及び業務規程（社債振替11条）の定めにより、社債等の振替に関する業務（振替業）を営む者である（社債振替2条2項・3条・8条）。また、口座管理機関（銀行・証券会社等の金融機関）は、社債株式振替法及び振替機関の業務規程の定めにより、他者のために、その申出により社債等の振替を行うための口座を開設する者、及び他の振替機関の業務規程の定めにより、他者のために、その申出により社債等の振替を行うための口座を開設する振替機関である（社債振替2条4項・44条1項・2項）。そして、口座管理機関は、社債株式振替法及び上位機関（社債振替2条7項）である振替機関の業務規程の定めにより、振替に関する業務を行うことになる（社債振替45条1項）。

振替機関又は口座管理機関（振替機関と口座管理機関とを合わせて「振替機関等」

という（社債振替2条5項））は、振替口座簿を備えなければならず（社債振替12条3項・45条2項）、これにより振替株式に関する権利の帰属が明らかになる（社債振替128条1項）。

　振替株式を取引しようとする加入者は、振替機関等に自己の振替口座を開設しておかなければならい（社債振替2条3項・12条1項・44条1項・2項）。そして、振替機関等では、振替口座簿は、各加入者の口座ごとに区分されることになっている（社債振替129条1項）。また、口座管理機関が下位機関（社債振替2条9項）として他の振替機関等に口座を開設する場合には、自己口座（当該口座管理機関が振替株式についての権利を有するものを記載・記録する口座）と顧客口座（当該口座管理機関又はその下位機関の加入者が振替株式についての権利を有するものを記載・記録する口座）とを区分して設けることになっている（社債振替129条2項）。

　以上の結果として、振替機関の下、何層にも口座管理機関が連なり、重層的な振替口座の管理体制が形成されることになる。

　(3)　**株式移転の効力要件**　　振替株式の譲渡（質入れ）は、譲渡人（質権設定者）による振替の申請により、譲受人（質権者）が自己の振替口座の保有欄（質権欄）に当該譲渡（質入れ）による増加の記載・記録を受けることで、その効力を生ずる（社債振替140条・141条）。

　振替株式の移転の効力を発生させる振替の申請は、当該振替申請により自己の口座に減少の記載・記録がなされる加入者が、その直近上位機関（加入者の口座を直接管理する振替機関等）に対して単独で行う（社債振替132条2項）。申請された事項は、申請を受けた振替機関等から振替先口座（増加の記載・記録がなされるべき口座）を直接管理する振替機関等に向けて順次通知されていく。その際、各振替機関等の振替口座簿にそれぞれ必要事項の記載・記録がなされる（社債振替132条1項・3項ないし8項）。そして、最終的に譲受人（質権者）の振替口座の保有欄（質権欄）に増加の記載・記録がなされる（**図表3-2参照**）。

　加入者は、自己の口座に記載・記録された振替株式についての権利を適法に有するものと推定される（社債振替143条）。すなわち、これは、株券発行会社における株券の占有を意味する。したがって、振替の申請により自己の口座に増加の記載・記録を受けた加入者は、悪意・重過失がない限り、当該増加の記載・記録に係る権利を善意取得する（社債振替144条）。

図表3-2 振替株式の譲渡の流れ

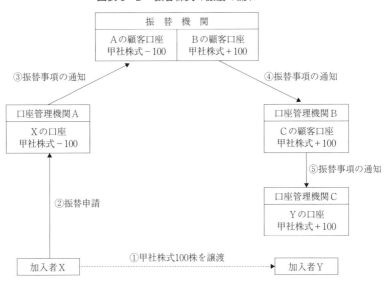

加入者Xから加入者Yへの甲社株式100株の譲渡がなされると、譲渡人である加入者Xが口座を開設している口座管理機関Aに対して振替の申請を行うことにより、口座管理機関AはXの口座の保有欄に甲社株式100株の減少を記載・記録する。当該振替に関する事項は、振替制度によりA→振替機関→B→Cという順に各振替機関等に通知されるが、その際、各振替機関等の顧客口座において甲社株式の増減が記載・記録されることになる。そして、最終的には、口座管理機関Cに開設されるYの口座（振替先口座）の保有欄に、甲社株式100株の増加が記載・記録されることで、振替株式の譲渡の効力が生じる。

(4) **会社に対する権利の行使**　　振替株式の譲渡（質入れ）は、譲渡人（質権設定者）の振替申請に基づく譲受人（質権者）の振替口座の保有欄（質権欄）の増加の記載・記録によって効力が生じることになるが、ただし、それをもって自動的に株主名簿の名義書換が行われるわけではない。そこで、譲受人（質権者）が会社に対して権利を行使するために、株式振替制度においては、次の総株主通知と個別株主通知による手続が必要とされている。

(i) 総株主通知　　発行会社が振替株式の株主（登録株式質権者）として権利行使すべき者を確定するために、あらかじめ基準日等の一定の日を定め、振替機関に通知したときは（社債振替151条7項）、振替機関は、発行会社に対し振替

口座簿に記載・記録された基準日等の一定の日の株主（登録株式質権者）の氏名又は名称・住所、振替株式の銘柄・数その他主務省令（社債株式振替命令20条）で定める事項を速やかに通知しなければならない（社債振替151条1項）。当該通知を**総株主通知**という。この通知を行うにあたって口座管理機関は、その直近上位機関から、当該口座管理機関又はその下位機関の加入者に関する事項の報告を求められたときは、速やかに、当該事項を報告しなければならない（社債振替151条6項）。

発行会社は、総株主通知を受けた場合には、通知された事項を株主名簿に記載・記録しなければならず、これにより、基準日等の一定の日に株主名簿の名義書換がなされたものとみなされる（社債振替152条1項）。また、発行会社は、正当な理由があるときは、振替機関に対し費用を支払って総株主通知を請求することができる（社債振替151条8項）。

(ii) 個別株主通知　　加入者である株主が発行会社に対し少数株主権等（社債振替147条4項）を行使しようとするときは、直近上位機関（自己の振替口座の口座管理機関）を経由して、振替機関に対し、加入者の氏名又は名称・住所、並びに加入者が有する振替株式の数及びその数に係る銘柄ごとの数の増加・減少の記載・記録がされたときは増加・減少の別、その数、及び記載・記録がされた日（社債振替129条3項6号）その他主務省令（社債株式振替命令25条・20条）で定める事項を発行会社に対し通知するよう申し出なければならない（社債振替154条3項ないし5項）。当該通知を**個別株主通知**という。これは、株主が少数株主権等の行使要件を備えているか否かを発行会社が確認するためのものである。株主は、振替機関から発行会社に対し個別株主通知がされた後、政令（社債株式振替令40条）で定める期間（4週間）が経過するまでの間に、権利を行使しなければならない（社債振替154条2項）。

直近の総株主通知により株主名簿に記載・記録されている株主も、個別株主通知によらなければ、少数株主権等の行使ができない。その半面、個別株主通知を得ておれば、株主名簿に記載・記録のない株主であっても、会社に対しては少数株主権等を行使することができる。なお、少数株主権等の行使に際し、一定期間以上の株式の継続保有が要求されている場合（297条1項・303条2項・306条2項・360条1項・847条1項・854条1項等）の保有期間の算定においても、

個別株主通知の事項が基準となる。

3　株主名簿

(1)　**総　説**　　**株主名簿**は、株式会社が作成しなければならない帳簿（又は電磁的記録）であり、株主名簿には、①株主の氏名又は名称・住所、②株主の有する株式の数（種類株式の場合は種類及び種類ごとの数）、③株主が株式を取得した日、及び④株券発行会社における発行株券の番号が記載・記録される（121条）。これにより、会社は、多数の絶えず変動しうる株主に対し、会社からの各種通知や株主の権利行使を株主名簿の記載・記録に基づき画一的に処理することができ、それらを効率よく進めることができる。

　株券発行会社の株式の移転（譲渡のほか、相続、合併、競売による買受けなどを含む）があった場合、株式の取得者は、株主名簿の名義書換をしなければ、会社に対し権利の移転を対抗できない（130条1項）。さらに、株券発行会社の株式でも振替株式でもない株式の場合、株式の取得者は、株主名簿の名義書換をしなければ、会社のみならず、その他の第三者に対しても権利の移転を対抗できない（130条2項・147条1項）。

　振替株式については、会社が総株主通知（→本章**2**の4⑷(ⅰ)）を受けることで、株主名簿の名義書換が行われる（社債振替152条1項）。そして、振替口座簿の記載・記録に基づく総株主通知を受けて株主名簿の書換えをした場合には、振替口座簿に記載・記録された振替株式については、その権利を適法に有するものと推定される（社債振替143条）。なお、少数株主権等の行使に際しては、個別株主通知（→本章**2**の4⑷(ⅱ)）によらなければならない（社債振替154条1項・2項）。

(2)　**名義書換の手続**　　株主名簿の**名義書換**とは、株式会社が株主名簿に株式取得者に係る株主名簿記載事項を記載・記録することである。名義書換は、株式の発行会社による場合と株式の取得者からの請求による場合とがある。

　前者については、株式の発行会社が、①株式を発行した場合、②当該会社の株式（自己株式）を取得した場合、③自己株式を処分した場合、④株式の併合をした場合、及び⑤株式の分割をした場合には、当該会社は当該株式の株主に

係る株主名簿記載事項（当該株主の有する株式が信託財産に属する旨を含む）を株主名簿に記載・記録しなければならない（132条・154条の2第3項）。

一方、後者については、株式を発行会社以外の者から取得した者（株式取得者）は、会社に対し、自己の氏名等の当該株式に係る株主名簿記載事項を株主名簿に記載・記録することを請求することができる（133条1項）。株券発行会社の株式でも振替株式でもない株式の場合、株式取得者の当該請求は、利害関係人の利益を害するおそれがないものとして法務省令（会社規22条）で定める場合を除き、取得した株式の名義株主又はその相続人その他の一般承継人と共同して行わなければならない（133条2項）。株券発行会社では、株券の占有は適法な所持人と推定されるので（131条1項）、株式取得者が株券を会社に提示することで名義書換を請求することができる（会社規22条2項1号）。

取得された株式が譲渡制限株式である場合には、取得者は、会社の承認がなければ名義書換を請求できないことは当然である（134条本文）。すなわち、①当該株式取得者が当該譲渡制限株式を取得することについて会社の承認を受けている場合、②当該株式取得者が当該譲渡制限株式を取得したことについて137条1項の承認を受けている場合、③当該株式取得者が140条4項に規定する指定買取人である場合、及び④当該株式取得者が相続その他の一般承継により譲渡制限株式を取得した者である場合には、譲渡制限株式の株式取得者として名義書換を請求することができる（同条但書）。なお、振替株式の場合は、振替機関の総株主通知（→本章**2**の4(4)(i)）によって名義書換が行われる。

会社が不当に名義書換を拒絶、あるいは遅延させれば、不当拒絶となる（976条7号）。その場合、株式取得者は名義書換なしに会社に対して株主であることを対抗でき、会社は名義書換なしに株式取得者を株主として取り扱わなければならない（最判昭41・7・28民集20・6・1251〔百選13、商判Ⅰ-28〕）。会社が自らの義務を履行しないでおいて、そのことを理由に、株式取得者の権利行使を拒絶するのは信義則に反するからである。

(3) **株主名簿の効力**　　株式（振替株式を除く）の移転が行われた場合、株式取得者は、株主名簿の名義書換をしなければ、株式会社に対し権利を行使することはできない（133条1項・130条）。したがって、会社は株式取得者から名義書換の請求がなされなければ、株主名簿上の株主（名義株主）を株主として取り

扱えばよい（確定的効力）。このように、名義書換がなされるまでは、会社は、株式取得者を株主として取り扱う必要はない。しかし、会社のリスクによって名義書換未了の株式取得者を株主として取り扱うことについて、判例はこれを認める（最判昭30・10・20民集9・11・1657）。なお、株主名簿の名義書換をした株主は、会社に対しては、他の方法で株主であることを証明することなく、権利を行使することができる。

　株主名簿の記載・記録に権利者としての推定的効力が認められるのは、以下の理由による。まず、株券発行会社では、株主名簿の名義書換に際しては、株券の占有者が会社に対し株券を提示することで行われる（133条2項・会社規22条2項1号）。そして、株券の占有者は適法な所持人と推定されるので（131条1項）、名義書換により、名簿上の株主が権利者と推定される。また、株式振替制度の下では、株主名簿の名義書換は、会社が総株主通知を受けた際に行われるが（社債振替152条1項）、振替口座簿に記載・記録された振替株式については、その権利を適法に有するものと推定されるからである（社債振替143条）。

　一方、株券発行会社の株式でも振替株式でもない株式については、株券が存在しないことから、株式の譲渡（質入れ）がなされた場合、名簿上の株主と株式取得者が共同して株主名簿の名義書換請求をしなければ（133条2項）、会社以外の第三者に対しても権利の移転を対抗できない（130条1項・147条1項）。

　このように、株主名簿の記載・記録には権利推定の効力があるので、会社は、株主名簿に株主として記載・記録された者を株主として取り扱えば、その者が真の株主でなかったとしても、悪意・重過失がない限り免責される（免責的効力）。

(4)　**記載事項の証明書**　　株券発行会社の株式でも振替株式でもない株式の株主は、株式会社に対し、当該株主についての株主名簿に記載・記録された株主名簿記載事項を記載した書面（電磁的記録）の交付（提供）を請求することができる（会社122条1項・4項、社債振替161条1項）。株券発行会社と異なり、株券がないことから、株主であることを証明する手段として当該証明書が用いられる。これにより、株主が保有する株式を譲渡したいときなど、自己の権利を相手方に証明することがきる。

　振替株式においては、加入者は、直近上位機関に対し、費用を支払って振替

口座簿の自己の口座に記載・記録されている事項を証明した書面の交付（当該事項に係る情報を電磁的方法であって主務省令で定めるものにより提出すること）を請求することができる。また、当該口座に関し、利害関係を有する者として政令で定めるものについても、正当な理由があるときは、同様に請求することができる（社債振替277条）。

(5) **株主名簿の備置き及び閲覧**　株主名簿は、株式会社の本店（株主名簿管理人がある場合には、その営業所）に備え置かなければならない（125条1項）。株主及び債権者は、会社の営業時間内はいつでも、その理由を明らかにして、株主名簿の閲覧又は謄写を請求することができ、株主名簿が電磁的記録で作成されている場合には、そこに記録された事項を法務省令（会社規226条6号）で定める方法により表示したものの閲覧又は謄写を請求することができる（125条2項）。株主の場合、少数株主権の行使のために、あるいは議決権代理行使の勧誘のために、他の株主を知る必要があるからである。一方、債権者については、違法配当がなされた場合、その返還請求を行うために、株主を知る必要がある場合などが考えられる。

ただし、次の場合に、会社は、閲覧請求を拒絶することができる（125条3項）。①請求を行う株主又は債権者（請求者）がその権利の確保又は行使に関する調査以外の目的で請求を行ったとき、②請求者が会社の業務の遂行を妨げ、又は株主の共同の利益を害する目的で請求を行ったとき、③請求者が株主名簿の閲覧又は謄写によって知り得た事実を利益を得て第三者に通報するため請求を行ったとき、及び④請求者が、過去2年以内に、株主名簿の閲覧又は謄写によって知り得た事実を利益を得て第三者に通報したことがあるものであるとき。

また、当該会社の親会社の社員は、その権利を行使する必要があるときは、裁判所の許可を得て、当該会社の株主名簿について、その理由を明らかにして、株主及び債権者と同様の閲覧又は謄写に関する請求をすることができる（125条4項）。この場合において、親会社の社員に上記の閲覧請求拒絶事由があるときは、裁判所は許可をすることができない（125条5項）。

(6) **株主への通知・催告**　株式会社が株主に対して行う、株主総会の招集通知などの各種通知や催告は、株主名簿に記載・記録された当該株主の住所（当

> **コラム3-1**　失念株
>
> 　株式が譲渡され、その譲受人が名義書換の請求を失念しているうちに、剰余金の配当や株主割当による株式の発行等がなされ、それを名簿上の株主である譲渡人が受け、配当や株式の交付を譲受人が受けられない事態を**失念株**という。これには、名義書換の請求を単に忘れているだけでなく、故意に名義書換をしていないような場合も含まれる。
>
> 　会社との法律関係は、株主名簿の記載・記録によって処理されるが、譲渡当事者間の配当金や新株の帰属について多くの議論がなされてきた。判例は、譲渡人が剰余金の配当を受け、また株式分割により交付を受けた新株を売却した場合においては、譲渡人は譲受人に対し、原則として、売却代金相当額及び配当金相当額の金員の不当利得返還義務を負うものと解している（最判平19・3・8民集61・2・479〔百選14、商判 I -32〕）。
>
> 　現在、上場会社の株式譲渡は株式振替制度（総株主通知による株主名簿の書換え）によって行われているので、失念株の問題は、制度上、上場会社では生じることとはなくなった。

該株主が別に通知・催告を受ける場所又は連絡先を会社に通知した場合には、その場所又は連絡先）に宛てて発すれば足りる（126条1項）。それにより、当該通知・催告が到達しなかったとしても、通常到達すべきであった時に到達したものとみなされる（126条2項）。なお、登録株式質権者に対する会社からの通知・催告についても同様である（150条）。これらの規定は、株主総会の招集通知に際して、株主に書面を交付し、又は書面に記載すべき事項を電磁的方法により提供する場合について準用される（126条5項）。

　また、株式会社による株主に対する通知・催告が5年以上継続して到達しない場合には、会社は、それ以後は、当該株主に対する通知・催告をしなくてもよいこととなっている（196条1項）。この場合において、当該株主に対する会社の義務の履行場所は、株主の住所ではなく、会社の住所地となる（196条2項）。これらの規定は、登録株式質権者についても準用される（196条3項）。

　(7)　**所在不明株主の株式処分**　　平成14年商法改正により、株式に関する事務の合理化の一環として所在不明株主の株式売却制度が導入され、会社法にも引き継がれた。当該制度の概要は、以下の通りである。

5年以上継続して株主名簿上の株主が所在不明であるため通知・催告が不要とされた場合で、かつ当該株主が継続して5年間剰余金の配当を受領していない場合には、会社は当該株式を競売して、その代金を当該株主に交付することができる（197条1項）。ただし、株主は所在不明なので、会社はその代金を供託することによって債務を免れることができる（民494条）。会社は競売に代えて、市場価格のある株式については市場価格として法務省令（会社規38条）で定める方法により算定される額をもって、市場価格のない株式については裁判所の許可を得て競売以外の方法により、これを売却することができる（197条2項）。競売以外の方法による売却に際して、会社は、売却する株式の全部又は一部を買い取ることができる（197条3項前段）。この場合には、会社（取締役会設置会社では取締役会決議）は、買い取る株式の数（種類株式発行会社では株式の種類及び種類ごとの数）、及び株式買取りの対価として交付する金銭の総額を定めなければならない（197条3項後段・4項）。

　所在不明株主の株式を競売又は売却する場合には、会社は、所在不明株主その他の利害関係人が一定の期間（3ヵ月）内に異議を述べることができる旨その他法務省令（会社規39条）で定める事項を公告し、かつ当該株主及び登録株式質権者には、各別に催告しなければならない（198条1項）。当該催告は、126条1項及び150条1項の規定にかかわらず、株主名簿に記載・記録した株主及び登録株式質権者の住所（別に通知又は催告を受ける場所又は連絡先を会社に通知した場合には、その場所又は連絡先を含む）に宛てて発しなければならない（198条2項）。当該株式につき株券が発行されている場合において、この期間内に利害関係人が異議を述べなかったときは、当該株券は当該期間の末日に無効となる（198条5項）。以上の異議申立てを規定しているのは、本制度が株主の意思いかんにかかわらず、株式の処分を認めているからである。

　(8)　**株主名簿の基準日**　　(i)　基準日の意義　　株主総会において議決権などの株主権を行使することができるのは、株主名簿上に記載・記録された株主である。しかし、株式は原則として自由に譲渡されることから、株主名簿上の株主も日々変動しており、誰が当該権利の行使時点における株主名簿上の株主かを、会社が把握するのも容易ではない。そこで、会社法は、一定時点において株主権を行使できる株主を確定することができるように、会社が一定の日（基

準日）を定めて、基準日において株主名簿上に記載・記録されている株主（基準日株主）をその権利を行使することができる者と定めることができる（124条1項）。一方、振替株式の場合には、会社は、基準日における振替口座簿上の株主（登録株式質権者）については振替機関より総株主通知を受けて（社債振替151条1項1号）、株主名簿に記載・記録することになる（社債振替152条1項）。なお、少数株主権等の行使に際しては、株主名簿の記載・記録とは無関係に個別株主通知によって決定される（社債振替154条。→本章**2**の**4**(4)(ii)）。

　(ii)　基準日の運用　　基準日を定めるにあたり、株式会社は、基準日株主が行使することができる権利（基準日から3ヵ月以内に行使するものに限る）の内容を定めなければならず（124条2項）、株式取得者に名義書換の機会を与えることができるように、当該基準日の2週間前までに、基準日及び基準日株主が行使することができる権利の内容を公告しなければならない（124条3項本文）。ただし、定款に基準日及び基準日株主が行使することができる権利の内容について定めがあるときは、この限りでない（124条3項但書）。基準日株主の行使できる権利が株主総会又は種類株主総会における議決権である場合には、会社は、当該基準日後に株式を取得した者の全部又は一部を当該権利を行使できる者と定めることができる（124条4項本文）。これは、基準日以後に新株発行（合併等による場合を含む）や自己株式の処分により、新たに株主名簿上の株主となった者に対し、議決権に限ってその行使を認めることができるようにするためである。ただし、当該基準日株主の権利を害することはできない（124条4項但書）。すなわち、基準日後の株式譲渡の場合、譲渡人（基準日株主）の利益を害するので、譲受人の議決権の行使を会社が認めることができないことを意味している。

4　株式の譲渡及び担保化

　株式の発行形態は上場会社においてはすべて振替株式が強制されている。他方、閉鎖型会社においては株券不発行が一般的であり、株券が発行されるケースはまれである。まず、株式の譲渡方法と類似する担保化方法について株券不発行会社、振替株式、株券発行会社の順に概観する。次に、株式の自由譲渡性

の例外として、法律による譲渡制限、定款による譲渡制限、契約による譲渡制限の順で説明する。

1　株式の譲渡

(1)　**株券不発行会社の株式（振替株式を除く）の譲渡**　　**株券不発行会社**の株式の譲渡は、当事者間の契約で効力を生ずるが、譲受人の氏名又は名称と住所を株主名簿に記載・記録しなければ会社その他の第三者に対抗することができない（130条1項）（**株主名簿の名義書換**）。譲受人による名義書換請求は原則としてその株式の名義株主又はその一般承継人と共同してしなければならない（133条2項）。

(2)　**振替株式の譲渡**　　上場会社の株式は振替株式制度が採用されており、ペーパーレス化・電子化・IT化により大量かつ迅速な処理が実現されている。振替株式の譲渡は譲受人がその口座における保有欄に当該譲渡に係る数の増加の記載又は記録を受けることが効力要件であり（社債振替140条）、また会社その他の第三者に対する対抗要件でもある（社債振替161条）。

(3)　**株券発行会社の株式の譲渡**　　**株券発行会社**の株式の譲渡は、株券を譲受人に交付しなければ効力を生じない（128条1項）。株券の占有者は適法の所持人と推定され（131条1項）、その占有者から株券の交付を受けた者は、悪意又は重大な過失がないかぎり善意取得する（131条2項）。すなわち、株券と権利が結合した有価証券法理によって処理がなされる。会社に対抗するためには株主名簿の名義書換が必要であるが、譲受人は株券を会社に提示すれば単独で名義書換請求ができる（会社133条2項、会社規22条2項1号）。

2　株式の担保化

株式は担保として差し入れることができる。会社法は株式の質入れ（略式質・登録質）を定めている。

(1)　**株券不発行会社の株式（振替株式を除く）の質入れ**　　**株券不発行会社**の場合（振替株式を除く）、当事者間の契約で略式質の効力を生じるが、質権者の氏名又は名称と住所を株主名簿に記載・記録しなければ質権を会社その他の第三者に対抗することができない（登録質、147条1項）。

(2) **振替株式の質入れ**　振替株式の場合、質権者がその口座における質権欄に当該質入れにかかる数の増加の記載・記録を受けることが質権の効力要件であり（社債振替141条）、また会社その他の第三者に対する対抗要件でもある（社債振替161条）。

(3) **株券発行会社の株式の質入れ**　株券発行会社の場合、株式の略式質は、株券の交付が効力要件であり（146条2項）、質権者による株券の継続占有が会社及び第三者に対する対抗要件である（147条2項）。略式質においては、会社は質権設定者を株主として取り扱うが、質権者には株主が受ける配当や分割株式等に対して物上代位権が認められる（151条）。略式質の質権設定者は株主名簿に質権者の氏名等と住所及び質権の目的である株式の記載・記録を会社に請求することができる（148条）。このような記載・記録により登録質が成立し、質権者は会社から直接物上代位の目的物の交付を受けることができる（152条ないし154条）。

(4) **株式の譲渡担保**　譲渡担保は会社法上に定めはなく譲渡形式で行われる。**株券不発行会社**の場合（振替株式を除く）、当事者間の契約で略式質の効力を生じるが、株主名簿の名義書換をしなければ会社その他の第三者に対抗することができない。**振替株式**の場合、振替口座簿の記載・記録が効力要件であると同時に会社以外の第三者への対抗要件でもある（社債振替140条・161条3項）。**株券発行会社**の場合には株券の交付を受ければ会社以外の第三者にも対抗することができる（略式譲渡担保）。また譲渡担保権者に名義を書き換えれば登録譲渡担保となる。

3　法律による譲渡制限

　会社の存続中は原則として株主に対する出資の返還は認められていない一方、投下資本回収のために株式の自由譲渡性が認められている（127条）。ここでは会社法上の制限として権利株の譲渡と株券発行前の譲渡について説明する。このほか金融商品取引法上の制限、独占禁止法上の制限及び外国為替及び外国貿易法上の制限などがある。

(1) **権利株の譲渡**　設立又は募集株式発行時の株式引受人の地位（権利株）の譲渡は、当事者間では有効であるが、会社には対抗できない（35条・50条2

項・63条2項・208条4項)。会社の株券発行事務の便宜のためである。

(2) **株券発行会社における株券発行前の譲渡**　株券発行会社における株券発行前の株式の譲渡は当事者間では有効であるが、会社との関係では効力が否定される（128条2項）。会社の株券発行事務の便宜のためである。しかし、会社が不当に株券の発行を遅滞しているような場合（215条1項参照）には、当事者間の意思表示で株式の譲渡ができ、会社はその効力を否定することができない（最判昭47・11・8民集26・9・1489〔百選A4，商判 I -34〕）。

4　定款による譲渡制限

(1)　譲渡制限制度の趣旨

(i)　意　義　　株主の人的信頼関係に基礎を置く会社においては、会社にとって好ましくない者を排除したい要請が存在する（**会社の閉鎖性の維持**）。そこで、会社法は、定款の定めにより、すべての株式又は一部の種類株式の譲渡による取得は会社の承認を要するという形で株式の譲渡を制限することを認めている（107条1項1号・108条1項4号）。

(ii)　譲渡の承認　　譲渡の承認機関は、取締役会設置会社では取締役会、非取締役会設置会社では株主総会が原則であるが、定款で別段の定めをすることも認められる（139条1項）。例えば、取締役会設置会社において承認機関を株主総会と定めたり、代表取締役を承認機関と定めたりすることもできる。

定款によって、一定の場合（株主間譲渡、一定数未満の譲渡など）に会社の承認があったとみなすこともできる（107条2項1号ロ・108条2項4号）。

会社成立後に定款を変更して譲渡制限の定めを設ける場合は、株主の権利に重大な制約を課すことになるため、議決権を行使できる株主の半数以上でかつ当該株主の議決権の3分の2以上にあたる多数の賛成が必要である（309条3項1号・111条2項・324条3項）。

(iii)　譲渡制限の公示　　定款による株式の譲渡制限はその旨を登記しなければならない（911条3項7号）。登記がなければ会社は善意の第三者に対抗することはできない（908条1項）。また、株券発行会社では株券にも譲渡制限を記載しなければならない（216条3号）。登記したが株券に記載がない場合も善意の第三者には対抗できないと解されている。

(2) **譲渡制限株式の譲渡手続** 譲渡制限株式の譲渡手続（次頁、図表3-3参照）は、会社にとって好ましくない者を排除するという譲渡制限の趣旨を生かしながら、譲渡先が必ず決まる仕組みによって株主の投下資本回収も確保されている。

（i） 譲渡承認請求と買取先指定請求 株主AがBに株式を譲渡しようとするときは、会社に対してその譲渡の承認を求めることができる（136条）。会社が譲渡を承認しない場合にはその会社による買取り又は指定買取人による買取りを求めることができる（138条）。

（ii） 会社・指定買取人による買取りと売買価格の決定 買取先の指定が請求されている場合、譲渡承認を拒絶する会社は買取人を指定するか、又は会社自身が買い取らなければならない。買取人の指定は取締役会設置会社では取締役会、非取締役会設置会社では株主総会によるのが原則であるが、定款で別段の定めをすることも認められる（140条4項・5項）。会社が買い取るときは、株主総会の特別決議によらなければならない（140条2項）。この総会決議においては譲渡等承認請求者に議決権はない（140条3項、→本章**5**の1(3)(iii)）。

会社による承認拒絶通知、指定買取人による買取りの通知及び会社による買取りの通知が一定の期間（定款で短縮可）になされない場合、別段の定めがないかぎり、譲渡を承認したものとみなされる（145条）。

会社又は指定買取人Cによる買取りの通知により、Aと会社又はAC間で売買契約が成立すると解されている。この通知を受けた後、Aは会社又はCの承諾がない限り、請求を撤回することはできない（143条）。売買価格について当事者間で協議するが（144条1項・7項）、合意できない場合には、当事者の申立てにより裁判所が価格を決定する（144条2項以下）。裁判所は譲渡等承認請求の時における会社の資産状態そのほか一切の事情を考慮して売買価格を決定する（144条3項・7項）（→本章**8**）。会社又は指定買取人からの通知後20日以内に申立てがないと、1株当たりの純資産額に買取株式数を乗じた額が売買価格になる（144条5項・7項）。

(3) **承認のない譲渡の効力** 会社の承認なしになされた譲渡制限株式の譲渡は、会社に対する関係では効力を生じないが、譲渡当事者間では有効である（最判昭48・6・15民集27・6・700〔百選16、商判Ⅰ-36〕）。したがって、株式の取得者からも譲渡の承認請求ができるが、取得者単独で承認請求ができるのは株

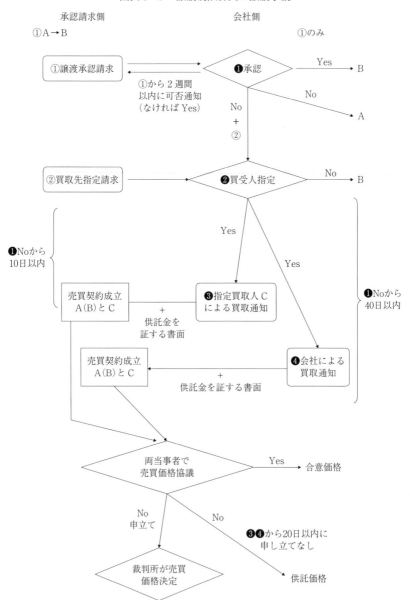

図表 3-3　譲渡制限株式の譲渡手続

券発行会社に限られる（会社137条・会社規24条）。

　一人会社の株主が承認を得ずに譲渡した場合には会社との関係でも有効とされる（最判平5・3・30民集47・4・3439〔商判Ⅰ-35〕）。譲渡人以外の全株主が譲渡に同意している場合も同様である（最判平9・3・27民集51・3・1628）。

　(4) **一般承継人に対する売渡請求**　譲渡制限株式の相続のような一般承継による取得には会社の承認は不要である（134条4号参照）。しかし、譲渡の場合と同様に、一般承継人が会社にとって好ましい者ではない場合、この者が株主になることを排除したい会社側の要請がある。そこで、定款で定めておけば、会社は一般承継により譲渡制限株式を取得した者に対し、当該株式を会社に売り渡すことを請求することができる（174条ないし177条）。

5　契約による譲渡制限

　合弁事業や従業員持株制度などで会社の閉鎖性を維持するために株主間の契約によって譲渡制限がされることがある。譲渡制限の方式としては、同意条項、売渡強制条項又は先買権条項などがある。

　従業員持株制度は従業員の財産形成や勤労意欲向上の目的で多くの会社で利用されている。従業員持株会の規約では、従業員が退職時に会社又は従業員持株会に取得価額と同額で株式を譲渡する義務を負う条項が一般的に定められているが、この強制売渡条項が有効か争われてきた。

　判例は契約の自由を広く認め、従業員持株制度における強制売渡条項は、公序良俗や定款による譲渡制限制度の趣旨に反しないとする（最判平7・4・25裁判集民175・91〔百選18、商判Ⅰ-45〕、最判平21・2・17判時2038・144〔商判Ⅰ-46〕）。学説は**閉鎖性維持**と**投下資本回収**という観点から強制売渡条項を検討すべきとする見解が有力である。この見解によれば、取得価額と同額での株主の譲渡は株式保有期間の留保利益を反映していない点で配当性向が100％に近い場合を除き投下資本回収を確保しているとはいえないとする。

5　自己株式の取得・親会社株式の取得の規制

　自己株式取得と親会社株式の取得は実質的には類似する側面もあるが、法規

制としては対照的な規制となっていることに注意すべきである。

1 自己株式取得規制

(1) **規制の意義**　自己株式の取得とは、会社が自ら発行した株式を株主から取得することをいう（113条4項）。譲渡先が会社ということに基づく株式の自由譲渡性の制約という面もある。

1994年までは自己株式取得は様々な弊害があるとして原則として禁止されていた。そうした弊害とは次のような点である。①自己株式取得が出資財産の払い戻しとなり、自己株式の資産性を認めると会社債権者を害する（**資本の維持**）。②一部の株主から割高な価格で取得するのは株主間の公平に反する（**株主間の公平**）。③現経営者の支配権維持に利用されて会社支配を歪める（**会社支配の公正**）。④インサイダー取引や相場操縦などに利用され証券市場の公正を害する（**証券市場の公正**）。

しかしながら、最近では上場会社において自己株式の有償取得（自社株買い）も株主への**利益還元策**として有益と認識されるようになった。自己株式取得規制の緩和は株式市場の活性化のためのインフラ整備や事業再編の容易化のためになるし、非上場会社においては売却機会を株主に与えることにもなるともいわれる。そこで、前述の4つの弊害に配慮しつつ自己株式取得の原則禁止が法律上徐々に緩和されてきた。会社法においては、①については、財源規制と保有規制、②については取得手続規制、③については保有規制、④については金融商品取引法の規制がそれぞれ対応している（インサイダー取引は金商166条2項、相場操縦は金商162条の2など）。このように自己株式取得規制は会社法・金融商品取引法の様々な分野に関連している。ここでは会社法上の取得手続規制と保有規制について説明する。財源規制については剰余金配当規制と関連するため本書では**5章**で取り扱う。

(2) **自己株式取得類型**　会社が自己株式を取得できる場合は、種類株式や合併の場合など以下のように様々なケースがある。①取得条項付株式の取得（107条2項3号イ）、②譲渡制限株式の取得（138条1号ハ・138条2号ハ）、③株主総会決議等に基づく取得（会社と株主との合意に基づく取得）（156条1項）、④取得請求権付株式の取得（166条1項）、⑤全部取得条項付種類株式の取得（171条1

項)、⑥株式相続人等への売渡請求に基づく取得（176条1項)、⑦単元未満株式の買取り（192条1項)、⑧所在不明株主の株式の買取り（197条3項)、⑨端株処理手続における買取り（234条4項・235条2項)、⑩ほかの会社の事業の全部を譲り受ける場合にその会社が有する株式の取得、⑪合併後消滅する会社からの株式の承継、⑫吸収分割をする会社からの株式の承継、⑬上記①～⑫のほか法務省令で定める場合（無償取得、合併等）（会社規27条)。

　これらの自己株式を取得できるケースのうち③株主総会決議等に基づく取得は、財源規制、取得手続規制、保有規制のすべてが適用される。他方、残りの①②④ないし⑬のケースでは取得手続規制は適用されないが、保有規制については適用される（財源規制については適用されるケースと適用されないケースがある)。

　(3)　**取得手続規制**　　会社法は、株主との合意に基づく取得において、すべての株主に申し込み機会を与えて行う取得、特定の株主からの取得、市場取引による取得のように取得方法に対応して株主間の公平に配慮した規制を設けている。

　(i)　すべての株主に申し込み機会を与えて行う取得　　この取得方法は、第1に、株主総会決議（普通決議）で取得株式数、取得対価の内容及び総額、並びに期間（最長1年間まで）を定めなければならない（取得枠の設定・156条1項)。第2に、会社（取締役会設置会社では取締役会決議によって157条2項）は、取得枠の範囲で、その都度、取得株式数、取得対価の内容、数、若しくは額又はこれらの決定方法、取得対価の総額、及び取得の申込期日を定め（157条1項)、株主に通知しなければならない（158条・公開会社では公告も可)。第3に、通知を受けた株主が申込みをするときは、株式数を明示しなければならない。会社は、株主からの申込みに応じて株式を取得するが、申込総数が取得総数を超えたときには按分で取得する（159条)。

　ただし、子会社から自己株式を取得する場合、取締役会設置会社は取締役会決議（非取締役会設置会社では株主総会決議）で156条1項の取得枠を定めることで取得することができる（163条)。

　(ii)　市場取引による取得　　市場取引又は公開買付け（金商27条の2第6項)により自己株式を取得する場合、株主総会決議で156条1項の取得枠を定めるだけで取得することができ（165条1項・定款で剰余金分配を取締役会の権限とした

会社では取締役会の決議で可)、あらかじめ定款に取締役会による自己株式取得を定めておけば、取締役会決議で156条1項の取得枠を定めるだけで取得することができる（165条2項・3項）。上場会社ではこの手続によって自己株式が取得される例が多い。

　(iii)　特定の株主からの取得　　特定の株主からの取得は(i)(ii)と比べて株主間の公平の見地から、厳格な規制がなされている。第1に、株主総会の特別決議によらなければならない（160条1項・309条2項2号）。第2に、その決議では、特定の株主は議決権を行使することはできない（160条4項）。第3に、ほかの株主は、原則として総会決議の前の法務省令で定める時までに自己を売主に追加するよう請求できる（売主追加請求権）（会社160条3項、会社規29条）。その前提として、会社は、株主に対し上記の請求をすることができることを通知しなければならない（会社160条2項、会社規28条）。ただし、市場価格のある株式で一定の例外をみたす場合（会社161条、会社規30条）や株式相続人等から取得する一定の場合（162条）には売主追加請求権はない。また、売主追加請求権は定款で排除することが認められる（164条1項・2項）。

　(4)　**手続規制違反による取得の効果**　　(3)の取得手続規制に違反して自己株式の取得がなされた場合には、関与した取締役等には刑事罰が科される（963条5項1号）。その取得は私法上無効とされるが（最判昭43・9・5民集22・9・1846)、取引の安全の観点から善意の譲渡人に対しては無効を主張できないとする見解が多数である。

　自己株式取得規制の趣旨が資本維持や株主間の平等取扱い等であるため、無効の主張ができるのは会社のみで、相手方からは主張できない（最判平5・7・15判時1519・116)。しかし、違法取得した会社が無効を主張することは期待できないから、違法取得を抑止するためには相手方からの無効主張を認めるべきである。

　手続規制に違反した取得について役員等の任務懈怠責任も生ずる（423条1項）。この場合の会社の損害については、会計処理とは異なり自己株式を通常の資産と同視したうえで、①取得価額と取得時点の時価との差額とみる見解（大阪地判平15・3・5判時1833・146〔商判Ⅰ-49〕）や、②①に加えて処分時の差損又は評価損を含むとする見解（東京高判平6・8・29金判954・14）がある。①

説だと時価で取得すれば私法上の制裁はないことになるため、②説のように広く解するのが多数説である。しかしながら、自己株式の資産性を否定したうえで、③自己株式の取得価額全額を損害とみる説もある。自己株式は適法な取得の場合でも資産性が否定されているにもかかわらず、手続規制違反の場合に資産性を認めるのは説得力に欠ける。また、違法行為の抑止の観点からも③説が近時有力になっている（→財源規制違反の効力については **5章2**の**3**）。

(5)　**自己株式の保有**　　会社は取得した自己株式を保有し続けることができる。

（ⅰ）　自己株式の法的地位　　会社はその保有する自己株式について議決権を有しない（308条2項）。その他の共益権も有しないと解されている。会社支配の公正を維持するためである。それ以外の権利については、第1に、会社はその保有する自己株式について剰余金の配当をすることができない（453条）。第2に、募集株式・募集新株予約権等の株主割当ての場合も自己株式は除かれる（202条2項・241条2項・186条2項・278条2項）。第3に、株式併合・株式分割を受ける権利については、自己株式の換価価値に変動が生ずるため権利を有すると解されている。

（ⅱ）　自己株式の資産性　　自己株式は会計上資産の部に計上されない（会社計算76条2項）。自己株式の取得は剰余金配当と同様に株主への利益配分として社外流失したと評価されるからである。また、資産性を否定することで価値低下場面での二重の危険を回避できる。

(6)　**自己株式の消却・処分**

（ⅰ）　保有する自己株式の消却　　会社は、取締役会の決議により（取締役会設置会社の場合）、消却する株主の種類と数を定めて、保有する自己株式をいつでも消却することができる（178条）。

（ⅱ）　保有する自己株式の処分　　会社が、保有する自己株式を処分する場合は募集株式の発行と同じ規制となる（199条以下）。ただし、引受者を募集しない場合（代用自己株の交付、新株予約権の行使、単元未満株式の買増し等）は異なる。

2　子会社による親会社株式取得禁止

(1)　**規制の意義**　　子会社は原則として親会社株式を取得することができな

い（135条1項）。上記のような自己株式取得の潜脱のおそれがあるからである。通常の自己株式と同様の規制を及ぼすことも考えられるが、親会社などとの合算が必要となり分配可能額の計算が複雑になるからそのような規制は困難であるとされている。

子会社が親会社株式を取得した場合には相当の時期にこれを処分しなければならない（135条1項）。子会社が有する親会社株式の法的地位は通常の自己株式とは異なる。また、親会社が簡易な手続により子会社から自己株式を取得することが認められている（155条3号・156条1項・163条）。違法な取得に関与した取締役等は過料の制裁が科される（976条10号）。善意の譲渡人に対しては子会社からは無効を主張できないと解されている。

(2) **取得禁止の例外**　　例外としては合併・会社分割等の組織再編における株式の譲受け、無償取得又は権利の実行に必要不可欠な場合などがある（会社135条2項・800条、会社規23条）。例外的な取得が認められる場合であっても、相当の時期に処分しなければならない（135条3項・ただし800条2項・802条2項）。

(3) **子会社が有する親会社株式の法的地位**　　子会社が有する親会社株式には議決権は認められない（会社308条1項、会社規67条）。親会社の支配の公正を歪めるからである。総会の参加権や議決権を基準とする少数株主権は認められないが、それ以外の共益権は認められる。他方、自益権については認められる。

なお、会計上は貸借対照表の流動資産の部に記載される（会社計算74条3項1号ヘ・103条9号）。

6　特別支配株主の株式等売渡請求

会社法は支配株主側が主導して全株式を取得できる制度を認めるが、反面少数株主側は譲渡を強制されている。このような状況に対応したキャッシュ・アウトを説明したうえで、特別支配株主の株式等売渡請求について概観する。

1　キャッシュ・アウトの意義・方法
(1) **キャッシュ・アウトの意義**　　支配株主が少数株主から強制的に株式を取得する締め出し（スクイーズアウト）のうち、金銭を対価とするものをキャッ

> **コラム3-2**　キャッシュ・アウトと利益相反回避措置
>
> 　①　支配株主・経営者が主体となる場合　　企業買収・再編プロセスの中で
> キャッシュ・アウトが行われる際に、締め出しを主導する者が支配株主や経営者の
> ように実質的な当事者の一方が他方に対して強い影響力を有している場合には当事
> 者間で利益相反の懸念がある。すなわち、これらの支配株主や経営者は会社の価値
> 等に関する情報を多く有しているのみならず、少数株主に交付する対価が少なけれ
> ば少ないほど利益を得る立場にある。そこで、締め出し手続において特別の利益相
> 反の緩和措置が必要と考える見解が有力である。実務上MBOや上場子会社の完全
> 子会社化においては、対価の相当性に関する第三者による意見、社外取締役を構成
> 員とする取引条件の審査を行う委員会の設置などの措置がなされるのが一般であ
> る。上場会社においては対価の相当性や差止・無効事由の有無の判断は難しいた
> め、これらの判断の代替手段として利益相反緩和措置が利用される。すなわち、裁
> 判所はまずこうした利益相反緩和措置の実効性を評価し、公正と認められる方法で
> 対価が決定されたといえる場合には特段の事情がない公正な価格として、差止・無
> 効事由にも該当しないということになる。
>
> 　②　支配株主・経営者でない者が主体となる場合　　経営者や支配株主でない者
> が第一段階の公開買付を行う二段階買収においては状況が異なる。こうした買付主
> 体は独立当事者間の交渉の結果として公開買付価格が決定されており、前述のよう
> な利益相反はないから公正な価格といえる。第二段階の締め出しにおける対価は、
> 第一段階での公開買付と同価格に定められる実務が定着しているが、ここでも公正
> な価格と評価してよいと思われる。最高裁も全部取得条項付種類株式の事例につい
> て特段の事情がない限り、第一段階の公開買付価格と同額と解している（最決平
> 28・7・1民集70・6・1445〔百選86、商判Ⅰ-41〕）。経済的実質が同じキャッ
> シュ・アウトにおいても同様の論理を及ぼしてよいであろう。もっとも、二段階買
> 収においても第一段階の公開買付の段階で支配株主・経営者である場合には利益相
> 反確保措置が必要と解される。

シュ・アウトという。

　実務的には少数株主の締め出しは2つに分類される。第1に、企業買収の最
後の仕上げとして行われることがある。具体的手続としては、まず買収者が公
開買付を行い対象会社の支配権を取得した後、公開買付に応募しなかった少数
株主の締め出しが行われる場合である（二段階買収）。公開買付前置型といわれ

るが、公開買付を含め一連の取引として理解する必要性がある。このタイプの締め出しは近時上場会社の経営者がファンドなどから金融支援を受けて自社株式を取得する MBO（Management Buyout）として行われる事例も少なくない。LBO（Leveraged Buyout）方式の場合、買収者が対象会社の資産を利用して担保・借入れを行っていることもある。

　第 2 に、企業買収と無関係な純粋の少数株主の締め出しである。少数株主の意向を気にせずに迅速かつ大胆な経営改革が可能というように締め出す目的として経営の効率化が挙げられている。上場会社の MBO は非公開化による経営効率化も同時に目標としている。このような締め出しが正当化されるのは、支配権を有する株主の利益を少数株主よりも優先させる論理に基づいている。他方、対象会社から強制的に少数株主を締め出す仕組みであることから、一般的には、情報開示、差止請求及び価格決定制度といった少数株主保護制度が共通して設けられている（制度により若干の相違もあり）。上場会社のケースにおいては、取得対価が適正である限り締め出しは問題とすべきではないという見解も有力であるが、その適正価格の判断において利益相反回避措置を考慮すべき場合もある。

　(2)　**キャッシュ・アウトの方法**　　キャッシュ・アウトの方法としては、①対象会社の株主総会の特別決議による承認を要件とするものと、②買収者が対象会社の議決権90％以上を有する場合に、株主総会決議を要件としないものがある。①としては、略式以外の金銭を対価とする株式交換、株式の併合及び全部取得条項付種類株式の取得がある。②としては、金銭を対価とする略式株式交換及び特別支配株主による株式等売渡請求があるが、従来は税法上の理由からあまり利用されていなかった。金銭以外の締め出しの対価としては親会社株式が交付される場合が多い（外国会社の場合は三角合併が利用される）。

　②は株主総会開催が不要であるため二段階買収の二段階目の時間と費用を節約できる。また、二段階目の株主総会が不要になれば、二段階買収における対象会社株主に対する強圧性の批判も回避できる。なお、株式の併合及び全部取得条項付種類株式の取得に関して効力を争う場合、特別の訴えは存在しないため、それぞれの手続で要求される株主総会決議の効力を争うこととなる。

　したがって、買収者が議決権の90％以上を取得していれば②、議決権の90％

未満にとどまる場合には①という選択が想定される。また、金銭を対価とする株式交換については原則として課税されるため、それ以外の方法が利用されている。①のなかでは全部取得条項付種類株式という方法が従来利用されてきたが、手続が複雑であるため今後は同様の実質を有する株式併合に移行の可能性も指摘されている（具体的な方法の選択に関してはそれぞれの箇所の説明を参照。キャッシュ・アウト全般については**7章の5**参照）。

2　特別支配株主の株式等売渡請求

(1)　**意　義**　　対象会社の総株主の議決権の90％以上を直接又は間接に保有する株主（**特別支配株主**）は、対象会社のほかの株主（売渡株主）に対し、その保有株式全部（売渡株式）を特別支配株主に売り渡すことを請求することができる（179条1項）。株式と併せて新株予約権や新株引受権付社債の売渡しを請求することもできる（179条2項・3項）。

特別支配株主の株式等売渡請求が、ほかのキャッシュ・アウトと異なる点としては、第1に、特別支配株主が90％以上を保有しているため株主総会の特別決議が不要であることである。第2に、少数株主から株式を取得するのは会社ではなく特別支配株主であるということである。第3に、新株予約権や新株引受権付社債についても売渡請求が可能であることである。

特別支配株主の株式等売渡請求は上場会社の二段階買収におけるキャッシュ・アウトの局面だけでなく、閉鎖型の会社において少数株主の締め出しを目的とする利用も可能である。前者の場合は公開買付において買付条件の公正確保措置がなされている限り、売渡株式等の売買価格の面からの株主保護で十分とされるが、後者の場合は少数株主の支配的利益に配慮すべきとする学説も有力である。

(2)　**売渡請求のプロセス〜①対象会社の承認**　　株式売渡請求をしようとする特別支配株主は、その旨と対価として交付する金銭の額又はその算定方法や売渡株式を取得する日など（179条の2第1項）を定めて対象会社に通知し、その承認を受けなければならない（179条の3第1項）。対象会社は、特別支配株主が株式売渡請求に併せて新株予約権売渡請求をしようとするときは、新株予約権売渡請求のみを承認することはできない（179条の3第2項）。取締役会設置会社が

これらの承認をするか否かの決定をするには取締役会の決議によらなければならない（179条の3第3項）。対象会社は、これらの承認をするか否かの決定をしたときは、特別支配株主に対し、その決定の内容を通知しなければならない（179条の3第4項）。対象会社による取得の承認の後は、特別支配株主が売渡請求を撤回するには、取得日の前日までに対象会社の承諾を得ることが必要である（179条の6）。

(3) **売渡請求のプロセス～②売渡株主等への情報開示**　対象会社は、取得日の20日前までに、売渡株主等に法定事項を通知しなければならない（179条の4第1項・2項・売渡新株予約権者・売渡請求の登録質権者には公告でも可）。ただし、振替株式発行会社の場合には公告となる（社債振替161条2項）。さらに、対象会社は事前の情報開示（会社179条の5、会社規33条の7）と事後の情報開示（会社179条の10、会社規33条の8）をしなければならない。

(4) **売渡請求のプロセス～③売渡株式等の取得**　株式等売渡請求をした特別支配株主は、取得日に、売渡株式等の全部を取得する（179条の9第1項）。売渡株式等が譲渡制限株式又は譲渡制限新株予約権であるときは、対象会社が取得の承認をする旨の決定をしたものとみなされる（179条の9第2項）。

(5) **価格決定の申立て**　株式等売渡請求があった場合は、売渡株主等は、取得日の20日前の日から取得日の前日までの間に、裁判所に対し、その有する売渡株式等の売買価格の決定の申立てをすることができる（179条の8第1項）。

(6) **差止請求権**　株式売渡請求が法令に違反する場合（179条1項括弧書の定款の定め違反も含む）、対象会社による売渡株主に対する通知又は事前の情報開示若しくは事前の情報開示に関する規制に違反した場合、又は特別支配株主が定めた売渡対価が著しく不当である場合において、売渡株主が不利益を受けるおそれがあるときは、売渡株主は、特別支配株主に対し、株式等売渡請求に係る売渡株式等の全部の取得をやめることを請求することができる（179条の7第1項）。対価の著しい不当性も差止事由とされているが、これは略式組織再編の差止と同様である。

差止事由として議論されているのは、少数株主の締め出し以外に正当な事業目的を有しない場合に法令違反（権利濫用）となるかどうかである。学説の中には、後述する無効原因と同様に、上場会社においては差止事由として否定す

る一方、閉鎖型の会社における内部紛争に起因する締め出しについては肯定する見解も有力である。

なお、売渡新株予約権者についても同様の差止請求権が認められている（179条の7第2項）。

(7) **無効の訴え**　株式等売渡請求に係る売渡株式等の全部の取得の無効は、取得日から6ヵ月以内（非公開会社では1年以内）に、訴えをもってのみ主張することができる（846条の2第1項）。売渡株式等の取得の無効の訴えの原告適格は、①取得日において売渡株主等であった者と②取得日において対象会社の取締役・執行役・監査役であった者又は対象会社のそれらの者若しくは清算人に限られる（同条2項）。売渡株式等の取得の無効の訴えは、無効の主張の制限、無効の効果を画一的確定、遡及効の否定など会社の組織に関する無効の訴えと同様に法的安定性が考慮されている。

無効原因については解釈に委ねられているが、法的安定性の見地からは売渡請求による取得手続の重大な瑕疵ということができる。具体的には、①取得者の持株要件（179条1項）の不足、②対象会社の取締役会決議の瑕疵（179条の3第3項）、③売渡株主等に対する通知・公告・事前開示書類の瑕疵・不実記載（179条の4・179条の5）、④取得の差止仮処分命令の違反（179条の7）などが挙げられる。さらに⑤対価が著しく不当な場合（179条の7第1項3号）は差止事由でもあるが、時間的制約がない無効の訴えとする余地はありうる。また、無効とされても特別支配株主が売渡株式を保有したままであり、利害関係人に及ぼす影響は小さいため募集株式の発行のように無効原因を制限する必要はないと解される。

⑥正当な事業目的を有しない場合が無効原因に含まれるかについては争いがある。この問題は、従来キャッシュ・アウトの手法として用いられてきた全部取得条項付種類株式の取得手続において、特別利害関係人の議決権行使による著しく不当な決議（831条1項3号）として株主総会決議を取り消すことができるかとして議論されてきた。判例は、対価が著しく不当でない限り、少数株主を排除する目的があることのみでは不当決議とはいえないとする（東京地判平22・9・6判タ1334・117）。しかしながら、本判決については、上場会社については賛成するが、閉鎖型の会社における内部紛争に起因する締め出しの場合に

は反対する見解も有力である。閉鎖型会社の株主の持分比率も尊重すべき要素といえるからである。この論理を特別支配株主の株式等売渡請求に及ぼすと、締め出し以外に正当な事業目的を有しない場合には、上場会社においては無効原因とならないが、閉鎖型の会社においては無効原因とすべきである。

7　株式投資単位の調整

　会社財産に変動がないときでも、株式投資単位を変えれば発行済株式数も変化する。株式投資単位を大きくすると発行済株式数は少なくなり、会社の事務処理費用は減少するが、個人投資家からの需要は期待できない。他方、株式投資単位を小さくすると発行済株式数は多くなり、個人投資家にとって魅力的な投資対象となるが、会社の事務処理費用が増大する。そこで会社法は併合・分割などにより発行済株式数を調整することを各会社に認めている。また、株式数を変えないで、一定のまとまり（一単元）に満たない株式について権利を限定する制度もある。

1　株式の併合
　(1)　**意義・手続**　　株式の併合（180条1項）とは、3株を1株にというように数個の株式を合わせて少数の株式にすることである。株式併合の目的としては、投資単位の調整として株主管理のための事務処理費用の削減などとされていた。ただし、端数株主にとっては株主の地位が失われるという不利益があるため、株主の利益に配慮した規制となっている。近時ではキャッシュ・アウト目的での利用に対応して制度整備が図られている。

　株式の併合をしようとするときは、株主総会の特別決議により、併合の割合、効力発生日及び効力発生日における発行可能株式総数（公開会社では効力発生日の発行済株式総数の4倍を超えることができない（180条3項））等を定めなければならない（180条2項・309条2項4号）。株主総会で取締役は株式の併合を必要とする理由を説明しなければならない（180条4項）。

　株式の併合により1株未満の端数が生じた場合は、その端数の合計額に相当する数の株式を競売等により売却し、売却金を株主に交付する（234条・235

コラム3-3　売買単位の統一化

　上場会社においては、株式の投資単位・単元だけでなく売買単位という要素も考慮しなければならない。2007年11月においては1株から2000株まで8種類の売買単位が存在していた。数多くの売買単位は国際的に見ても少数であり、誤発注の可能性が高まるほか、投資家の利便性を低下させていると批判されていた。そこで、東京証券取引所は、流動性向上により資金調達の円滑化を図るともに、既存株主により安定した換金機会を提供することを目的として、上場会社の売買単位を100株に統一にする行動計画を2007年から実施してきた（全国証券取引所「売買単位の集約に向けた行動計画」2007年11月27日）。その結果、2018年10月1日には上場会社の売買単位が100株に統一された。また、証券取引所は、最低購入代金を50万円以下にすることも要請している（全国証券取引所「売買単位の100株への移行期限の変更について」2015年12月17日）。このように上場会社の場合はほかの株式との比較要素が売買単位に影響を与えている。市場の側からは株式を一定額の範囲内で幅広い投資先を選べる商品へと誘導しようとしているといえよう。さらに、売買単位は単元の大きさにも事実上影響を与えることが予想される。今後上場会社においては100株（1単元）かつその価値が50万円以下という基準が重要な意義を有するであろう。

条）。

　(2)　**平成26年改正など**　　さらに平成26年改正ではキャッシュ・アウトに対応して合併等の組織再編と同じように株主を保護する規制が設けられた。事後的に併合の効力を争う手続としては、全部取得条項付種類株式の取得手続と同様に、特別利害関係人の議決権行使による著しく不当な決議（831条1項3号）と取り扱う余地はあろう。

　第1に、株式の併合に関する事項を記載した書面等を効力発生日の2週間前までに会社の本店に備え置き株主の閲覧等請求に供さなければならない（事前開示、会社182条の2、会社規33条の9）。株式の併合をした会社は、効力発生日後遅滞なく、株式の併合に関する事項として法務省令に定める事項を記載した書面を会社の本店に備え置き、株主及び効力発生日に株主であった者の閲覧等請求に供さなければならない（事後開示、会社182条の6、会社規33条の10）。

　第2に、株式の併合により端数が生ずる場合、併合に反対する株主は公正な

価格による端株株式の買取を請求することができる（買取請求、182条の4）。

第3に、株式の併合が法令又は定款に違反する場合、株主が不利益を受けるおそれがあるときは、株主は、会社に対し当該株式の併合をやめることを請求することができる（差止請求、182条の3）。なお、売渡対価が著しく不当である場合は差止事由とはなっていない。

令和元年改正では事前開示事項のうち、端数処理の方法に関する事項等について充実・具体化がなされた（会社規33条の9）。

2 株式の分割

(1) **意義・手続**　株式の分割（183条1項）とは、1株を5株にというように既発行の株式を細分化して多数の株式にすることである。株式分割の目的は株式投資単位の引下げによる個人株主の増加・流動性の向上と理解されている。既存株主の利益に実質的影響を与えないため、取締役会設置会社では取締役会決議（それ以外の会社では株主総会）により行うことができる（183条2項）。株式の分割により株式数が増加しても、株主総会の決議によらないで発行済株式総数に係る定款変更ができる（184条1項・2項、ただし、現に2以上の種類の株式を発行している会社は除く）。株式の分割により1株未満の端数が生じた場合は、その端数の合計額に相当する数の株式を競売等により売却し、売却金を株主に交付する（234条・235条）。

3 無償割当て

(1) **意義・手続**　株式無償割当て（185条）とは、株主に対して新たに払込みをさせないで保有株式数に応じて新株の割当てをするものである。株式無償割当ては株式の分割と経済的実質は同じである。しかし、①株式分割では同一種類の株式数が増加するのに対し、無償割当てでは異なる種類の株式を割り当てることも可能であり、②株式分割では自己株式の数も増加するが、無償割当てでは自己株式は割当てを受けず、③株式分割は自己株式を交付できないが、無償割当てでは交付できるなどが異なる。手続としては、既存株主の利益に実質的影響を与えないため、取締役会設置会社では取締役会決議（それ以外の会社では株主総会）により行うことができる（186条1項・3項）。株主は効力発生

日にその株式の株主となり、会社は株主に割当数を遅滞なく通知する（187条1項・2項）。

4 単元株制度

(1) **意 義** 単元株制度とは、一定数（100株など）の株式を1単元とし、議決権を1単元に1個とする制度である。単元未満株主には株主総会招集通知等を送付する必要がないため株主管理コストを節約できる。単元株制度は投資単位の増大を図るものであり、株式の併合でも達成できる。しかし、株式の併合によると端株が大量に発生する膨大な事務処理コストが生ずるため、上場会社では株式数には変更を加えない単元株制度が広く利用されている。

会社は単元株制度を定款で定めることができるが、1単元の株式数は、1000及び発行済総数の200分の1を超えてはならない（会社188条2項、会社規34条）。種類株式発行会社では、1単元の株式数は種類ごとに定める（188条3項）。

(2) **手 続** 定款変更により単元株制度を導入する場合、取締役は株主総会において、必要とする理由を説明しなければならない（190条）。他方、株式の分割と同時に単元株制度を導入し、又は単元株式数を増加する定款変更は株主総会決議によらないで認められる（195条1項）。また、定款変更は遅滞なく株主に通知・公告されなければならない（195条2項・3項）。

単元未満株主には議決権（株主提案権等の議決権を前提とする権利も含む）がない（189条1項）。それ以外の権利についても定款で排除することができる。ただし、全部取得条項付種類株式、取得条項付株式の取得対価の交付を受ける権利、株主無償割当てを受ける権利、単元未満株式の買取請求権、残余財産分配請求権等の一定の権利については定款により制限することができない（189条2項）。また、株券発行会社は単元未満株式には株券を発行しないことを定款で定めることができる（189条3項）。

単元未満株主は、会社に対し自己の有する単元未満株式の買取りを請求することができる（192条）。買取価格に関しては市場価格があるときは請求日の市場価格によるが、それ以外のときは譲渡制限株式の会社による買取請求がなされた場合と同様の手続によって決定される（193条）。

会社が定款に定めれば、単元未満株主は会社に対し自己の株式とあわせて単

元株式となるような単元未満株式数の売渡しを請求することができる（194条）。

8 株式の評価

1 意　義

　株式価値の評価は上場・非上場と問わず会社から退出する場面や会社に参加する場面などで問題となる。会社法上で規定があるものとしては、①譲渡制限株式の買取価格を決定する場合（144条）、②各種決議に反対する株主の株式買取請求権行使に伴う買取価格の決定（117条・786条・798条）、③キャッシュ・アウトの際の取得価格の決定（172条・179条の8・182条の4）、④募集株式発行の際の有利発行（199条3項・212条）などである。このほか企業の合併・買収や有価証券報告書等の虚偽記載に基づく損害賠償における損害額の算定の場面でも問題となる。

2 評価方法の概要

　株式価値の評価は上場会社においては原則としてあらゆる要素が織り込まれている市場価格を基本としてよいと考えられるが、例外的に市場価格が現在の理論的価値を反映していない場合もあるとされる。したがって、非上場会社だけでなく上場会社においても理論的価値を算出する必要がある。理論的な株式価値は企業価値から導かれる。

　企業価値の評価方法としては、代表的には3つの方法が存在する。その方法とは、会社の保有する資産に着目するネットアセットアプローチ（**純資産方式**）、類似するほかの上場会社の株式の市場価格を参考にするマーケットアプローチ（**比準方式**）、配当などの将来獲得されるリターンを収益価値として現在価値に還元するインカムアプローチ（**収益方式**）である。

　これらの方法のうちネットアセットアプローチは会計帳簿を基礎とするため数値の客観性があるといわれる。もっとも、帳簿価格が現状とは乖離している場合、時価評価で修正する必要があるが、その評価自体が容易ではない。そもそも純資産の価値は解体価値であるから継続企業の価値を判定する際に方式として妥当かどうかという問題もある。また、マーケットアプローチは市場価格

という客観性のある指標を用いるが、支配権プレミアムや流動性をどう考えるかを含め類似上場会社の選定は困難であるし、評価対象会社の個別事情を反映できないという問題もある。

　インカムアプローチはほかの方法と異なり将来獲得されるリターンの基準として配当、利益（収益還元方式）、キャッシュフローなどを利用する。このうち配当については、配当が見込めない企業や日本企業の低配当政策などが反映されてしまうという問題がある。また、利益については、会計上の予想利益が変動する場合には効果的ではないともいわれる。したがって、将来のフリーキャッシュフローの予測を基礎とする DCF 方式を支持する見解が多い。フリーキャッシュフローとは会社の現金収入から事業に必要な現金支出を差し引いた余剰資金をいう。その金額を適切な割引率で割り引くことによって現在の企業価値を求める。そして、企業価値から負債額を差し引いたうえで、１株あたりの価値を算出するというのが DCF 方式の概要である。もっとも、将来のフリーキャッシュフロー予測や割引率は高度の専門能力が必要であり、主観的な判断が介在する可能性も指摘されている。

3　裁判例と学説の動向

　裁判例としては、かつては非公開会社の株式評価として国税庁・相続税財産評価基本通達（昭和39直資56直審（資）17）の算式に従ったとみられる事例も多かった（名古屋高決昭54・10・4判時949・121など）。この算式は会社を大中小に区分し、原則として大会社には類似業種比準方式、小会社には純資産額方式、中会社にはその併用とし、かつ、同族株主以外が取得者の場合は配当還元方式を採用する。この通達は大量発生事象を機械的に処理する目的であったため、現在では適用すべきではないとされている。最高裁は株式価格の評価方法に関して裁判所の合理的な裁量を認める（最決平27・3・26民集69・2・365〔百選88、商判Ⅰ-38〕）。多くの決定例でも、評価対象会社の特徴に着目して複数の方式が併用されている（福岡高決平21・5・15金判1330・20では配当実績がないとしてDCF方式と純資産方式を3：7とする）。

　評価方法自体が企業の様々な局面を表しているとみることもできるため、それぞれの方法によって企業の価値が異なるのはむしろ当然ともいえる。しか

し、基準の確立の試みとして学説においては会社の継続を前提とする場合には基本的にインカムアプローチが妥当であるという見解が有力である。決定例でもインカムアプローチを採用するものが増えてきている（東京高決平20・4・4判タ1284・273（収益還元方式）、東京高決平22・5・24金判1345・12（DCF方式））。もっとも、インカムアプローチによる評価が時価純資産法による評価を下回る場合には、時価純資産法によるべきという見解もある。このような会社は解散した方が株主の投資判断として合理的だからである。

4章 機関

1 総　説

1　機関の種類

　法人である株式会社は、現実の姿・形ある自然人と同じように、その活動（行為）についての意思決定や意思表示をすることができない。そこで、会社が行為をするためのものを「機関」と呼ぶ。機関の実体としては、一定数の独立した自然人又は複数の自然人の会議体となっている。こうした会社の機関は、その役割・権限に応じて複数存在し、またそれらの組み合わせは多様化・複雑化している。

　まず、株式会社は、株主総会と取締役を必ず置かなければならない。株主総会は、会社の構成員である株主が出席する最高意思決定機関である（295条1項）。取締役は、株主総会において1人以上選任される（326条1項・329条1項）。

　そのほかの任意設置機関としては、3人以上の取締役で構成される取締役会（331条4項）、会社の計算書類（貸借対照表や損益計算書など）等を取締役と共同して作成する会計参与（374条1項）、チェック機関としての監査役（381条1項）、3人以上の監査役で構成される監査役会（335条3項）、外部会計監査を行う会計監査人（337条1項・396条1項）があり、これらは基本的に会社の定款自治（326条2項）に委ねられている。また、上記機関の組み合わせ（従来型株式会社と呼ぶ）とは別に、監査等委員会又は指名委員会等を設置することができる（これら委員会型株式会社の機関については、→本章**8**）。

2 取締役会設置会社・監査役会設置会社・会計監査人設置会社

任意機関を設置する場合、機関の組み合わせに一定の規律が設けられている。取締役会設置会社（委員会型株式会社を除く）は、原則として監査役の設置が強制されている（327条2項本文）。これは、取締役会の権限（362条）に対するチェックとなる。また、監査役会設置会社では、取締役会を置かなければならない（327条1項2号）。さらに、会計監査人設置会社（委員会型株式会社を除く）では、監査役を置かなければならない（327条3項）。

2 機関の構成と権限分配

1 沿 革

1899（明治32）年の現行商法制定時の機関構成は、株主総会で取締役及び監査役を選任するというシンプルなものであった。

1950（昭和25）年の改正商法では、すべての株式会社において、取締役会及び代表取締役制度が創設され、従来、最高かつ万能の意思決定機関としての株主総会の権限から業務執行権限が取締役会に委譲されることとなった。これにより、取締役会は、重要な業務の意思決定及び経営監督（自己監査）機関となり、取締役会で選任された代表取締役は、取締役会で意思決定された業務執行機関及び日常業務の意思決定・執行機関となった。一方、監査役の権限については、会計監査に限定され、従来の業務監査は取締役会に委ねられた。

その後、1974（昭和49）年の商法特例法では、大会社に対し会計監査人（公認会計士・監査法人）による会計監査が義務づけられ、1993（平成5）年の改正商法においては、新たに監査役会制度が新設されるに至り、さらに2002（平成14）年の改正では委員会等設置会社（2014（平成26）年以降は、指名委員会等設置会社）、2005（平成17）年の会社法制定時には会計参与、2014（平成26）年の会社法改正では監査等委員会設置会社の選択が可能となった。

2 公開会社と非公開会社

公開会社とは、その発行する全部又は一部の株式の内容として譲渡による当該株式の取得について株式会社の承認を要する旨の定款の定め（**株式譲渡制限**）

を設けていない会社である（2条5号）。簡単にいえば、譲渡制限していない株式を1株以上発行している会社と考えてよいであろう。したがって、非公開会社は、全株式に譲渡制限を付する旨の定款の定めを設けている会社となる（全株式譲渡制限会社）。

公開会社の場合、取締役会を置かなければならないとされている（327条1項1号）。そうすると、公開会社は、すべて取締役会設置会社となり、取締役会設置会社の株主総会は、会社法に規定する事項及び定款で定めた事項に限り、決議することとなる（295条2項）。したがって、会社法制定により設立可能となった非公開会社かつ取締役会非設置会社の株主総会では、会社の組織・運営・管理そのほか一切の事項について決議することができる（295条1項）。すなわち、旧有限会社タイプの株式会社（会社法上、特例有限会社となる株式会社）は、1950（昭和25）年商法改正前の株主総会の権限と同じである。また、非公開会社かつ取締役会設置会社が会計参与を設置した場合、監査役の設置義務が任意とされている（327条2項但書）。

3　大会社と非大会社

大会社とは、資本金5億円以上又は負債200億円以上の株式会社をいう（2条6号）。大会社（委員会型株式会社を除く）かつ公開会社の場合は、監査役会及び会計監査人を置かなければならない（328条1項）。また、大会社（委員会型株式会社を除く）かつ非公開会社においては、会計監査人の設置が強制され（328条2項）、既述のとおり会計監査人設置会社であれば監査役も置かれる（327条3項）。非公開会社かつ非大会社の場合（監査役会設置会社及び会計監査人設置会社を除く）においては、監査役の権限を会計監査に限定する旨を定款に定めることができる（389条1項）。

図表4-1によれば、従来型株式会社（会計参与設置会社を除く）において、大会社かつ公開会社の機関構成は、業務執行機関として取締役会及び監査機関として監査役会＋会計監査人の1通りのみで、非大会社かつ非公開会社の場合は、①取締役、②取締役及び監査役（会計監査に限定する場合を含む／389条1項）、③取締役及び監査役＋会計監査人、④取締役会及び監査役（会計監査に限定する場合を含む／389条1項）、⑤取締役会及び監査役＋会計監査人、⑥取締役

図表4-1　機関構成マトリックス（従来型株式会社）

	大会社	非大会社	
公開会社	**取締役会**　　　　　　　　**監査役会＋会計監査人**	**取締役会**　　　　　　　　**監査役**（会）・**会計監査人**	取締役会の強制／327条1項
非公開会社（全株式譲渡制限会社）	**取締役**（会）※1　　　　　　　　**監査役**（会）**＋会計監査人**	取締役（会）※1　　　　　　　　監査役（会）・会計監査人 ※2 ※3	※1　監査役会設置会社の場合、取締役会の設置は強制／327条1項2号 ※2　取締役会設置会社の場合、監査役の設置は強制／327条2項本文
	会計監査人の強制／328条1項・2項	※3　会計監査人設置会社の場合、監査役の設置は強制／327条3項 非大会社かつ非公開会社の場合（監査役会設置会社・会計監査人設置会社を除く）、監査役の監査権限を定款で会計監査に限定可能／389条1項	

注1）太字は、強制設置機関。
注2）会計参与は、すべての機関構成において任意設置が可能。
注3）非大会社かつ非公開会社の場合、取締役会設置会社が会計参与を設置するときは、監査役の設置は任意（327条2項但書）。

会及び監査役会、⑦取締役会及び監査役会＋会計監査人、と最も多い機関構成が可能となっている。

3　株主総会と種類株主総会

1　権　限

(1)　**株主総会の権限**　　株主総会で決議することができる権限は、取締役会を設置しているか否かにより異なっている。すなわち、取締役会設置会社の場合は、法令・定款所定の事項に限って決議することができる（295条2項）ので、これ以外の事項を決議しても無効とされる。これに対し、取締役会非設置会社

の株主総会では、法令・定款事項のほか、会社に関する一切の事項について決議できる（295条1項）。

　会社法に規定された株主総会の専決事項（**法定決議事項**）としては、取締役会の有無にかかわらず、①機関の任免に関する事項（取締役・会計参与・監査役・会計監査人等）、②株主の利害に大きく関わる事項（剰余金配当・株式併合等）、③取締役等の権限濫用に関する事項（役員報酬の決定等）、④会社の基礎的変更に関する事項（定款変更・合併・会社分割・事業譲渡等）に分類される。また、取締役会設置会社では、株式分割の決定や譲渡制限株式の譲渡承認、取締役の競業・利益相反取引の承認などは、取締役会の決議事項とされているが、取締役会非設置会社においては、株主総会にその権限が認められている（183条2項・139条1項・356条1項・365条1項）。さらに、公開会社では、募集株式や新株予約権の発行等の決定は取締役会の権限（201条1項・240条1項）とされているが、非公開会社は、株主総会の権限（199条2項・238条2項）である。

　定款事項に関しては、一般に株主総会は最高意思決定機関なので、定款に定めることで株主総会の決議事項とすることができるが、取締役会の業務執行権限の全部を株主総会に委譲することはできないと解されている（役員等の第三者に対する責任／429条1項参照）。また、株主総会の法定決議事項をほかの機関に委譲する旨の定款の定めは、無効である（295条3項）。

　(2)　**種類株主総会の権限**　　種類株主総会は、会社法及び定款で定めた事項に限り、決議することができる（321条）。

　法令上の種類株主総会の権限としては、ある種類の株主に損害を及ぼすおそれのある場合となっている（322条）。すなわち、株式の種類の追加、株式の内容の変更、発行可能株式総数又は発行可能種類株式総数の増加（322条1項1号イないしハ）について、当該種類株主総会の決議が必要となる。ただ、それ以外（株式の分割や併合、無償割当て等）の事項（322条1項2号ないし13号）については、種類株主総会の決議を要しない旨を定款で定めることができる（322条2項）が、この場合、当該種類の種類株主全員の同意を得なければならない（322条4項）。なお、法定の種類株主総会の決議を排除した場合、当該種類株主に損害を及ぼすおそれがあるときには、当該種類の株主には株式買取請求権が認められる（116条1項3号）。

そのほかの種類株主総会の権限としては、拒否権付種類株式を発行した場合の行使（108条1項8号・2項8号）や取締役・監査役の任免権を内容とする種類株式を発行した場合の選任・解任（108条1項9号・2項9号・347条）、種類株式に譲渡制限又は全部取得条項を設ける場合の定款変更（111条2項・324条3項1号）、当該種類の譲渡制限株式（譲渡制限株式を目的とする新株予約権を含む）の募集の決定（199条4項・200条4項・238条4項・239条4項）などである。

　定款所定の決議事項については、最高意思決定機関である株主総会又は業務執行権限を有する取締役会の意思決定に反し、一部の株主で構成される種類株主総会の意思により決定するのは問題もあることから、当然一定の制限があると解されている。

2　招　　集

　株主総会及び種類株主総会は、招集権限を有する者による法定の手続に基づき招集される。種類株主総会に関する手続等は、株主総会の規定が準用されている（325条）。

　(1)　**招集権者**　　招集権者となる者は、原則として取締役であり（296条3項・298条1項・348条2項参照）、取締役会設置会社の場合は、取締役会の決議により株主総会の招集を決定（298条4項）し、代表取締役がその決定を執行する。その場合の手続として、①開催日時・場所、②株主総会の目的（議題）、③株主総会に出席しない株主が書面によって議決権を行使（**書面投票**）できるときはその旨、④株主総会に出席しない株主が電磁的方法（電子メールやインターネット等／会社2条34号、会社規222条1項）によって議決権を行使（**電子投票**）できるときはその旨、⑤そのほか法務省令で定める事項を決定しなければならない（298条1項）。

　また例外として、少数株主による株主総会の招集が認められている。すなわち、公開会社の場合、総株主の議決権（297条3項参照）の100分の3（定款による引下げ可能）以上の議決権を請求の6ヵ月（定款による短縮可能）前から引き続き有する株主は、取締役（代表取締役）に対し、株主総会の目的である事項（当該株主が議決権を行使することができる事項に限る）及び招集の理由を示して、株主総会の招集をすることができる（297条1項）。非公開会社（全株式譲渡制限会

| コラム4-1 | 株主総会集中日 |

日本の3月決算上場会社の多くは、6月下旬に定時株主総会が開催されているが、この時期の総会開催日が同じ日となる、いわゆる株主総会集中日なるものが業界の暗黙のルールとしてある。過去最高は、1995（平成7）年、東京証券取引所の上場会社の96.2％（6月29日）にも達していたが、2017（平成29）年は29.6％（6月29日）で、1983（昭和58）年の調査開始以来、初めて30％未満となった。

1990年代前半の総会集中率が異常に高かった理由は、日本の企業社会における総会屋の存在であった。総会屋とは、いわゆる特殊株主又はプロ株主と呼ばれ、株主総会に出席して会社の不祥事や経営上の問題点を追及するとともに、株主総会開催に際し、様々な嫌がらせ的な言動により会社に金品を要求する個人又は集団である。そこで、1997（平成9）年の改正商法において、利益供与要求罪（970条1項3号）を創設して総会屋が企業に対し金品を要求することに罰則を設け、さらに会社も警察と連携して総会屋対策に積極的に乗り出し、今日では目立った動きはなくなった。

一般投資家も、複数の株式会社の株主になることは不思議でないことから、総会開催日が重なることで、株主の議決権行使の機会が奪われることは大きな問題である。したがって、定時株主総会の開催日の分散化は、好ましいといえるであろう。

社）においては、株式保有期間（6ヵ月）の制限がない（297条2項）。少数株主による請求後、①遅滞なく株主総会の招集手続が行われない場合、②8週間（定款による短縮可能）以内の日を株主総会の日とする株主総会の招集の通知が発せられない場合は、裁判所の許可を得て、当該株主自ら株主総会の招集が可能である（297条4項）。そのほか、裁判所が株主総会の招集を命じる場合もある（307条1項1号・359条1項1号）。

(2) **招集時期**　株主総会には、毎事業年度の終了（決算期）後一定の時期に招集される**定時株主総会**（296条1項）、及び必要がある場合に招集される**臨時株主総会**（296条2項）がある。定時株主総会の招集時期に関して、株主の権利（特に議決権）を確定させる必要性から、会社はその基準日（→**3章3**の(8)）を決算期に設定（定款の任意的記載事項）するのが一般的で、基準日株主の権利行使は3ヵ月以内と規定されている（124条2項括弧書）。日本の株式会社の多くは、基準日を決算期と同じ3月末としており、これにより定時株主総会は6月末ま

論点4-1　電子提供措置

　従来、株主総会の招集通知に際し電磁的方法（インターネット等）を用いて株主総会資料（株主総会参考書類等）を提供（Web開示）するには、株主の個別承諾が必要とされている（301条2項・299条3項）ところ、2019（令和元）年の会社法改正において、早期に株主総会資料を提供して株主による議案等の検討期間を十分に確保するため、書面による招集通知において会社のWebサイトのアドレス等を記載する方法により、株主に対して株主総会資料を提供することができる制度（電子提供措置）の創設を行った（325条の2～325条の4・325条の6～325条の7）。これにより、従来どおり書面での株主総会資料の提供を希望する株主は、事前に書面の交付請求をすることとされた（325条の5）。また、電子提供については、定款で電子提供措置をとる旨の定めが必要となるが、上場株式会社の場合は、改正法施行日に当該定款変更の決議をしたものとみなされる（整備法10条2項）ことから、当該株主総会の開催を省略することができる。

　また、電子提供措置とは別に、各会社のWebサイトやDTnet（東京証券取引所）、EDINET（金融庁）などからも各種の企業情報は閲覧できる状況にある。

でに開催される。種類株主総会は、その必要がある場合に招集される。

　(3)　**招集通知**　　株主総会の招集通知は、公開会社の場合、開催日の2週間前（発信日の翌日から総会日の前日までが2週間以上）までに、各株主に対して行わなければならない（299条1項）。非公開会社では、会社と株主及び株主相互の意思疎通が容易と考えられることから、招集通知期間が1週間（取締役会非設置会社において、これを下回る期間を定款で定めた場合は、その期間）前までとなっている（299条1項括弧書）。

　招集通知の方法は、①書面又は電磁的方法による議決権行使ができる旨を定めた場合（299条2項1号）、又は②取締役会設置会社（公開会社）である場合には、書面でしなければならない（299条2項2号）。また、書面による通知に代えて、電磁的方法により通知を発することができるが、この場合は各株主の承諾を得る必要がある（299条3項）。通知内容としては、招集権者が決定した事項（298条1項）が記載又は記録される（299条4項）。公開会社の定時株主総会においては、その招集通知に際して、議決権の行使について参考となるべき事項を記載した書類（株主総会参考書類→**論点4-1**）及び株主が議決権を行使する

ための書面（議決権行使書面）を交付しなければならない（301条1項。電磁的方法による通知の場合（書面投票・電子投票）については、301条2項・302条2項・3項参照）。

　なお、このような招集通知は、株主保護としての手続的保障であるため、その利益を放棄することはできる（招集手続の省略）。したがって、株主全員の同意があるときは、原則として法定の招集手続（招集期間・招集通知）を経ることなく株主総会を開催することができる（300条本文）。また、適法な招集権者による招集ではなくても、株主全員が株主総会としての開催に同意・出席すれば、適法なもの（**全員出席総会**）として成立する（最判昭60・12・20民集39・8・1869〔百選27、商判Ⅰ-71〕。一人会社の場合は、最判昭46・6・24民集25・4・596）。

3　株主提案権

　株主は、会議体（株主総会・種類株主総会）の構成員として、当然、その議題や議案を提出することができる。ただ、株式会社という営利団体の特性から、一定の規律がなされている。さらに、現行の会社法上、株主の株主総会への提案理由等に制限はないが、同一株主による提案個数が権利濫用となることも考えられる（**→論点4-2**）。

　(1)　**議題提案権**　　公開会社（取締役会設置会社、327条1項1号）の場合、総株主（当該議題につき議決権を行使できる株主のみ、303条4項）の議決権の100分の1以上又は300個以上の議決権（それぞれ定款による引下げ可能）を6ヵ月（定款による短縮可能）前から引き続き有する株主は、取締役に対し、株主総会の日の8週間（定款による短縮可能）前までに、一定の事項（議題）を総会の目的とすることを請求することができる（303条2項）。6ヵ月の株式保有期間については、請求（行使）日から遡って丸6ヵ月（東京地判昭60・10・29金判734・23）とされ、株式を取得した日は期間計算に算入されない。非公開会社（全株式譲渡制限会社）かつ取締役会設置会社の場合には、株式保有制限（6ヵ月）が除かれている（303条3項）。したがって、取締役会設置会社（公開及び非公開会社）での議題提案権とは、株主総会の招集権者に対し会社側の議題に追加的な議題を株主に通知するよう求める権利（**議題通知請求権**）である。

　非公開会社かつ取締役会非設置会社の場合、議題提出としての株主提案権

は、単独株主権とされており、株式保有期間及び請求時期について何らの制限
もなく（303条 1 項）、株主は株主総会の開催当日に議題を提案することもでき
る。

　株主による議題提案権の行使に関して、これが適法になされたにもかかわら
ず会社が拒絶した場合、取締役等に対し過料の制裁が科される（976条19号）。

　⑵　**議案提案権**　　公開会社の場合、議題提案権と同じ要件を満たす株主
は、取締役に対し、株主総会の日の 8 週間（定款による短縮可能）前までに、総
会の目的である事項（議題）につき当該株主が提出しようとする議案の要領を
株主に通知することを請求することができる（305条 1 項・3 項）。非公開会社か
つ取締役会設置会社の場合は、議題提案権と同じく株主に対し 6 ヵ月間の株式
保有制限がなく（305条 2 項）、非公開会社かつ取締役会非設置会社では、単独
株主権として請求できるが、議題提案権と異なり、株主総会の日の 8 週間（定
款による短縮可能）前までに請求しなければならない（305条 1 項本文）。した
がって、この議案提案権とは、すべての株式会社において株主総会の招集権者
に対し議案を株主に通知するよう求める権利（**議案要領通知請求権**）である。た
だし、当該議案が法令・定款に違反する場合、又は実質的に同一の議案が過去

の株主総会において総株主（当該議案につき議決権を行使できる株主のみ）の議決
権の10分の１以上（定款による引下げ可能）の賛成を得られなかった日から３年
を経過していない場合には、会社は株主の請求を拒絶できる（305条４項）。

　このように、議題・議案の提案は、会社法上、別個のものとして請求可能と
なっているが、通常は議題とともに議案提案権が行使される。仮に議案提案権
のみが行使された場合には、当然に当該議案に属する議題に含まれた提案と解
される。例えば、「甲を取締役に選任する件」との議案には、「取締役選任の
件」についての議題も提出されていることになるが、この議案提案が、定款に
記載されていた場合の取締役員数を超えるときは、別途、取締役の員数増加の
定款変更又は既存取締役の解任の議題が必要となるため、議案のみの提案は不
適法となる。

　また、従来は会議体のルールとして旧商法上当然であった株主総会の会場に
おいて総会の目的である事項（議題）に関する新たな議案（修正動議・緊急動議
など）の提出権については、会社法制定時に明文化され、すべての株式会社の
株主（当該議題に議決権を行使できる株主に限る）は、単独株主権として何も制限
されずに行使することができる（304条）。ただ、取締役会非設置会社の場合
は、株主総会の会場において直接的に議題提案権を行使することが可能なので
(303条１項)、新たな議題とともに議案を提出することができる。この株主総会
会場における議案提案権は、事前の議案要領通知請求権と同様、当該議案が法
令・定款に違反する場合、又は実質的に同一の議案が過去の株主総会において
総株主（当該議案につき議決権を行使できる株主のみ）の議決権の10分の１以上
（定款による引下げ可能）の賛成を得られなかった日から３年を経過していない
場合には、会社は株主の請求を拒絶できる（304条但書）。

4　議　決　権

　(1)　**議決権の数**　　株主は、株主総会（種類株主総会）において、その意思決
定に参加する権利、すなわち議決権を有する（105条１項３号）。この株主の議
決権は、原則、その有する１株式につき１個の議決権を有する（**１株１議決権
の原則**、308条１項本文）。ただし、単元株制度（→**3章7**の4）を採用する場合
は、１単元の株式につき１個の議決権を有する（308条１項但書）。株式会社で

は、持分会社（合名・合資・合同会社）と異なり、株主の出資額の大きさ（株式数）に議決権が比例している（**持分複数主義**）。ちなみに、1株式につき数個の議決権（複数議決権株式）は許容されていない。

　（i）　**単元未満株式**　　単元株制度を採用する場合（定款の相対的記載事項）、単元株式数に満たない株式には議決権が認められない（308条1項但書）。例えば、単元株式数（1単元）が100株であれば、99株以下の保有株式には議決権がなく、120株保有する株主は1議決権のみ行使できる。

　（ii）　**属人的な規定**　　非公開会社（全株式譲渡制限会社）の場合は、議決権について株主ごとに異なる取扱いを行う旨を定款で定めることができる（109条2項）。これは、中小企業等における株主間の人的関係を反映させたものであり、実質上、異なる種類の株式とみなされる（109条3項）。

　（iii）　**議決権制限株式**　　株式会社は、議決権を行使することができる事項を定款に定めることができる（108条1項3号・2項3号。公開会社における発行制限について、115条参照）。したがって、一定の事項又は一切の事項につき議決権を制限する旨の種類株式が発行された場合は、当該事項に関する議決権はない。

　（iv）　**自己株式**　　株式会社は、原則として会社財産による当該会社の株式を取得・保有することができるが、この自己株式については議決権を有しない（308条2項）。自己株式に議決権を認めると、実際には取締役の経営支配権の維持（自己保身）に利用され、株主総会のチェック機能が弱められるおそれがある。

　（v）　**相互保有株式**　　株式会社（支配会社）がほかの会社等（被支配会社等）の議決権の25％以上を有する場合、そのほか経営を実質的に支配することが可能な関係として法務省令で定める場合、被支配会社等は、株主として支配会社株式についての議決権を有しない（会社308条括弧書、会社規67条・95条5号）。例えば、A社（支配会社）がB社株式の議決権の30％、B社（被支配会社）がA社株式の議決権の10％をそれぞれ保有する場合、B社はA社に対する議決権を有しないことになる。このような株式相互保有の状態であれば、被支配会社は、支配会社の株主として公正な議決権行使が期待できないからである。

　（vi）　**その他**　　株主総会での議案内容や基準日後に取得した株式などの議決権は、公平性や手続的便宜上、会社法によって制限される場合がある。例えば、会社が特定の株主から自己株式を取得する場合、原則として当該株主は株

主総会において議決権を行使することはできない（160条4項本文）。また、基準日後に株主となった場合、基準日株主ではないため、定められた権利行使（議決権等）が原則できない（124条1項・2項）が、会社は、当該基準日後に株式を取得した者の全部又は一部を当該権利を行使することができる者と定めることができる（124条4項本文）としている。譲渡制限株式の会社による買取決定の決議における譲渡承認請求者や譲渡制限株式の相続人等に対する売渡請求決定の決議における株式取得者も、原則として議決権を行使できない（140条3項・175条2項）。

(2)　**議決権の行使**　　議決権の行使については、株主総会（種類株主総会）の会場に出席して直接決議に参加する場合のほか、様々な方法でその権利が保障されている。また、会社法において、株式会社は、何人に対しても、株主の権利（議決権等）の行使に関し、当該会社又は子会社の計算において財産上の利益の供与をしてはならないと規定されている（120条1項）。特に、議決権の行使の場合では、例えば、会社からみて好ましくないと判断される株主が議決権等の株主権を行使することを回避する目的で、当該株主から株式を譲り受けるための対価を第三者に供与する場合（最判平18・4・10民集60・4・1273〔百選12、商判Ⅰ-131〕）や会社提案と株主提案が対立するとき、会社が有効に議決権行使した株主に対して金券（Quoカード）を供与する場合（東京地判平19・12・6判タ1258・69〔百選31、商判Ⅰ-81〕）などが考えられる。また、利益供与は、会社又は子会社の計算（損益が帰属するという意味）で行われることから、その名義を問わず、会社（子会社）以外の計算でされた場合（取締役個人のポケットマネーなど）には、利益供与の対象とはならない。

株主の議決権行使に関する権利保障について、以下の方法が認められている。

(a)　書面投票　　招集権者がその旨を定めれば、株主総会に出席しない株主は書面により議決権を行使することができる（298条1項3号）。さらに、議決権を行使することができる株主が1,000以上である場合には、原則として書面投票を行わなければならない（298条2項本文。上場会社の場合、東証規程435条参照）。

書面投票を認める場合は、株主総会の招集通知の際に、**株主総会参考書類**

（議決権の行使について参考となるべき事項を記載した書類）及び**議決権行使書面**を交付しなければならない（会社301条1項、会社規65条・66条・73条ないし95条3号・4号）。招集通知に関しては、既述のとおり、個別に株主が承諾した場合（299条3項）、電磁的方法による通知を発することができるので（→本章**3**の**2**⑶）、この場合は、株主総会参考書類及び議決権行使書面についても、記載すべき事項を電磁的方法（Web開示等）により提供することができるが、株主の請求があったときは、これらの書類を当該株主に交付しなければならない（301条2項・302条2項。ただし、302条3項）。ただ、株主総会参考書類に関し、現在は電子提供措置（→**論点4-1**）が可能となっていることから、電磁的方法による招集通知の存在意義は小さいと考えられる（会社規94条・65条2項参照）。

　株主総会参考書類の記載事項は、議案（会社規73条1項1号）及び提案の理由（会社規73条1項2号）、そのほか議案の内容に応じて法務省令で定められた事項である（会社規73条ないし94条）。株主提案権（議案提案権）として、議案要領通知請求権（305条）が行使された場合は、同じく株主総会参考書類に当該議案に関する事項を記載しなければならない（会社規93条）。その場合、株主総会参考書類に提案の理由等の全部を記載することが適切でない程度の多数の文字、記号そのほかのものをもって構成されている場合（会社がその全部を記載することが適切であるものとして定めた分量を超える場合を含む）にあっては、当該事項の概要でよい（会社規93条1項括弧書）。株主提案に対する取締役（会）の意見があるときは、その内容も株主総会参考書類に記載される（会社規93条1項2号）。

　議決権行使書面（電子的方法による議決権行使書の提供を含む）の記載事項（会社規66条）は、各議案についての賛否を記載する欄（棄権の欄は会社側の任意）が最も重要である。とりわけ、役員等の選任・解任に関しては、候補者ごとにそれぞれの議案と解されるため、一括ではなく候補者1人ずつ賛否を記載する欄を設けなければならない（会社規66条1項1号）。議決権行使書面の会社側での取扱いは、あらかじめ招集通知・議決権行使書面にその方法を記載することができる（会社299条4項・298条1項5号、会社規63条3号ニ・66条1項2号）。実務的には、賛否の記載欄が白紙の場合は、会社提案には賛成とし、株主提案には反対との取扱いがなされている。また、株主総会の会場で原案に対する修正**動議**が提出された場合、原案賛成の議決権行使書面は当該動議には反対として数え

られ、原案反対の議決権行使書面は、当該株主の意思表示が明確ではないので、棄権として取り扱われている。ただ、棄権であっても、出席株主の議決権数に算入されることから、実質的には修正動議について反対となる。なお、2019（令和元）年改正会社法は、議決権行使書面の閲覧等に関連して、株主名簿閲覧謄写請求の場合（125条2項・3項）に倣い、閲覧謄写請求の理由を明らかにさせるとともに、拒絶理由を定めることとした（310条7項・8項・311条4項・5項・312条5項・6項）。

　(b)　電子投票　　議決権行使書面に記載すべき事項については、電子メールやWebサイト、磁気ディスク等の記録媒体を通じて議決権を行使することができる。上場会社の多くは、株主に対し書面投票と電子投票の両方を議決権の行使方法として提供している。電子投票は、通常、インターネット上に議決権行使サイトが開設され、パソコン・スマートフォン等により議決権行使書面（会社から交付された議決権行使書用紙）に記載された「ログインID（議決権行使コード）」及び「パスワード」を使って議案の賛否を入力することができる。この電子投票での入力内容は、書面投票において議決権行使書面に記載する事項に対応したものである。また、電子投票は、法的には株主の請求に基づき可能となっている（302条4項）が、会社にとってもメリットがあることから、株主全員に対し招集通知で告知され、請求しなくてもこの利用が認められている。

　書面投票と電子投票の並存による問題として、議決権行使の重複について定める必要がある（会社298条1項5号、会社規63条3号ヘ(1)・4号ロ）。これについては、実務上、議決権行使書面とインターネットの双方により重複して議決権を行使した場合は、インターネットによる議決権行使の内容が有効として取り扱われている。また、インターネットにより複数回にわたり議決権を行使した場合は、最後に行使された内容を有効としている。

　当然、電子投票の場合においても、書面投票の場合と同様、株主総会参考書類を株主に交付（電磁的方法による提供を含む）しなければならない（302条1項・2項）。

　(c)　代理人による議決権行使　　株主は、代理人（原則、代理権を証明する書面（委任状）が必要）を通じて株主総会で議決権を行使することができる（310

　定款により代理人の資格が株主に制限されている場合、非株主である弁護士が代理人となれるか否かについては、裁判所の判断は分かれている。

　これを肯定する裁判例（神戸地尼崎支部判平12・3・28判タ1028・288〔商判Ⅰ-77〕）は、「委任されたものが弁護士であることからすれば、受任者である弁護士が本人たる株主の意図に反する行為をとることは通常考えられないから、株主総会を混乱させるおそれがあるとは一般的には認め難いといえる」との前提のうえで、「本件総会（上場会社）がこの者の出席によって攪乱されるおそれがあるなどの特段の事由がない限り、合理的な理由による相当程度の制限ということはできず」と判示した。

　これに対し弁護士の代理人資格を否定する裁判例（宮崎地判平14・4・25金判1159・43）では、同様の前提としながらも、総会を攪乱するおそれのない職種の者であれば非株主であっても入場を許さなければならないと解すると、総会開会前の受付において、個別具体的に総会攪乱の有無について判断するのは極めて難しく、また受付事務を混乱させ、円滑な総会運営を阻害するおそれが高いとして、恣意的差別的判断を行い株主の権利が害されるおそれもあるとの判断から、弁護士による代理行使を認めなかった。

条1項・3項）。これにより、代理人は、ほかの株主と同様、議事及び決議に参加できるが、会社はその人数を制限することができる（310条5項）。議決権行使のための代理権授与は、株主総会ごとにしなければならない（310条2項）。株主は、株主総会期日に必ずしも出席できるとは限らないため、議決権行使の機会を保障することは、非常に重要である。したがって、定款によって代理行使を禁止することは許されない。しかしながら、会社は、代理人の資格を定款により制限することがある。この問題について、判例は、代理人の資格を制限すべき合理的な理由がある場合に、相当と認められる程度の制限はできるとしている（最判昭43・11・1民集22・12・2402〔百選29、商判Ⅰ-76〕）。すなわち、代理人の資格を株主に制限する旨の定款の規定は、「株主総会が、株主以外の第三者によって攪乱されることを防止し、会社の利益を保護する趣旨にでたものと認められ、合理的な理由による相当程度の制限ということができる」と判断された。ただ、代理人資格を株主に制限する定款の規定について、これを画一

的に取扱うことは、かえって株主の議決権が事実上奪われるおそれがあることから、具体的事案ごとの判断がなされている。例えば、入院中の株主に代わり親族が代理人となった場合（大阪高判昭41・8・8下民集17・7＝8・647）や法人株主が従業員を代理人として派遣した場合（最判昭51・12・24民集30・11・1076〔百選34、商判Ⅰ-84〕）などは、非株主である代理人の議決権行使は有効とされている。

　また、議決権の代理行使に関して、会社が招集通知（委任状用紙を添付）の際に委任状を勧誘する場合がある。上場会社では、会社提案を可決するため、あるいは株主提案を否決する場合など会社側による委任状勧誘が有効な手段となりうることがある（金商法による委任状勧誘規則の適用）。書面投票が強制される株式会社の場合（会社298条2項本文、東証規程435条）、会社が議決権を行使できる株主全員に対して委任状勧誘を行えば、書面投票は適用されない（会社298条2項但書、会社規64条・95条2号）。また、会社が全株主に議決権行使書面を送付した場合、一部の大株主等に重ねて委任状勧誘をしても差し支えないと解されている。ただ、株主提案がなされた場合は、実務上、委任状と議決権行使書面との関係を明示的に説明（委任状返送の場合は、議決権行使書用紙の返送は不要など）する限り、株主全員に対し委任状及び議決権行使書面を送付できるとされている。

　(d)　議決権の不統一行使　　他人のために株式を有する者（信託における受託者や株式共有での権利行使者など）は、実質的な株主の意向を反映させるため、保有する株式の一部につき異なる議決権を行使することができる（不統一行使、313条1項・3項）。したがって、自己の有する議決権については、これを統一しないで行使することを会社は拒むことができる。取締役会設置会社の場合、不統一行使をしようとする株主は、株主総会の日の3日前までに、会社に対してその旨及び不統一行使の理由を通知しなければならない（313条2項）。

　(e)　議決権拘束契約　　株主の議決権について、それを任意に行使することができることから、株主自身の意思によりほかの株主との合意に基づく行使を約束することを議決権拘束契約という。もっとも、株主が当該契約に違反して議決権を行使した場合であっても、原則として有効とされる。この場合、議決権拘束契約の効力は、契約当事者間の債権的効力にとどまるので、当該契約

違反は債務不履行による損害賠償責任（民415条）の問題として処理され、株主総会決議の効力には影響しないとされている。ただ、株主全員が議決権拘束契約の当事者となっている場合は、これに反する株主総会決議の効力を取り消す（定款違反と同視）としても、本来の契約どおりの決議となることで不利益を被る株主はいないとも解されている。

5　議事及び決議

（1）**議　事**　株主総会（種類株主総会）の会場では、総会の目的である事項（議題）につき、報告事項（438条3項・439条等）及び決議事項として具体的な議案の審議を経て決議がなされる。

（i）**議　長**　株主総会の議長は、定款（任意的記載事項／29条）の定めがあればそれに従い、そうでなければ会議体のルールとして、総会会場において選出することになる。実際、定款で「株主総会の議長は、社長がこれに当たる」とする旨を記載する場合が一般的であるが、「あらかじめ取締役会において定めた取締役」とする旨に定款変更する事例もある。実務的には、従来の代表取締役社長が議長に選任される慣行に対し、取締役以外からも有能な人材を社長に抜擢しやすくなっている。ただし、定款上の議長では公正・円滑な議事運営が見込めないときなどは、別の者を議長として決議（出席株主による単純多数決）することは可能と解されている。また、少数株主による株主総会の招集では、当該定款規定は適用されず、改めて議長を選出するとされている。

議長は、株主総会の議事を公正・円滑に運営するため、総会の秩序を維持し議事を整理する権限及び議長の命令その他総会の秩序を乱す者を退場させる権限を有している（**秩序維持・議事整理権**／315条）。

（ii）**議事運営**　通常、議長による開会宣言ののち、定款規定に従った議長である旨及び当該株主総会の決議に必要な定足数の確認が行われる。そして、議題として、まず事業報告・計算書類等の報告事項がなされ、引き続き決議事項である議案の審議に入るが、取締役・会計参与・監査役及び執行役は、株主総会において、株主から特定の事項（報告・決議事項）について説明を求められた場合には、当該事項について必要な説明をしなければならない（314条本文）。これは、いわゆる取締役等の**説明義務**であるが、株主に対する特別な情

報開示というものではない。したがって、①当該事項が株主総会の目的である事項（議題）に関しないものである場合、②その説明をすることにより株主の共同の利益（企業機密など）を著しく害する場合、③そのほか正当な理由がある場合として法務省令で定める場合は、取締役等は説明を拒絶することができる（314条但書）。特に、法務省令で定める場合の1つとして、「説明をするために調査をすることが必要な場合」が挙げられているが、この場合、当該株主が株主総会の日より相当の期間前に当該事項を会社に対して通知したとき、又は当該調査が著しく容易であるときは、説明を拒絶できない（会社規71条1号）。なお、事前に会社に対し質問状を提出した場合であっても、当該株主が総会会場で実際に質問をしない限り、取締役等に説明義務はないと解されている（東京地判平元・9・29判時1344・163）。ただ、事前の質問状に関して、当該株主による実際の質問を待つことなく、会社が同様の複数の質問事項を整理したうえで、一括して回答することも許容されている（東京高判昭61・2・19判時1207・120〔百選32、商判Ⅰ-78〕）。そのほか、「実質的に同一の事項について繰り返して説明を求める場合」も、説明を拒絶できる（会社規71条3号）。

また、説明義務の要件である「必要な説明」の程度については、平均的な株主が、議題について合理的な理解及び判断をするために客観的に必要と認められる程度とされている（東京地判平16・5・13金判1198・18〔商判Ⅰ-79〕）。

議長には、議事運営に対する秩序維持・議事整理権限（315条）があり、1人の株主の質問数や発言時間について合理的な制限を設けること、一定の質疑時間経過後の質疑打切りなどは、その範囲内とされている。

適法な株主提案権（議案）の行使について、当該株主には総会への出席義務がないことから、実際に総会会場において提案理由等の説明がなくても、議長は当該株主提案を付議しなければならない。

(iii) 議事録　これは、株主総会の議事に関し法務省令に定める事項（会社規72条3項）を書面又は電子的記録（会社26条2項、会社規224条）によって作成される（会社318条1項、会社規72条2項）。この議事録は、株主総会の日から10年間、本店に備え置かなければならない（318条2項。支店には写しを原則5年間／318条3項本文）。株主・債権者は、それら議事録を会社の営業時間内であれば、いつでも閲覧・謄写することができる（318条4項。親会社社員の場合／318条5項）。

(iv) 総会検査役　株式会社又は総株主（すべての事項について議決権を行使することができない株主を除く）の議決権の１％（定款による引下げ可能）以上の議決権を有する株主は、株主総会に係る招集手続及び決議の方法を調査させるため、事前に裁判所に対し検査役の選任の申立てをすることができる（306条１項）。なお、公開会社（取締役会設置会社）における株主の場合は、６ヵ月（定款による短縮可能）前から引き続き当該議題に関する議決権を有していなければならない（306条２項前段）。裁判所は、検査役による調査結果の報告に基づき、必要があると認めるときは、取締役に対し、株主総会の招集や株主へ調査結果の通知を命じることができる（306条５項・６項・307条１項）。

(2) **決　議**　取締役会非設置会社であれば、株式会社に関する一切の事項について決議できる（295条１項）が、取締役会設置会社の場合は、招集通知に記載された議題（議案）以外については、決議することができない（309条５項本文）。ただし、株主総会に提出された資料等を調査する者の選任、又は定時株主総会における会計監査人の出席については、決議することができる（309条５項但書）。ほかにも、株主総会自体の延期又は続行についても、決議できる（317条）。議長の不信任や採決方法などの決議は、会議体のルールとして当然に認められる。

　株主総会決議の成否については、通常の会議体における頭数多数決とは異なり、株主（出資者）の利害に大きく関わることから、基本的に議決権ベースで決せられる（**資本多数決**）。例えば、１人の株主が総議決権の80％以上を保有する場合、ほかに株主が何人いたとしても決議事項の多くは、当該株主の議決権行使により成否が決まるといえる。

　採決の方法は、会社法上、何も定められていないので、定款にも規定がないときは、投票や挙手、拍手など議案の賛否を判定できる方法であればよいとされる。実際には、書面・電子投票の事前集計により、株主総会会場での採決を待たずに決議の成否が明らかな場合には、通常、総会当日の採決では厳密な集計が行われない（東京地判平14・２・21判時1789・157）。

　また、決議の省略について、議決権を行使することができる株主全員が書面又は電磁的記録により提案内容に同意の意思表示をしたときは、当該提案を可決する旨の株主総会決議（**書面決議**）があったものとみなされる（319条１項）。

さらに、報告事項（438条3項・439条等）についても、書面決議と同様、株主全員が同意すれば当該事項の株主総会への報告があったものとみなされる（320条）。株主は、株主総会の招集通知の場合と同じく、その手続的利益を放棄することができる。

以下、株主総会決議の種類によって、その成立要件は異なる。

(a) 普通決議　定款に別段の定めがある場合を除き、議決権を行使することができる株主の議決権の過半数を有する株主が出席（定足数）し、出席した当該株主の議決権の過半数の賛成（可決要件）をもって成立するものである（309条1項）。したがって、多くの株式会社においては、定款の定め（定足数の場合は、加重又は軽減可能。可決要件は、加重可能。）により、定足数を排除して出席株主の議決権の過半数を普通決議の成立要件としている。その際、株主による事前の書面及び電子投票での議決権行使は、出席株主の議決権の数に算入される（311条2項・312条3項）。この定款による普通決議要件の修正について、役員（取締役・会計参与・監査役）の選任・解任の決議は、定款の定めによっても定足数を議決権の3分の1以上にしなければならない（341条）。

(b) 特別決議　定款変更や組織再編など会社や株主に重大な影響がある事項については、普通決議よりも厳しい要件が課せられており、具体的には、議決権を行使することができる株主の議決権の過半数を有する株主が出席（定款で3分の1以上の割合に引下げ可能）し、出席した当該株主の議決権の3分の2以上（定款による引上げ可能）の賛成をもって成立する（309条2項柱書）。

特別決議を要する事項（309条2項）は、次のとおりである。

① 譲渡制限株式の買取りに関する決定(140条2項)・買取人の指定(140条5項)
② 特定株主からの自己株式の取得に関する決定（156条1項（160条1項の場合に限る））
③ 全部取得条項付種類株式の全部の取得に関する決定（171条1項）、譲渡制限株式の相続人等に対する売渡請求に関する決定（175条1項）
④ 株式の併合に関する決定（180条2項）
⑤ 非公開会社における募集株式の発行等に関する決定（199条2項・200条1項・202条3項4号・204条2項・205条2項）、公開会社における第三者に対する募集株式の有利発行等に関する決定（201条1項除外部分）

⑥　新株予約権の発行等に関する決定（238条2項・239条1項・241条3項4号・243条2項・244条3項。募集株式の場合と同様）

⑦　累積投票により選任された取締役［342条3項ないし5項の場合（監査等委員である取締役を除く）］・監査等委員である取締役（399条の2第2項の場合）・監査役の解任（339条1項）

⑧　役員等（取締役・会計参与・監査役・執行役・会計監査人）の責任の一部免除（425条1項）

⑨　資本金の減少［447条1項（定時総会において法務省令で定める額の欠損填補の場合を除く／会社計算151条）］

⑩　現物配当の決定［454条4項（金銭分配請求権を与えない場合に限る）］

⑪　定款の変更（466条）、事業の譲渡等（467条ないし470条における株主総会決議の場合）、解散（471条ないし474条における株主総会決議の場合）

⑫　組織変更・組織再編（743条ないし816条における株主総会決議の場合）

　(c)　特殊な決議　　株主の地位に対する影響が極めて大きいことから、特別決議よりも、さらに厳格な要件が求められる事項がある。まず、定款を変更して発行する全部の株式に譲渡制限を付する場合は、議決権を行使することができる株主の半数（頭数）以上（定款による引上げ可能）で、かつ当該株主の議決権の3分の2（定款による引上げ可能）以上に当たる多数をもって行わなければならない（309条3項1号）。合併での消滅会社又は株式交換・株式移転による完全子会社が公開会社であって、当該株主にその対価として譲渡制限株式を交付するときの当該合併等の承認をする場合についても、同様の決議が必要となる（309条3項2号・3号）。

　また、非公開会社（全株式譲渡制限会社）において、剰余金の配当・残余財産の分配・議決権につき株主ごとに異なる取扱いを行う旨の定款の変更（当該定款の定めを廃止するものを除く）を行う場合は、総株主（議決権のない株主を含む）の半数以上（定款による引上げ可能）で、かつ総株主の議決権の4分の3（定款による引上げ可能）以上に当たる多数をもって行わなければならない（309条4項）。

6　決議の瑕疵

　(1)　意　義　　株主総会（種類株主総会）の決議について、その手続や内容が

法令・定款に違反するなどの瑕疵がある場合、当該決議の効力はどうなるのか。株主総会決議に基づく会社の行為によって種々の法律関係が生じていることから、当該決議の瑕疵で法律関係に混乱を与えるおそれもある。したがって、法的安定性（株主総会決議の早期確定）を確保するためにも、会社法により一般原則（対世効・遡及効）を修正し瑕疵の状態に応じて、訴えによって株主総会決議の効力を争うことができるとしている。株主総会決議の効力を争う事案について、特に非公開会社（全株式譲渡制限会社）では支配権争奪に利用されることが見受けられるが、こうした場合には、裁判実務上、和解による解決も行われている。

　また、株主総会決議の瑕疵を争う訴えを本案とする場合、この仮処分を請求することもあり、特に役員選任決議の瑕疵のときは、裁判所に対し当該役員の職務の執行停止と代行者選任を申立てることができる（会社352条、民保56条）。

　(2)　**株主総会決議取消しの訴え**　　この訴訟を提起することができる場合として、会社法上、その要件が定められている。決議取消しの訴えは、その認容判決によって取り消されるまでは有効な決議とされており、判決の確定後、新たな権利関係が生じる可能性のあることから、形成訴訟と呼ばれている。ちなみに、株主総会での議案を否決した場合の決議取消しの可否について、決議を取り消しても可決されたことにはならないので、当該取消しの訴えは不適法却下された（最判平28・3・4民集70・3・827〔百選35、商判Ⅰ-87〕）。

　(i)　決議取消事由（831条1項）　　株主総会決議の何がどのように問題なのか、これについて3つ場合が掲げられている。

　　(a)　招集手続・決議方法が法令・定款違反又は著しく不公正な場合（1号）

　これは、株主総会決議に対する手続上の瑕疵である。招集手続の法令違反としては、例えば、招集通知が法定期限を徒過した場合（最判昭46・3・18民集25・2・183〔百選38、商判Ⅰ-88〕）や一部の株主に対する招集通知漏れの場合（最判昭42・9・28民集21・7・1970〔百選33、商判Ⅰ-82〕）、招集通知・株主総会参考書類の記載が不備又は不実記載の場合（東京地判平26・4・17金判1444・44）、代表取締役が有効な取締役会決議を経ずに招集した場合（前掲・最判昭46・3・18）などがある。

　決議方法の法令違反については、定足数が不足していた場合（最判昭35・

３・15判時218・28）や招集通知（取締役会設置会社）に記載のない事項を決議した場合（最判昭31・11・15民集10・11・1423）、取締役等が説明義務に違反した場合（東京地判昭63・1・28判時1263・3）、株主の動議を無視して決議した場合（最判昭58・6・7民集37・5・517〔百選37、商判Ⅰ-86〕）、会社提案に反対した株主を出席議決権に算入しなかった場合（東京地判平19・12・6判タ1258・69〔百選31、商判Ⅰ-81〕）など多数の事案がある。

決議方法の定款違反に関しては、議決権の代理行使資格を定款で株主に制限している場合などが挙げられる（→本章**3**の**4**(2)(c)）。

決議方法が著しく不公正な場合について、株主が出席困難な時刻・場所（例えば、早朝・深夜、僻地など）での株主総会開催の事例がある（大阪高判昭30・2・24下民集6・2・333）。また、株主提案権（議案要領通知請求権）が適法に行使されたにもかかわらず、会社がこれを株主総会に付議しなかった場合において、当該議案に対応する議題がそもそも存在しなかったときは、理論的には不公正でないとして、決議取消しの訴えを提起できないと解されている。

(b) 決議内容が定款に違反する場合（2号）　定款は会社の自治規則なので、それに反する決議がなされても、無効事由ではなく取消事由とされている。取締役等の選任に関して、定款記載の員数超過や資格制限違反などが考えられる。

(c) 特別利害関係人の議決権行使により著しく不当な決議がされた場合（3号）
特定の株主の利益に関わる議案であっても、原則として当該株主（特別利害関係人）の議決権行使が認められていることから、決議の結果、ほかの株主の利益が害されるような場合（利益相反）は、取消事由とされている。特別利害関係人として、例えば、役員報酬等の議案で議決権行使する株主兼取締役や合併承認決議における自社の株主に含まれている相手会社（法人株主）、取締役の責任を一部免除する決議における当該取締役である株主（大阪高判平11・3・26金判1065・8）などが該当する。ただ、特別利害関係人が議決権行使しなくても当該決議が成立したという状況であれば、著しく不当な決議とはいえないので、取消しの対象にはならない。

(ii) 訴訟当事者　決議取消しの訴えを提起できる（**原告適格**）のは、株主等（株主・取締役・監査役・執行役・清算人／会社828条2項1号参照）であり（831

条1項前段)、被告は株式会社（834条17号）となる。元株主や元取締役等につい
ても、当該決議が取り消された場合に、その地位を回復するときは、原告適格
を有する（831条1項後段）。さらに、ほかの株主に対する招集通知漏れについ
て、当該株主に対する手続的瑕疵に限定されていない（手続自体の瑕疵）とし
て、決議取消しの訴えが認められている（前掲・最判昭42・9・28）。

　被告適格に関しては、特に取締役が原告となる場合、被告である会社は、株
主総会で会社を代表する者を定めることができる（353条）が、被告会社が監査
役設置会社であれば、監査役が会社を代表する（386条1項1号）。監査等委員
会設置会社における取締役が原告の場合、当該取締役が監査等委員のときは、
原則として取締役会が定める者が会社を代表し、監査等委員以外の取締役のと
きは、監査等委員会が選定する監査委員（取締役）が会社代表者となる（399条
1項）。同じく指名委員会等設置会社で取締役が原告となる場合、当該取締役
が監査委員のときは、原則、取締役会で会社代表者を定め、監査委員以外のと
きは、監査委員会で会社代表者（監査委員）を選定する（408条1項）。また、株
主などから取締役の選任決議取消訴訟が提起された場合、当該取締役は被告と
して共同訴訟参加することはできない（最判昭36・11・24民集15・10・2583）が、
補助参加（民訴42条）することはできる（最判昭45・1・22民集24・1・1）。

　(ⅲ) **訴訟手続**　決議取消しの訴えは、決議の日から3ヵ月以内（**出訴期
間／提訴期間**）に被告となる会社の本店所在地の地方裁判所に請求しなければ
ならない（831条1項柱書・835条1項）。同一決議に対する取消訴訟が数個同時に
係属するときは、裁判は併合される（837条）。

　出訴期間については、株主総会決議取消しの訴えを提起したのち、決議から
3ヵ月の期間経過後に新たな取消事由を追加・主張することは、決議の効力を
早期に確定させる趣旨から認められないとしている（最判昭51・12・24民集30・
11・1076〔百選34、商判Ⅰ-84〕）。しかしながら、株主総会決議の無効確認を求め
る訴えにおいて、当初無効原因として主張された瑕疵が取消事由にも該当して
おり、しかも取消訴訟の原告適格や出訴期間等の要件を満たしている場合に
は、取消しの主張自体が出訴期間（決議後3ヵ月）後に行われたとしても、取
消しの訴えは無効確認訴訟提起時にされていたものと解している（最判昭54・
11・16民集33・7・709〔百選40、商判Ⅰ-94〕）。

また、株主が「悪意」で株主総会決議取消しの訴えを請求した場合、濫訴防止の観点から、裁判所は、被告会社の申立てにより原告株主に対し、原則として相当の担保提供を命ずることができる（836条1項本文）。その際、会社は、株主の訴えの提起が悪意によるものであることを疎明しなければならない（836条3項）。この場合の悪意とは、民法上の悪意（訴えに取消事由がないことを知っている）ではなく、会社に対する嫌がらせなど不当に会社の利益を害する意図（害意）と解されている。

　(iv)　決議取消判決の効力　　裁判所によって決議取消しの訴えが認容された場合、その確定判決は、第三者に対してもその効力を有する（838条）。いわゆる**対世効**が認められ、これにより多くの法律関係が画一的に処理される。したがって、決議取消しの訴えが却下又は棄却された場合（原告敗訴）には、対世効はない。また、認容・確定判決は、その効果として決議が行われた時に遡って無効となるので、**遡及効**を有する（民121条。計算書類承認決議の場合として、前掲・最判昭58・6・7）。遡及効の問題として、過去の株主総会における計算書類の承認決議が取り消された場合、次期以降の計算書類の承認決議にも遡及してその効力に影響を及ぼす（**瑕疵の連鎖**）ことから、法律上再決議が必要となる（前掲・最判昭58・6・7）。つまり、後行の承認決議での計算書類は、先行の承認決議に基づく計算書類を前提に作成されているので、先行決議の取消し（遡及効）によってその根拠を欠くことになる。したがって、先行決議の取消請求には、**訴えの利益**があることとなる。もっとも、株主総会決議（第一決議）取消しの訴えの係争中、取消対象となった議案（退職慰労金贈呈）を適法に再可決（第二決議）した場合は、第一決議の取消しを求める実益（訴えの利益）はないとして訴えが却下された（最判平4・10・29民集46・7・2580）。

　(v)　裁量棄却　　軽微な瑕疵が決議取消事由として存在する場合で、裁判所が会社に対しもう一度決議させることは現実的でない（不必要なコスト）と認めるときは、当該請求を裁量棄却することができる。その要件（831条2項）とは、招集手続又は決議方法が法令・定款違反であって、さらに以下2つの要件を満たす必要がある。

　(a)　その違反する事実が重大でない　　瑕疵の程度として、それは些細なものでなければならない。したがって、決議取消事由で述べたとおり、招集通

論点 4 - 4　株主総会決議取消しと第三者保護

　会社が株主総会の決議に基づき第三者との間で行った取引行為（対外的行為）について、当該決議が取り消された場合、遡及効により取引行為の効力が問題となる。例えば、取締役の選任決議が取り消された場合、当該取締役（代表取締役）がそれまで行ってきた取引（契約）の効力については、善意の第三者保護（取引安全）の観点から、表見法理（外観法理）として表見代表取締役（代表取締役ではない社長や副社長など）の責任（354条）や不実登記（代表取締役の登記）による責任（908条 2 項）などが適用されている。

知が法定期限を徒過した場合（前掲・最判昭46・ 3 ・18）や決議事項等を通知しなかった場合（前掲・最判昭31・11・15、最判昭44・12・18裁判集民97・799、最判平 7 ・ 3 ・ 9 判時1529・153）、代表取締役が有効な取締役会決議を経ずに招集した場合（前掲・最判昭46・ 3 ・18）などの手続的瑕疵は重大として裁量棄却できない。

　(b)　決議に影響を及ぼさない　仮に決議取消事由の瑕疵が軽微としても、株主総会決議の結果に影響する場合は、裁量棄却することができない。賛否の集計ミスによる決議が再集計によっても結果は変わらない場合、決議への影響はないといえるが、一部の株主に招集通知漏れがあった場合は、決議への影響を判断することは厳密にいえば困難である（最判昭37・ 8 ・30判時311・27、最判昭42・ 9 ・28民集21・ 7 ・1970〔百選33、商判 I -82〕参照）。したがって、瑕疵の重大性の判断がより重要と考えられる。

　(3)　**株主総会決議無効確認の訴え**　株主総会の決議内容が法令に違反する場合は、決議取消しを訴えるまでもなく、当然に無効である。したがって、総会決議無効は、民事訴訟の一般原則どおり、誰でも・いかなる方法でも・いつでも主張することができる。ただ、決議無効により会社の集団的法律関係を画一的に処理する必要性も考えられるため、会社法上、株主総会決議無効確認の訴え（830条 2 項）を設け、その無効・確定判決に対世効（決議取消しの場合と同じ）を認めている（838条）。もっとも、訴えを提起するかどうかは、当事者の任意に委ねられている。この決議無効の訴えは、決議取消しの訴え（形成訴訟）と異なり、決議時点からその効力を有しないということの確認訴訟である。

　株主総会の決議内容が法令違反（**無効事由**）となる無効原因としては、欠格

事由に該当する役員選任決議（331条1項）や違法な計算書類の承認決議（438条2項）、悪意・重過失による役員の責任の一部免除決議（425条1項）等がある。

訴訟当事者については、会社法に原告適格の定めがないので、訴えの利益（確認の利益）がある限り、会社関係者以外であっても原告になることができ、当該会社が被告となる（834条16号）。この場合の確認の利益について、本来、過去の行為を確認しても意味はないと思われるが、それにより現在の法律関係に影響を与える場合は、訴えの利益があるとされる（遺言無効の場合として、最判昭47・2・15民集26・1・30。学校法人の理事会決議の無効として、最判昭47・11・9民集26・9・1513）。ただ、違法な株主総会決議に基づく会社合併や新株発行の場合は、会社法において別の訴えによってのみ無効にできる（828条1項2号・7号・8号）ことから、決議無効の訴えに対する確認の利益は認められない（新株発行の事例として、最判昭40・6・29民集19・4・1045）。また、株主は、原則として訴えの利益は認められるが、訴権の濫用であるとして決議無効の訴えを否定した事例がある（東京地判平23・5・26判タ1368・238）。

訴訟手続としては、出訴期間の制限はなく、裁判所管轄・訴訟の併合・悪意の担保提供については、決議取消しの場合と同様である。

(3) **株主総会決議不存在確認の訴え**　株主総会決議があった旨の議事録作成や登記がなされても、実際その事実がなかった場合、あるいは決議があったと評価できない場合は、決議不存在となる。この場合には、決議無効の場合と同様、民事訴訟の一般原則どおり、誰でも・いかなる方法でも・いつでも主張することができる。したがって、株主総会決議不存在確認の訴え（830条1項）を提起する場合は、訴訟当事者・訴訟手続・不存在判決の効力について、株主総会決議無効確認の訴えの場合と同様である。

決議不存在事由に関して、決議無効は株主総会の決議として一応成立したものが法令違反に該当する場合であるため、決議自体が存在しない場合については、形式上、無効事由とは区別されることになるが、実質的に決議の効力が認められない点で差異はない。歴史的に、決議不存在の訴えは、昭和56年商法改正により決議無効の訴えの条文に組み入れられた経緯がある。

ただ、こうした総会決議の不存在は、手続的瑕疵によるものなので、その原因によっては決議取消事由との区別が困難な場合もある。例えば、一部の株主

に対する総会招集通知漏れの場合、手続的瑕疵として決議取消事由に該当すると思われるが、当該通知漏れが甚だしいときは、むしろ株主総会決議があったと評価できない（不存在）と考えられる。したがって、どの程度までの通知漏れが取消事由となり、どこからが不存在事由となるかは、明確に区別することはできない。招集通知漏れの一般的態様として、当該株主が多数であれば、当該議決権数が僅少であっても決議不存在の原因とされ、逆に通知を受けなかった株主数は僅かであっても、当該議決権数が多い場合は、同じく不存在原因と解されるであろう。具体的な事案としては、総株主数9人（総議決権数5000株）のうち株主6人（議決権数2100株）に株主総会の招集通知を発しなかった場合について、決議不存在が認定された（最判昭33・10・3民集12・14・3053）。

　このように、手続的瑕疵に対する決議の取消しと不存在の関係は、取消請求の出訴期間が限られていることから、招集通知漏れなどが不存在に該当するかどうか微妙なケースでは、この点（決議取消しの訴えが3ヵ月以内に可能だったかどうか）を考慮することもありうる。なお、株主総会の招集通知がまったく行われない場合でも、株主全員が集合して決議すれば株主総会決議としての効力が認められている（全員出席総会→本章**3**の**2**(3)）。

　そのほかに、代表取締役以外の取締役が、取締役会の決議を経ずに招集した株主総会について、決議不存在が認められた（最判昭45・8・20判時607・79）。

　また、決議取消判決の効力で述べたように、不存在・確定判決（無効判決も同様）にも遡及効が認められているので、これにより当該決議以降にも瑕疵の連鎖を生じる。取消しの訴えには出訴期間がある（3ヵ月経過すれば決議は有効）のに対し、不存在の訴えの場合には、これがないため時間の経過で瑕疵が治癒されることはない。したがって、過去の株主総会決議に関して不存在事由のある限り、長期間にわたり未確定のまま現在まで放置されるおそれがあることから（先行の取締役選任決議の不存在が後行の取締役選任決議に連鎖する事例として、最判平2・4・17民集44・3・526〔百選31、商判Ⅰ-93〕）、この瑕疵の連鎖を断ち切るため、不存在確認の訴えには、より一層、訴えの利益（確認の利益）があるといえる。

4　取　締　役

1　取締役の選任・終任

(1)　**選任方法**　　取締役は会社の経営や監督に中心的な役割を果たす（その役割は2　**取締役・取締役会**以下でふれる）。それゆえ、その選任・終任等にも様々な事態を想定した手続が定められる（図表4-2参照）。まずは、選任手続からみていくことにする。

　取締役の選任は、株主総会の普通決議で行われる。この決議は通常の普通決議と異なり定款によっても定足数を議決権を行使できる株主の3分の1以下に下げることができない（監査役及び会計参与も同様、329条・341条）。

　また、株主は、累積投票による選任を請求することができる（342条）。累積投票とは、各株主が、1株（単元株制度を採用する場合は1単元）につき、選任する取締役数と同数の議決権をもち、全取締役の選任を一括で行う投票方法である。しかし、累積投票は、定款で排除することが可能であり、実際にほとんどの会社が定款により排除している。

　上記の手続により、会社の意思決定がなされ、被選任者が就任を承諾した場合に取締役となる。ただし、被選任者が成年被後見人・被保佐人の場合は、さらに手続が定められている。成年被後見人が就任する際には、就任する成年被後見人の同意（後見監督人が存する場合はその同意も必要）を得たうえで、成年後見人の承諾が必要である（331条の2第1項）。被保佐人が就任する際には、保佐人の同意が必要となる（331条の2第2項）。なお、民法876条の4に基づく保佐人に代理権を付与する旨の審判により、保佐人に代理権がある場合には、保佐人の就任手続きは成年被後見人と同様になる（331条の2第3項）。

　成年被後見人・被保佐人が取締役の資格に基づいて行った行為は、民法の行為能力の制限規定の例外となる。すなわち、成年被後見人・被保佐人が行った、取締役の資格に基づく行為は、行為能力の制限によって取り消すことはできない（331条の2第4項）。この「取締役の資格に基づく行為」には取締役会における議決権の行使など会社と取締役の関係に基づく取締役の職務の執行が広く含まれると解されている。

図表4-2　取締役の選任・解任方法等に関する手続一覧

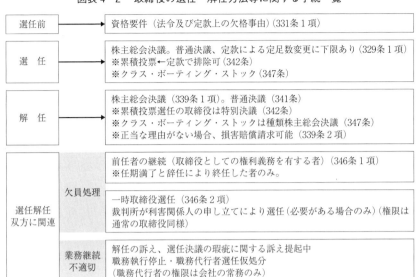

選任前	→	資格要件（法令及び定款上の欠格事由）(331条1項)
選　任	→	株主総会決議。普通決議、定款による定足数変更に下限あり (329条1項) ※累積投票←定款で排除可 (342条) ※クラス・ボーティング・ストック (347条)
解　任	→	株主総会決議 (339条1項)。普通決議 (341条) ※累積投票選任の取締役は特別決議 (342条) ※クラス・ボーティング・ストックは種類株主総会決議 (347条) ※正当な理由がない場合、損害賠償請求可能 (339条2項)

選任解任双方に関連	欠員処理	前任者の継続（取締役としての権利義務を有する者）(346条1項) ※任期満了と辞任により終任した者のみ。
		一時取締役選任 (346条2項) 裁判所が利害関係人の申し立てにより選任（必要がある場合のみ）(権限は通常の取締役同様)
	業務継続不適切	解任の訴え、選任決議の瑕疵に関する訴え提起中 職務執行停止・職務代行者選任仮処分 （職務代行者の権限は会社の常務のみ）

(2)　**欠格事由**　331条1項は取締役の欠格事由を定めている。(1)で述べた株主総会による選任がされても、選任された者が欠格事由に該当すると選任決議は決議内容の法令違反により無効となる（830条2項）。また、任期途中の取締役が、在任中に欠格事由に該当した場合も当然に取締役としての地位を失う。

　欠格事由に該当するのは法人と刑事罰を受けた者に分けられる。法人（331条1項1号）が欠格とされる理由は、取締役の職務が個人的性質をもつとされることや、個人に民事責任を課すことで不正を抑止すること等にある。会社法等が定める取締役の職務に関連が深い罪（331条1項3号）を犯した者については、他の罪（331条1項4号）を犯した者に比して欠格となる期間が長い。

　定款で取締役の資格を制限することも行われる。公開会社では、取締役の資格を株主に限定する定款規定は無効である（331条2項）。それ以外の制限については、各会社の具体的事情に応じて不合理でなければ認められると解されている。合理的な範囲として年齢や住所による制限が挙げられるほか、日本人に資格を制限することを合理的な範囲内とした判例がある（名古屋地判昭46・4・30下民集22・3＝4・549）。

⑶　**任期と員数**　　取締役会設置会社においては、取締役は**最低３人が必要**である（331条５項）。また、定款によって３人以上の下限や上限を定めることも可能である。取締役会を設置しない会社では法令上の最低数の規定はなく１人以上でよい。

　公開会社において、取締役の任期は**原則２年**である（株主総会の日程によって任期が切れることがないよう、条文上は「選任後二年以内に終了する事業年度のうち最終のものに関する定時株主総会の終結の時まで」とされる）（332条１項）。定款による任期の変更に関して、公開会社の場合、短縮は可能であるが伸長はできない。他方、非公開会社では、伸長についても10年まで認められる（332条２項）。公開会社は取締役の役職の重要性が高く株主も入れ替わることから定期的な選任を求める制度となっており、非公開会社は選任権限以外でも取締役のコントロールが可能なことから相対的に任期の自由度が高い制度となっている。なお、公開会社か否かを問わず、指名委員会等設置会社の取締役、監査等委員会設置会社の監査等委員以外の取締役の任期は１年である（332条３項・６項）。

　また、非公開会社、指名委員会等設置会社、監査等委員会設置会社、それ以外の会社相互の変更がされる場合、取締役の権限等も変わることから、組織を変更する定款規定の効力が生じたときに任期は満了となる（332条７項）。

⑷　**終　任**　　取締役が取締役でなくなる終任は、任期の満了・辞任及び解任の場合、欠格事由に該当した場合などに発生する。取締役と会社は委任の関係にある（330条）ため、辞任はいつでも可能である（民651条）。また、民法の委任の終了事由（民653条）である受任者である取締役の死亡・破産も終任事由

となる。ただし、民法の終了事由は任意規定であるため、取締役の破産は契約等で終任としないことが可能である。また、委任者である会社が破産した場合は、当然には取締役の地位は失なわれず、役員の選任又は解任のような会社組織に係る行為等を行う権限があると解されている（最判平21・4・17判時2044・74〔百選 A15、商判Ⅰ-96〕）。

　会社は、時期・理由を問わず株主総会決議により取締役を解任することができる（339条1項）。他方で、正当な理由なく解任された取締役は会社に対して損害賠償を請求できる（339条2項）。 損害賠償の額は、解任されなければ受け取ることができた報酬額等と解されている。また、正当な理由の有無は株主総会による解任の自由と取締役の地位の保証の必要性のバランスをもとに判断される。正当事由が認められる例として、職務執行上の法令違反行為等があった場合、心身の故障などにより客観的に職務執行に支障をきたす場合が挙げられる。経営判断に失敗があった場合に認められるかは争いがある。

　取締役の職務の執行に不正又は法令・定款違反の重大な事実があったにもかかわらず、解任議案が株主総会により否決された場合、及び拒否権付株式の拒否権によって解任が効力を持たなかった場合は、少数株主は解任の訴えを起こすことができる（854条1項）。解任の訴えを起こすことができる株主は、総株主の議決権又は発行済株式総数の3％を6ヵ月以上引き続き保有する（定款で引下げ可能）株主である。この保有期間は非公開会社の場合は必要ない（854条2項）。

(5)　員数が欠ける場合への対処と業務継続が不適切な場合の措置

（ i ）　補欠取締役の選任　　取締役が辞任等によって不在となったり、法令や定款で定める取締役の最低数が欠けたりすることがありうる。そうした事態に備えて、前もって補欠取締役を選任することができる（329条3項）。選任に際しては、補欠取締役であること等を併せて決定することが必要（会社規96条2項各号）であるが、そのほかは通常の取締役と同様である。選任の効力は、原則、当該決議後最初に開催する定時株主総会の開始の時までである（会社規96条3項）。補欠取締役の選任は、通常の取締役よりも柔軟な部分がある。選任時に手続を定めておけば、就任前に選任の取消しが可能であり（会社規96条2項6号）、選任の効力も伸長を含めて期間を定款で変更できる（会社規96条3

項）。また、定款に規定がなくても効力期間の短縮は株主総会決議で可能である（会社規96条3項）。

(ii) 員数が欠けた場合の対処　　実際に取締役がいなくなったり、法令や定款が定める員数が欠けたりする事態が起こった場合、速やかに後任の取締役を選任しなければならない。選任しない場合は、過料の制裁がある（976条22号）。

欠員が生じて後任（後述の一時役員も含む）が選任されるまでの間、任期満了・辞任により退任した取締役は、取締役としての権利義務を有し（36条1項）、退任の登記もできない（最判昭43・12・24民集22・13・3334）。

この取締役としての権利義務を有する者に取締役の職務を行わせることが適切でない場合もありうる。それゆえ、利害関係人の申立により、裁判所は、その必要性を認めた場合、一時取締役の選任をすることができる（346条2項。なお一時取締役の報酬については346条3項を参照）。

(iii) 職務継続が不適切な場合の措置　　取締役選任決議について決議取消訴訟や決議無効・不存在確認訴訟などが提起されている場合、当該決議によって選任された取締役が職務を継続することが不適切な場合がありえる。そうした場合には、民事保全法上の仮の地位を定める仮処分（民保23条）として、当事者の申し立てに基づき取締役の職務執行を停止する仮処分と、その職務を代行する者（職務代行者）の選任を行うことができる（民保56条）。

職務代行者の権限は、会社の常務に限定される。仮処分命令に別段の定めがある場合を除き、常務以外の行為を行うためには裁判所の許可が必要である（352条1項）。会社の常務とは当該会社として日常行われるべき通常の業務をいい（最判昭50・6・27民集29・6・879〔百選45、商判Ⅰ-102〕）、募集株式の発行等や事業譲渡、定款変更などは常務に当たらないとされる［江頭 2021：418］。

(6) 社外取締役

(i) 社外取締役とは　　社外取締役は、社外の者、つまりそれまでその会社の指揮命令系統下に含まれてこなかった取締役である。取締役による経営への監督機能を向上させるために社外取締役の役割が注目され、いくつかの制度的な手当がされている。

社外取締役の要件は、その会社の指揮命令系統下に含まれなかったこと、すなわちその会社・子会社の業務執行取締役等（業務執行取締役、執行役、支配人

コラム4-3 コーポレートガバナンス・コードと社外取締役の選任

　東京証券取引所の有価証券上場規程（以下、「上場規程」とよぶ）は上場会社に、コーポレートガバナンス・コードの各原則を実施するか、実施しない場合にはその理由をコーポレートガバナンス報告書において説明することを求めている（上場規程436条の3）。さらには、「コーポレートガバナンス・コード」の趣旨・精神を尊重してコーポレートガバナンスの充実に取り組むよう努めること（同445条の3）、取締役である独立役員を少なくとも1人以上確保するよう努めること（同445条の4）も求めている。さらに、コーポレートガバナンス・コードは原則4-8において、従来独立社外取締役を少なくとも2人以上置くことを求めてきた。さらに2021年改正では、プライム市場上場会社に3分の1以上、そして、業種・規模・事業特性等を勘案して過半数を置くことが望ましいような会社には十分な数の独立社外取締役を置くことを求めている。

　この上場規程とコーポレートガバナンス・コードにより近年、社外取締役を置く東証の上場会社の数は大きく増加している。コーポレートガバナンス・コードが策定された2014年に2人以上の独立社外取締役を置く東証一部上場会社の比率は22%余りだったにもかかわらず、2017年には88%に増加しており、JPX400の対象銘柄に限れば96%の会社が2人以上の独立社外取締役を置いている。

その他の使用人）ではなかったことが求められる。具体的には、2条15号が詳細な規定を置いており、以下の①～⑤をすべて満たすものが社外取締役となることができる。①就任前10年間に当該会社・子会社の業務執行取締役等でないこと（2条15号イ）、②就任前10年間で会社・子会社の取締役、会計参与、監査役に就任した履歴がある者は、それらの職に就く前の10年間で当該会社・子会社の業務執行取締役等でないこと（2条15号ロ）、③就任時点で親会社等の取締役、執行役、支配人その他使用人でないこと（2条15号ハ）、④いわゆる兄弟会社の業務執行取締役等ではないこと（2条15号ニ）、⑤当該会社の取締役、執行役、支配人その他の重要な使用人、さらには自然人である親会社等の配偶者又は二親等内の親族でないこと（2条15号ホ）である。

　(ⅱ)　社外取締役に関する制度　　監査役設置会社には社外取締役を置く義務はない（指名委員会等設置会社、監査等委員会設置会社には少なくとも2人の社外取締役が必要である）。しかし、公開会社である大会社で、かつ有価証券報告書提出

議決権行使助言機関の取締役の選任への影響

議決権行使助言機関とは、機関投資家等に向けて株主総会の議決権をどう行使すべきか助言を行っている会社であり、米国のグラスルイス、ISS（Institutional Shareholder Service）などが有名である。こうした会社は、投資家等に議決権行使に関する助言を行うほか、こうした助言を行う際の基準を公表しており、インターネットでも閲覧可能である。

例えば、取締役に関してISSの2021年版議決権行使助言基準によると、以下に該当する場合などに経営トップである取締役の選任に反対するべきと示される。「資本生産性が低く（過去5期平均の自己資本利益率（ROE）が5％を下回り）かつ改善傾向にない場合」や「株主総会後の取締役会に最低2人の社外取締役がいない場合」などである。また、グラスルイスは例えば「取締役会と監査役会の独立役員の合計人数の割合が、取締役と監査役の総人数の3分の1に満たない場合、責任追及という意味で、会長（会長職が存在しない場合、社長またはそれに準ずる役職の者）に対して、反対助言とすると共に、その他の非独立と判断する候補者に対しても、弊社独立基準を満たす人数に達するまで反対助言を行う。」としている。

これらの助言機関から助言を受ける機関投資家（米国の機関投資家など）の持株比率が高い会社は、こうした助言内容が取締役の選任に及ぼす影響も高いと思われる。

会社である場合、監査役会設置会社においても社外取締役を設置しなければならない（327条の2）。すなわち、公開会社で大会社であり有価証券報告書提出会社では機関構成を問わず社外取締役の設置が必須である。

社外取締役は、(i)で記載した通り業務執行取締役でないことが求められる。それゆえ、社外取締役は原則として業務執行をすることはできず、仮に業務執行を行えば社外取締役としての資格を失う。しかし、会社と取締役間に利益相反がある場合の業務執行など、社外取締役に業務執行を委ねた方が望ましい場合もありうる。そこで、一定の場合には、社外取締役に業務執行を委託することが認められ（348条の2）、この場合、業務執行を行っても社外取締役は社外取締役としての資格を失わない（348条の2第3項）。

社外取締役に業務執行を委託するには取締役会の決議（非取締役会設置会社は取締役の決定）が必要である（348条の2第1項・2項）。また、その決議（決定）

に基づき委託することができるのは、会社と取締役（指名委員会等設置会社では執行役）との間に利益相反があるなど、取締役（執行役）が業務執行することにより株主の利益を損なうおそれがあるとき（348条の2第1項・2項）である。なお、社外取締役の業務執行が上記に該当する場合であっても、業務執行取締役（執行役）の指揮命令下で業務執行した場合は、その業務執行を行った社外取締役は社外取締役としての資格を失う（348条の2第3項但書）。

　他に、社外取締役がいる会社のみが利用できる制度として、委員会型でない取締役会設置会社における取締役会決議事項の決定方法の一つに特別取締役による取締役会決議という方法がある（詳細は後述する）。

2　取締役・取締役会

　(1)　**総　論**　　取締役は会社経営の中心的な役割を果たす。取締役は経営に関する会社の意思のほとんどを決定し、決定された意思の執行をする権限も持っている。この取締役が行う経営に関する会社の意思決定を会社法は「業務執行の決定」といい、決定された意思の執行を「業務執行」とよんでいる。会社法が取締役や取締役会の決定事項とする内容は幅広く、経営に関する内容以外にも株主総会の招集の決定や募集株式発行の際の募集事項の決定などが含まれる。経営に関する決定だけでなくこうした事項を含む場合、会社法は「業務」ではなく取締役の「職務」とよんでいる。

　取締役の職務や権限は取締役会設置会社か否かで異なる。取締役会設置会社で取締役会が有する権限や職務は、取締役会非設置会社では、取締役が有することになる。まず、取締役会設置会社に関する制度をみた上で、取締役会非設置会社の制度をみることとする。

　(2)　**取締役会の職務と業務執行の監督**　　取締役会は全ての取締役により組織される（362条1項）が、362条2項はその職務として、取締役会設置会社の業務執行の決定、取締役の職務の執行の監督、代表取締役の選定及び解職を定める。すなわち、取締役会は、業務執行の決定を行いながら、個々の取締役・代表取締役の職務執行を監督しなければならない。

　取締役会が監督を行えるよう、代表取締役及び選定業務執行取締役（後述）は少なくとも3ヵ月に1回以上、取締役会に自己の職務執行の状況を報告しな

ければならない（363条2項）。また各取締役は、会社に著しい損害を及ぼすおそれがある事実を発見したときは、監査役設置会社では監査役に（監査役会設置会社では監査役会に）報告をしなければならない（357条1項・2項）。監査役は取締役会に出席する義務があり（383条）、取締役の不正行為がされた場合、されるおそれがある場合、及び法令・定款違反や著しく不当な事実がある場合に取締役会に報告をしなければならない（382条）。さらには、内部統制システムの構築についても取締役会の決議が必要であり（362条4項7号）、大会社はこれを決議をしなければならない（362条5項）。

こうした方法を通して、取締役会は適切に監督を行い、必要に応じて代表取締役の解職などの対応をとることが求められる。

(3) 取締役会設置会社の業務執行の決定

（ⅰ）取締役会設置会社の業務執行の決定権限　　取締役会は会社の業務執行を決定する権限を有する（362条2項1号）。この会社の業務執行は多岐にわたる。そこで、取締役会は業務執行の決定を代表取締役や個々の取締役等に委任することができる。しかし、362条4項に掲げられる事項の決定は委任できず、必ず取締役会で決定することが求められる。具体的には、①重要な財産の処分・譲受け、②多額の借財、③支配人その他の重要な使用人の選任及び解任、④支店その他の重要な組織の設置・変更・廃止、⑤社債を引き受ける者の募集に関する重要な事項、⑥内部統制システムの整備、⑦取締役の責任の一部免除であり、これらに加えてその他の重要な業務執行も必ず取締役会決議を要する事項である。

①②について、「重要な財産」・「多額」に該当するかどうかは条文上明確ではない。重要な財産に関して、最高裁は、「当該財産の価額、その会社の総資産に占める割合、当該財産の保有目的、処分行為の態様及び会社における従来の取扱い等の事情を総合的に考慮して判断すべき」としている（最判平6・1・20民集48・1・1〔百選60、商判Ⅰ-117〕）。②の「多額」の該当性についても同様に考えることが可能である。

これら①②は、第三者との取引行為であり、迅速な決定が必要な場合がある。そして、その該当性に関する上記の基準に照らしても、個々の取引が該当するかどうかは明確とまではいえない。事後的なトラブルを避けたいと会社が

考えれば、念のため広く基準を理解して（場合によってはより緩やかな基準を設定
して）決議を取ることになろう。これは、取締役の数が多い会社にとっては負
担が大きい。そこで、6人以上の取締役がおり、かつ、1人以上の社外取締役
がいる会社は、より少数の特別取締役による決議によって、これらの行為を承
認することが可能である（373条1項・2項）。すなわち、事前に3人以上の特別
取締役を選定し、その決議で承認することができる。承認した取引は、遅滞な
く特別取締役以外の取締役に報告しなければない（373条3項）。

　⑥について362条4項6号は、「取締役の職務の執行が法令及び定款に適合す
ること……その他株式会社の業務……の適正を確保するために必要な……体制
の整備」について定める。この体制は「内部統制システム」とよばれる。その
内容として、次のような体制の整備が求められている（会社規100条1項）。①取
締役の職務の執行に係る情報の保存及び管理に関する体制、②会社の損失の危
険の管理に関する規程その他の体制、③取締役の職務の執行が効率的に行われ
ることを確保するための体制、④従業員の職務の執行が法令及び定款に適合す
ることを確保するための体制、⑤その親会社及び子会社から成る企業集団にお
ける業務の適正を確保するための体制である。この④などの職務執行が法令定
款への適合することを確保するための体制は、特に「法令遵守（コンプライア
ンス）体制」とよばれることがある。この内部統制システムの整備を決議する
ことは、大会社においては義務づけられる（362条5項）。

　(ii)　取締役会の手続

　(a)　招　　集　　取締役会の招集権限は原則として各取締役にある（366条1
項）が、定款の規定や取締役会決議により、招集権限を持つ取締役を限定する
ことも可能である（366条1項但書）。

　また、定款により招集権限が限定された場合に、招集権限を持たない取締役
が取締役会を開催する必要があるときは、招集権者に対し、取締役会の目的事
項を示して、取締役会の招集を請求することができる（366条2項）。この場
合、以下の①又は②が満たされた場合には、請求をした取締役は、自ら取締役
会を招集することができる。すなわち、①請求があった日から5日以内に招集
の通知が発せられない場合、②①が満たされたとしても、請求があった日から
2週間以内の日を会日とする取締役会の招集通知が発せられない場合である

（366条3項）（監査役（383条2項・3項）や、公開会社でなく監査役の業務を会計参与のみに限定している会社の株主、会計参与と取締役会のみを設置する会社の株主（367条）にも同様の請求が認められる）。

　招集通知は、原則として取締役会の日の1週間前までに発しなければならない（368条1項）。しかし、株主総会と異なり、通知は書面である必要はなく、定款により招集通知発送の期限を短縮することもできる（368条1項括弧書）。取締役（監査役設置会社にあっては、取締役及び監査役）全員の同意があるときは、招集の手続を省略できる。それにより、毎月特定の日に定例の取締役会を開くという形でも開催可能である（368条2項）。

　(b)　決議方法　　取締役会の決議は、議決に加わることができる取締役の過半数の出席が定足数となり、出席取締役の過半数の賛成が議決の要件となる（369条1項）。定足数、議決の要件ともに定款による加重が可能である（369条1項括弧書）。

　定款の規定があれば、決議の省略（書面決議）も可能である。決議の目的事項について、取締役全員が書面又は電磁的方法で同意し、監査役設置会社においては監査役が異議を述べなかった場合、可決する取締役会決議があったとみなすことができる（370条）。なお、報告の省略も報告事項を取締役全員（監査役設置会社では監査役全員も含む）に通知することで可能である（372条1項）。報告の省略については、定款規定や取締役全員の同意等が不要であるが、代表取締役・業務執行取締役による職務執行状況の報告（363条2項）は省略できない（372条2項）。

　決議について特別な利害関係がある取締役は議決に加わることができない（369条2項）。決議に個人的な利害関係がある取締役は、会社のために忠実に職務を執行することが困難だからである。特別利害関係がある取締役として、例えば、利益相反取引（後述）で利益が相反している取締役が挙げられる。代表取締役の選定の候補者は特別利害関係人にならないとされるが、代表取締役の解職決議で解職の対象となっている取締役について、裁判所は特別利害関係があるとしている（最判昭44・3・28民集23・3・645〔百選63、商判Ⅰ-121〕）。

　(c)　議事録　　取締役会の議事は議事録を作成し、そこに出席取締役の署名又は記名捺印が必要である（369条3項）。また、議事録が電磁的方法で作成

コラム4-5 取締役と取締役会の実態

　取締役会の開催頻度はどの程度だろうか。本文でふれたとおり、法令上、代表取締役及び選定業務執行取締役は3ヵ月に1回以上、取締役会に業務執行の状況の報告をしなければならない（363条3項）。この報告のため、3ヵ月に1回以上は取締役会の開催が必要となる。ある調査によれば取締役会の年間平均開催回数は日経225の対象銘柄となる会社で14.0回、TOPIX100の対象銘柄となる会社で13.2回である。月に1回、多くて2回ぐらいと考えられる。この数値はそれほど多いものではないと感じるかもしれない。しかし、実は、欧米圏（フランス8.9回、米国7.9回、英国7.7回、ドイツ7.1回）に比べるととても多い回数である。（データはSpencerStuart『Japan Board Index 2020』https://www.spencerstuart.jp/research-and-insight/japan-board-index による）。

されている場合は電子署名が必要である（369条4項）。決議に賛成したか否かは取締役の責任（後述）との関係で大きな意味を持つことがある。決議に参加した取締役が議事録に異議をとどめない場合、決議に賛成したものと推定される（369条5項）。

　議事録は10年間本店に備え置かれ（371条1項）、株主と親会社社員が権利行使のために必要な場合及び債権者が役員の責任追及のために必要な場合は議事録の閲覧請求をすることができる（371条2項・4項）。閲覧にあたり、債権者や親会社社員は常に裁判所の許可が必要となるほか（371条4項・5項）、株主の場合でも監査役設置会社及び委員会型の会社の場合、裁判所の許可が必要である（371条3項）。裁判所は会社又は親会社や子会社に著しい損害を及ぼすおそれがある場合は許可をすることができない（371条6項）。

　（d）取締役会決議の瑕疵　　取締役会の招集手続、決議方法の法令違反や決議内容の法令違反など決議に瑕疵があった場合について、株主総会と異なり会社法上に規定はない。それゆえ、瑕疵ある決議は一般原則に基づいて無効と解され、誰でもいつでも主張可能である。

　軽微な瑕疵についても無効とすべきかについて、特段の事情がある場合に無効としないことを認める裁判例がある。名目的な取締役に招集通知を送らず当該取締役が取締役会に出席できなかった事例において、裁判所は、その取締役

が出席してもなお決議の結果に影響がないという点に特段の事情を認めた（最判昭44・12・2民集23・12・2396〔百選62、商判Ⅰ-119〕）。招集通知を送らないことが軽微な瑕疵といえるかという点については批判が多く、また、少なくとも決議の結果に影響がないかどうかは厳格に解釈されるべきと指摘されている（山田・前掲百選解説）。

(4) 取締役会設置会社の業務執行

（ⅰ）代表取締役とその他の業務執行取締役　取締役会等で決定された業務の執行は様々な形で行われる。業務執行を行う者は、条文上、代表取締役（363条1項1号）と取締役会によって選定された選定業務執行取締役（363条1項2号）である。そのほか、解釈上、取締役会決議を経なくても個々の取締役に業務執行を委ねることは可能であり、業務執行を行う取締役はまとめて業務執行取締役とよばれる（2条15号イ括弧書）。さらには取締役のみならず従業員にも業務執行を委ねることが可能である。

代表取締役は代表権を有するため、代表権の範囲内で会社のために行った行為の効果は会社に帰属する。代表権を有する者の行為は、物理的な体を持たない会社の行為そのものとも説明されることがある。それほどまでに代表権の範囲は幅広く、株式会社の業務に関する一切の裁判上又は裁判外の行為に及ぶ（349条4項）。

代表権を有さない業務執行取締役等が会社のために取引を行ったとしても、その者が取引に関する代理権を有しているなどの事情がない限り、その効果は当然には会社に帰属しない。

（ⅱ）代表取締役の選定・解職　代表取締役は会社の代表権を有する取締役であり、取締役会で取締役の互選によって選定される（362条2項・3項）。また、取締役会はその決議により代表取締役を解職することもできる（362条2項3号）。また、代表取締役が欠けた場合や定款が定めた代表取締役の員数が欠けた場合には、取締役と同様の規定がある。すなわち、任期の満了又は辞任により退任した代表取締役は、新たに選定された代表取締役が就任するまで、なお代表取締役としての権利義務を有する（351条1項）。また、利害関係者の申立てにより裁判所は一時代表取締役を選任することも可能である（351条2項。報酬についても一時取締役と同様〈351条3項〉）。

(iii)　代表権に関する問題

(a)　代表権の内部的制限　　仮に、取締役会規程により、3000万円以上の取引には取締役会の承認を必要とする会社があるとする。その会社の代表取締役が取締役会の承認なく会社を代表して5000万円の取引を行った場合、この取引の効果はどうなるだろうか。

上の例の取締役会規程のように、定款や取締役会規程等により代表権の一部を制限することを代表権の内部的制限という。この代表権の内部的制限は、善意の第三者に対抗することが出来ない（349条5項）。また、重過失がある第三者は悪意者と同様に解されている。それゆえ、設例の場合、取引相手が取締役会規程とその規程違反について善意・無重過失だった場合に取引は有効となる。

(b)　代表権の濫用　　代表取締役が会社を代表して銀行から2000万円の融資を受けたとする。この2000万円という額はこの会社にとって多額の借財に該当せず、取締役会規程等の違反もなかったとする。ところが、この代表取締役がこの金銭を専ら取締役個人の借金返済に用いるために借りた場合、銀行は、融資が有効として、会社に返済を求めることが出来るだろうか。

この場合、代表取締役が行った取引は、取締役会規程等にも違反しておらず代表権の範囲内であり、取引は有効になりそうである。しかし、代表取締役の真意は、会社のためではなく自分自身の私的な利益のためである。このような代表権行使は代表権の濫用とよばれる。

裁判所は民法93条但書を類推適用して、相手方が代表取締役の真意を知っていたとき、または知ることができたときは無効になると解している（最判昭38・9・5民集17・8・909）。それゆえ、設例では銀行が代表取締役の真意を知っていたとき、または知ることができたときに無効となる。なお、平成29年民法改正により代理権の濫用に関する規定が新設され民法107条に置かれた。それゆえ、今後、代表権の濫用についても民法107条が類推適用されると考えられている（民法107条が類推適用されても取引が無効になる場合は従来と同様である）。

(c)　取締役会決議を経ない行為の効力　　代表取締役が、独断で会社を代表して会社の工場の土地・建物等を売却したとする。また、この工場は会社の

製品の生産に必要で、会社の総資産の3割に相当するものであった。このとき、この売買は有効だろうか。

(3) i でみたように、362条4項には取締役会の決議が必要な項目が定められる。その中でも1項の「多額の借財」と2項の「重要な財産の処分・譲受け」は相手方がある行為である。上の例は、2項の重要な財産の処分に該当するといえるだろう（→重要な財産の該当性については2の(3)）。この362条4項1号2号に該当する行為が、取締役会の決議なく行われた場合の行為の効果については、内部的意思決定の過程が守られなかった会社と代表取締役を信用した相手方の保護のバランスをどのように考えるかという点から議論がある（[落合編2009：20〔落合誠一〕] を参照）。裁判所は、相手方が、決議がないことを知っていた場合、または知ることができた場合に無効となると解している（最判昭40・9・22民集19・6・1600〔百選82、商判 I -174〕）。過失がないとするために相手方は、①取引が362条4項1号2号に該当するか否か、②取締役会が取引を承認したか否かを調査する必要がある。

設例の場合、取引の対象となった土地・建物等が会社の重要財産に該当すること、及び、取締役会決議がないことの双方について取引相手が知っていたか知ることができた場合に無効となる。

(d) 表見代表取締役　　代表権を有さない取締役副社長が、会社を代表して取引を行ったとする。また、この取引について取締役副社長は会社から代理権も与えられていなかったとする。この取引は有効だろうか。

取締役副社長には代表権がないため、この取引に関する代理権が与えらえていない限り、取引の効果が会社に及ぶことはないはずである。しかし、この取引を行ったのは代表権こそないものの取締役であり、かつ、副社長という代表権があると第三者が考えてもやむを得ないような肩書も有している。取引相手が、代表権があると信じていた場合、その信頼の保護を図るのが表見代表取締役制度である。

354条は代表取締役以外の取締役に社長、副社長などの会社を代表する権限を有すると認められる名称を付した場合には、当該取締役がした行為について、善意の第三者に対してその責任を負うと定める。

ここで、①代表権を有するものと認められる名称の範囲、②会社が名称を付

したことが必要か（取締役が僭称した場合の問題）③過失がある第三者が保護されるか否か、及び④取締役以外にそうした名称を付した場合の類推適用の可否などが問題となる。

①の名称について、条文上例示されている社長と副社長が含まれることは明確である。そのほかにも会社のナンバーワン・ナンバーツーを意味する名称である頭取・副頭取等が含まれる。他に代表取締役代行者、取締役会長が含まれるとする見解がある［江頭 2021：425］。

②会社により名称が付与されたことは必要であると解される。すなわち、取締役の僭称の場合、相手方は保護されない。この規定を、いわゆる権利外観法理の顕われと解するためである。すなわち、名称を付与するという会社の帰責性を問える場合に第三者を保護する規定と解される。ただし、会社が名称を付していない場合であっても、取締役の名称使用を会社が黙認していた場合は、第三者は保護される。

③354条は条文上、善意の第三者に対してその責任を負うと定めている。第三者は代表権がないことについて善意であれば保護されるが、重過失については悪意と同視される（最判昭52・10・14民集31・6・825〔百選46、商判Ⅰ-104〕）。

④354条は条文上取締役を対象としている。取締役でない従業員に①のような名称を付した場合は、直接適用の対象とはならない。しかし、従業員の場合であっても、354条は類推適用されると解されている（最判昭35・10・14民集14・12・2499）。従業員に会社が①のような名称を付した場合、取引相手には取締役の場合と同様に誤解を与えるためである。

それゆえ、設例では取締役副社長が代表権を有しないことについて、取引相手が善意・無重過失の場合に、会社は取引について責任を負わなければならない。

(5)　**取締役会非設置会社の業務執行**　　取締役会非設置会社において、業務執行の決定は取締役が行う。取締役会非設置会社では、取締役は1人いればいい（326条1項）。取締役が複数いる会社では原則として、取締役の過半数で決定する（348条2項）。また、大会社では内部統制システムの整備を決定しなければならない（348条4項）。ただし、348条3項が掲げる事項以外は、各取締役に委任することが可能である。

業務の執行については、取締役は各人が業務執行権限、及び代表権を有する

のが原則である（349条1項・2項）。ただし、代表取締役を定めることも可能であり、その場合は、代表取締役のみが代表権を持つ（344条1項但書）。

代表取締役の選定方法は、定款、定款の規定に基づく取締役の互選、及び、株主総会決議のいずれかとなる（349条3項）。

(6) **代表取締役の行為による会社の損害賠償責任**　代表取締役の職務執行が第三者に対して不法行為となることがありうる。この場合、会社も代表者の職務執行について不法行為責任を負い、第三者に損害を賠償しなければならない（350条）。なお350条は代表取締役に加えて「その他の代表者」の職務執行について定めている。株式会社の代表者は代表取締役であることがほとんどだが、代表取締役を定めない場合の取締役会非設置会社の取締役や職務代行者が定められた場合など代表取締役以外が代表者として職務を行うこともありうるためこのような規定となっている。

3　取締役と会社の関係

(1) **取締役の一般的義務**　取締役は会社の機関として、いわば会社の内部者である。他方で、取締役も一個人として人格を有し、会社とは別の法主体でもある。ここからは、会社と個々の取締役との法律上の関係についてみていく。

会社と取締役の関係は、委任の関係にある（330条）。すなわち、会社は委任者として、受任者である取締役に業務執行の決定や監督などの職務を委ねているといえよう。そのため、取締役と会社の法律上の関係は、民法の委任の規定（民643条以下）に従う。さらに、会社法上にも規定があり、これらにも従う。

取締役と会社との一般的な関係における取締役の義務（取締役が職務上、常に会社に対して負う義務）として、善管注意義務（民644条）と忠実義務（355条）があげられる。**善管注意義務**は民法の委任の規定から導かれ、取締役は職務について委任の本旨に従って善良な管理者の注意を払うことが求められる。他方、**忠実義務**は、会社法に定められており、取締役は、法令や定款、及び株主総会の決議を遵守して会社に忠実に職務を行うことが求められる。

善管注意義務により、取締役はその職務について、取締役であれば払うことが通常期待される注意を払わねばならず、注意を払うことを怠れば（過失があれば）義務に違反したことになる。忠実義務の内容や払うべき注意について、

善管注意義務と異なるかどうかについては議論がある。善管注意義務と忠実義務は異なるとする異質説の立場からは、忠実義務は会社を犠牲にして自らの利益をはかってはならないことを内容とする義務であり、払うべき注意も善管注意義務よりも高度な注意を払うことが求められるとする。しかし、裁判所は、忠実義務について、善管注意義務を敷衍し一層明確にしたにとどまる（最大判昭45・6・24民集24・6・625〔百選2、商判Ⅰ-3〕）とし、善管注意義務と忠実義務は同質とする（同質説）。また、裁判所は異質説のいう会社の利益を犠牲にして自らの利益をはかってはならないという内容も善管注意義務に含まれるとする。

なお、法律上の効果は異ならないとしても、言葉の用い方として、忠実義務と善管注意義務は使い分けられていることが多い。特に忠実義務違反という言葉が用いられるときは、取締役が会社の利益を犠牲に自らの利益をはかった場合であることが一般的であり、注意を要する。

(2)　取締役と会社の利害衝突の防止

(i)　総　説　　どのような状況下であっても、会社の利益と取締役の利益が対立した場合に、取締役が会社の利益を犠牲にして自らの利益を図ることは、善管注意義務（忠実義務）違反を構成する可能性がある。さらに、性質上、常に取締役と会社の利害が対立すると考えられる場面で、特別な規制がなされる。具体的には、**利益相反取引規制**、**競業取引規制**がそれにあたる。この2つの取引規制は、取引を行うにあたり取締役会（取締役会非設置会社では株主総会）の承認を要するという点で共通するが、承認の効果や民事責任等は異なるため注意が必要である。

(ii)　利益相反取引　　取締役と会社が取引関係に立てば、お互いの利益は相反することになる。利益相反取引規制はこうした取引を規制する。以下、規制対象となる取引、規制の内容、規制に違反した際の効果の順で見ていく。

規制対象となる取引は直接取引と間接取引に分けられる。**直接取引**とは会社と取締役が直接に取引を行う場合であり、取締役が第三者を代理又は代表する場合も含まれる（356条1項2号）。**間接取引**とは、会社と取締役の直接取引ではないが、会社と取締役との利益が相反する取引をいい、具体例として会社が取締役の債務を保証する場合が挙げられる（356条1項3号）。

規制の内容として、取引をする場合、取締役会設置会社においては、取引に

おける重要な事実を開示した上で取締役会の承認（取締役会非設置会社においては、株主総会の承認）が必要となる（365条・356条1項）。また、取締役会設置会社においては、取引をした取締役は、取引後、遅滞なく、取引についての重要な事実を取締役会に報告しなければならない（365条2項）。

　承認の効果として、民法の双方代理が適用される場面であったとしても承認があった場合には適用されない（356条2項）。また、規制に違反して承認がない取引は無効となると解されている。この無効は、会社側からのみ主張できる。また、直接取引の相手方は取締役自身であるため、取引の安全を考慮する必要がないが、その転得者や間接取引の相手方は無効となることで不測の損害を被るおそれがある。それゆえ、こうした者への無効を主張するためには、相手方は承認がないことに悪意であったことを立証する必要がある（**相対無効**）。

　利益相反取引に関しては、取締役の会社に対する責任にも特則があるが後述する。

　(iii)　競業取引　　競業取引の規制対象は、取締役が自己又は第三者のために行う株式会社の事業の部類に属する取引である（365条1項1号）。この「自己又は第三者のために」の意味は、自己又は第三者の名において（自らの名義又は第三者の代理人・代表者として）ではなく、自己又は第三者の計算において（自己又は第三者に経済的利益が帰属する場面）という意味と解されている。

　こうした会社の事業の部類に属する取引を取締役が自ら又は第三者のために行うと、取締役は会社のノウハウ等を用いて会社の顧客を奪うことが可能となってしまう。それゆえ、規制内容として、利益相反取引と同様に取引に関する重要な事実を開示して取締役会設置会社では取締役会の、取締役会非設置会社では株主総会の承認が必要となる（356条1項・365条1項）。また、事後の報告についても利益相反取引と同様である（365条2項）。

　ここでいう「株式会社の事業」の範囲は、現実に会社が行っている事業であり、定款に記載されていても実際に行っていない事業は含まれない。また、会社が顧客を失うことが問題であることから、地理的にも事業内容にも顧客の争奪が起こるような範囲が規制の対象となる。ただし、まだ行っていない事業や進出していない地域であっても実際に進出するため具体的に計画を進めている場合は含まれる（東京地判昭56・3・26判時1015・27〔百選53、商判Ⅰ-105〕）。

> **コラム4-6　報酬に関する実務の状況**
>
> 　投資家の立場からすれば個別報酬が開示されることは望ましいが、本文に述べた
> ように報酬の個別開示は、日本ではほとんど行われていない。東証のコーポレート
> ガバナンス白書によると全取締役の個別報酬を開示している会社は監査役会設置会
> 社である上場会社では0.1％に過ぎない（2020年）。ところで、コーポレートガバナ
> ンス・コードは会社法が令和元年改正で報酬決定方針の決定と開示を求める前か
> ら、原則3-1(iii)において「取締役会が経営陣幹部・取締役の報酬を決定するに当
> たっての方針と手続」の開示を求めてきた。コーポレートガバナンス白書によると
> 固定報酬の決定方針に関わるのは「責任／職責」等であるのに対して、業績連動報
> 酬の決定にかかわる指標としては「売上高」、「利益（営業利益・経常利益・当期純
> 利益）」、経営の指標である「ROE/ROA/ROIC」などが挙げられているようであ
> る。
>
> 　また、コーポレートガバナンス・コード原則4-2は「経営陣の報酬については
> 中長期的な会社業績や潜在リスクを反映させ健全な企業家精神の発揮に資するよう
> インセティブ付けを行うべきである」と規定する。このインセンティブ付けに関連す
> る報酬について、コーポレートガバナンス白書によると、上場会社の31.7％がス
> トックオプション（取締役に新株予約権を付与する形の報酬）を導入しており、
> 39.1％が何らかの業績連動報酬を導入している。

　規制の効果は利益相反取引と異なり、承認がない場合の取引であっても有効
である。しかし、承認なく取引を行った取締役が会社から損害賠償責任を追及
された場合、その賠償額について推定規定がある（後述）。

　(iv)　報　酬　　取締役と会社は委任の関係にあることから、特約があれば取
締役は会社に報酬を請求することができ（民648条）、特約があると考えるのが
通常である。その額の決定については、他の業務執行と同様に取締役に決定権
限を与えると、いわゆるお手盛りになり適切ではない。そこで会社法は、定款
か株主総会決議により報酬額等を定めることを求め（361条1項柱書）、また、
その決議の際には、決議事項を相当とする理由の説明を求めている（361条4
項）。

　報酬の決定の際に決議すべき内容は次の通りである。報酬等のうち①額が確
定しているものについては、その額を（361条1項1号）、②額が確定していな

いものについては、その具体的な算定方法を（361条1項2号）③金銭以外の報酬の場合、その内容（361条1項6号）を定めなければならない。これに加えて、④発行する募集株式や募集新株予約権を取締役に割り当てて報酬とする場合、または、募集株式や新株予約権の払込に充てる金銭を報酬とする場合は、募集株式等の数の上限等（会社361条1項3号〜5号、会社規98条の2・98条の3・98条の4・98条の5）を定める必要がある。なお、これらの①〜④の複数に該当する場合、それぞれを定めることになる。募集株式を取締役に割り当てて報酬とする場合であれば、まず、①の確定金額報酬に該当するため、報酬となる募集株式の価値を、また、③金銭以外の報酬に該当するため募集株式である旨を、さらに④の募集株式に関連する割り当てる株式数の上限等を決定しなければならない。

　額が確定している金銭報酬であっても、実務慣行上、株主総会では全取締役の報酬の総額を決議し、その分配は取締役会等に委ねられることが多い。このような内容の決議もお手盛りの弊害を防止できるため適法とされる。これは、個々の取締役の報酬を明らかにするよりも取締役のプライバシーに配慮するためである。

　取締役に退職慰労金を支給する場合も報酬と同様に株主総会決議等が必要となる。しかし、退職慰労金の対象者は少数になるため、総額を定めても実質的に1人当たりの額がわかってしまう。そこで、実務上は、取締役会規程等で定める退職慰労金の支払基準に従って退職慰労金を支払うことのみを決議することも多い。裁判所は、無条件に取締役会の決定に一任するのでなく、一定の基準に従うべき趣旨で決議がされた場合には、退職慰労金の金額等に関する一定の枠が決定されたことになり（お手盛りの弊害を防止できることから）適法であるとしている（最判昭39・12・11民集18・10・2143〔百選59、商判Ⅰ-113〕）。なお、株主総会決議を行う際の参考書類には当該一定の基準の内容を記載することが求められる（会社規82条2項）。

　上述のように、取締役の報酬規制の主な趣旨はいわゆるお手盛りの防止であるが、近年、取締役の報酬がもつ、取締役の経営に対する適切なインセンティブを付与するという機能も重視されている。それは、株主総会決議時に理由説明が求められる点にも顕れているが、上場会社等にはさらに制度がある。大会

社である公開会社で、かつ、有価証券報告書の提出義務がある監査役会設置会社では、株主総会決議等により取締役会に個別報酬の決定をゆだねる場合、取締役会は報酬の決定方針を決定しなければならない（361条7項）（なお、大会社等であるか否かを問わず、監査等委員会設置会社においても同様に義務付けられている。また、指名委員会等設置会社では報酬委員会の役割として義務付けられている。その結果、公開会社で大会社であり、有価証券報告書の提出義務がある会社では機関構成を問わず義務付けられているといえる）。個々の報酬内容決定において取締役会決議が必要とされることを通して社外取締役による監督が及ぶことが期待されている。また、さらに定められた報酬の決定方針は事業報告書への記載が求められる（会社規121条6号）。

4　取締役の会社に対する責任

(1)　**総　説**　　取締役は、任務を怠って会社に損害を与えた場合、その損害を賠償する責任を負う（423条1項）。これを取締役の会社に対する責任という。同一の損害について複数の取締役が責任を負う場合、その取締役の責任は連帯責任となる（430条）。どのような場合に任務を怠ること（任務懈怠）となるかについて、以下、取締役が自ら行為した場合と、他の取締役が不適切な行動を行った場合、及び、利益相反取引・競業取引に関する特則の順でみていく。

(2)　**自ら行為を行った取締役の責任**

(i)　経営判断の失敗　　会社が事業を行う際、取締役の経営判断が失敗して、会社に損害が発生することがある。その経営判断の失敗が善管注意義務違反に相当する場合には任務懈怠となる。

　経営判断の結果を事後的に検証して後づけの理由で善管注意義務違反が認められると、取締役が過度に萎縮して経営に必要なリスクテイクが行われなくなる可能性がある。そこで、取締役を萎縮させずに適切に経営判断の失敗が任務懈怠となるか否かを判断する基準が必要となる。こうした基準は経営判断原則とよばれることがあり裁判所は「その決定の過程、内容に著しく不合理な点がない限り，取締役としての善管注意義務に違反するものではない」としている（最判平22・7・15判時2091・90〔百選48、商判Ⅰ-129〕）。すなわち、取締役の経営判断を判断の過程と内容の双方をみた上で、著しく不合理でないかどうかとい

う基準で判断している。

（ii）　**具体的な法令違反**　　取締役は、法令を遵守した経営を求められる（350条）。その法令の範囲は取締役を名宛人とした法令はもちろんのこと、関係する一切の法令である（最判平12・7・7民集54・6・1767〔百選47、商判Ⅰ-128〕）。すなわち、利益が出る場合であっても法令に違反する経営を行うことは許されない。また、罰金や行政処分、社会的信頼の喪失等で会社に損害が発生した場合、責任が発生しうる。具体的には、違法であることを認識して経営を行った場合、又は、違法であることに過失があった場合には、それによって会社が被った損害を賠償しなければならない（前掲最判平12・7・7）。

法令違反に過失がないとされうる場合の例として、行為当時は専門家も含めて適用されると考えられていなかった法令が適用されたため取締役が認識できなかった場合（前掲最判平12・7・7）や、解釈が分かれており判断が困難な場合などが挙げられる。

(3)　他の取締役が不適切な行為を行った場合

（i）　**監視義務**　　取締役自らが不適切な行動を行ったわけではなくても、他の取締役が任務を怠った場合に責任が発生する場合がある。

取締役会には代表取締役とその他の取締役の業務を監督する権限がある。この監督を行うために、取締役は善管注意義務の一環として相互にその職務を監視する義務を負う（監視義務）。

監視義務の対象は取締役会に上程された事項にとどまらず（最判昭48・5・22民集27・5・655〔百選67、商判Ⅰ-149〕）、取締役の業務は会社のすべての業務に及ぶことから、取締役は会社の業務全般を監視する必要がある。しかし、規模が大きな会社になれば、個々の取締役がすべての業務を監視することは実質的に困難であり、そうした会社は後述の内部統制システムの構築が必要となる。その上で何をすれば監視義務を果たしたことになるのかが問題となる。

取締役が職務執行を行うにあたり、業務の内容について疑念をはさむべき特段の事情がある場合に監視義務の問題となる。そうした事情がない場合は、他の取締役や従業員の行動を信頼してよい。他方、そうした事情がある場合、さらなる調査を行うことや取締役として不適切な業務等を止めるための権限を行使する必要がある。不適切な業務を止めるために行使すべき権限として、取締

役会での発言や監査役への報告などが挙げられる。さらに進んで、辞職等まで求められるとする見解もある。

　(ⅱ)　**内部統制システム構築義務**　　大規模な会社の場合、取締役会が監督権限を行使するためには個々の取締役が監視義務を果たすだけでは不十分である。その場合、取締役は適切な内部統制システムを構築しなければならない（最判平21・7・9判時2055・147〔百選50、商判Ⅰ-134〕）。大会社の場合、取締役会の決議による整備が義務付けられる（362条4項5号）が、大会社以外であっても個々の取締役の監視のみでは監督が十分にできない会社の場合、取締役は内部統制システムの構築義務を負うと解すべきであろう（→本章**4**の**2**の(3)）。

　また、取締役会が決議した内部統制システムに基づいて、システムの細目の整備をすることや、適切に運用する義務も取締役は負う。構築すべき内部統制システムの水準は、その時々の社会や業界の状況に応じるべきであるが、取締役にある程度の裁量の範囲が認められる。

　(4)　**利益相反取引・競業取引に関する特則**　　利益相反取引・競業取引を行い会社に損害が発生した場合、その取引が承認を受けたか否かにかかわらず、これまで述べてきた任務懈怠責任を負う可能性がある。それに加えて、会社との利害対立が構造的に存するこれらの取引については、以下のような特則がある。

　まず、利益相反取引について、承認の有無にかかわらず次の①〜③の者に任務懈怠の推定がされる（423条3項）。①利益相反がある取締役又は執行役（承認を受けた者）（423条3項1号）。②会社が当該取引をすることを決定した取締役又は執行役（423条3項2号）。③当該取引に関する取締役会の承認決議に賛成した取締役（423条3項3号）。さらに、直接取引をおこなった取締役は任務懈怠が自らの責めに帰することができない事由によるものであるとしても責任を免れることができない（428条）。

　競業取引について、承認を受けていない場合、賠償額が推定される（423条2項）。競業取引が行われた場合、会社の利益が減少するなどの損害に繋がる可能性は十分にある。しかし、実際の損害額を立証することは困難である。そこで、当該取引によって取締役等が得た利益の額が、損害額と推定される。

　(5)　**責任追及（株主代表訴訟）**

　(ⅰ)　**概　要**　　取締役の任務懈怠責任を追及するにあたり、取締役が自分自

身や他の取締役を訴えることは考えにくく、また、馴れ合いの発生を考えると妥当でもない。そこで、会社法は取締役と会社間の訴訟について、例えば監査役設置会社では監査役が会社を代表すると定めるなどの対応をしている（353条・386条など）。

さらに会社法は、株主にも会社に対する取締役の責任を追及する方法が認めている。この株主による取締役の責任追及のための制度は株主代表訴訟とよばれている。

(ii) 対象となる訴え　　株主代表訴訟は取締役の責任追及以外も対象とする。具体的には、847条1項が列挙しており、以下のようになる。①発起人、設立時取締役、設立時監査役、役員等（取締役、会計参与、監査役、執行役、会計監査人）若しくは清算人の責任を追及する訴え、②払込みを仮装した設立時募集株式の引受人の責任（102条の2第1項）、③不公正な払込金額で株式を引き受けた者等の責任（212条1項）、④出資された財産等の価額が不足する場合の取締役等の責任（285条1項）、⑤利益供与があった場合の利益を受けた者に対する返還請求（120条3項）、⑥出資の履行を仮装した募集株式の引受人の責任（213条の2第1項）、⑦新株予約権に係る払込み等を仮装した新株予約権者等の責任が対象となる。

①の責任について、423条の任務懈怠責任のほか、120条4項の利益供与を行った場合の取締役の責任、462条が定める分配可能額を超えて剰余金配当等を行った場合の責任など、会社法が定める責任を追及できることには争いがない。そのほかの責任について、取締役と役員間の人的な関係を考慮して、役員等が会社に負う全債務が対象となるとする見解もある。裁判所は、「取締役の会社に対する取引債務についての責任も含まれる」とする（最判平21・3・10民集63・3・361〔百選64、商判Ⅰ-142〕）。

(iii) 手　続

(a) 提訴まで　　訴えることができる株主は、公開会社では6ヵ月前から引き続き株式を保有していなければならない（847条1項）。非公開会社では保有期間は問われない（847条2項）。定款によって保有期間の短縮（847条1項）、単元未満株主の排除（847条1項括弧書・189条2項）が可能である。

株主は、訴え提起に先立ち、会社（取締役に対する責任追及の場合、監査役設置

会社では監査役）に訴えの提起を請求（提訴請求）しなければならない（847条1項）。提訴請求を受けた会社は、提訴するか否かを判断する。提訴しないという判断をした場合、提訴請求をした株主からの請求があれば、その理由を書面等で回答しなければならない（847条4項）。提訴請求から60日たっても会社が訴えを起こさない場合には、株主は自ら訴えを提起できる（847条3項）。

　以上の原則に対して、会社に回復することができない損害が生ずるおそれがある場合には（例として、責任の消滅時効により追及できなくなる場合などが挙げられる）、例外的に株主は提訴請求することなく訴えを提起できる（847条5項）。

　訴えは、会社の本店所在地の専属管轄であり（848条）、訴えの手数料の算定にあたって、訴訟の目的の価額の算定については、財産権上の請求でない請求に係る訴えとみなされる（847条の4第1項）。それゆえ、訴額にかかわらず訴えの手数料は定額となり、現行法上は1万3000円となる（民事訴訟費用等に関する法律4条1項、別表第1第1項）。

　(b)　提訴後　　提訴した株主が負担した責任追及に必要な費用と弁護士への報酬は、勝訴した場合（一部勝訴を含む）に、費用・報酬額の範囲内で相当な額を会社に請求できる（852条1項）。敗訴した場合であっても、原告株主が悪意でない限り、株式会社等に生じた損害の賠償を求められることはない（852条2項）。判決の効力は勝訴時、敗訴時ともに会社に及ぶ（民訴115条1項2号）。

　(iv)　馴れ合い訴訟や濫用的訴訟への対応

　(a)　総　説　　単独株主権である株主代表訴訟は、提訴されると、その成り行きは訴訟を遂行する株主に委ねられる。それゆえ、訴訟を提起した株主があえて被告取締役に有利に訴訟を進めること（馴れ合い訴訟）や不当な利益を目的として訴訟を行うといった濫用的な訴訟が行われる可能性がある。この点について、会社法は、他の株主や会社が訴訟に加わることを可能にすることや濫用的訴訟の場合に訴訟を却下させるための仕組みを設けることで対応している。

　(b)　訴訟参加　　株主代表訴訟は以下のような手続を経て会社や他の株主に知らせられる。まず、訴えを提起した株主は訴え提起後遅滞なく、会社に訴訟を告知しなければならない（849条4項）。これを受けて会社は公告するか株主へ通知を行わねばならない（849条5項）（公開会社以外は通知のみ849条9項）

（会社自らが訴訟を提起した場合も同様）。

　訴訟が提起されたことを知った会社・原告以外の株主は共同訴訟人として訴訟に参加すること、補助参加をすることができる（849条1項）。被告取締役に責任がないと考える会社は被告側に補助参加することも可能であるが、その際は、監査役（監査委員）全員の同意が必要である（849条3項）。

　(c)　再審の訴え　　以上のような参加の手続で馴れ合い等を防止する必要があるが、それでも馴れ合いと思われるような判決が出た場合は、以下を満たせば再審の訴えを起こすことができる（853条）。すなわち、①原告と被告が共謀していること（853条1項）、②会社等の権利を害する目的をもって判決をさせたことを満たす場合、再審の訴えを提起することが可能である。

　(d)　和　解　　株主代表訴訟では、会社の承認を経た場合にのみ、会社を当事者としない訴訟上の和解を可能としている（850条1項）。そのために、裁判所は、会社に対し、和解内容を通知し、異議があるときは2週間以内に述べるべき旨を催告しなければならない（850条2項）。その期間内に異議が述べられなかった場合、和解は承認されたものとみなされる（850条3項）。

　会社が、和解を承認するためには、監査役設置会社では監査役（複数の監査役が存する場合は各監査役）（849条の2第1号）の同意、監査等委員会設置会社では各監査等委員の同意、指名委員会等設置会社では各監査委員の同意が必要である。なお、取締役等（監査等委員と監査委員を除く取締役、執行役、清算人とこれらの者であった者）の責任を追及する訴訟で会社が和解をするためには、株主代表訴訟の場面以外であってもこの手続きは必要となる。こうした和解がされる場合は、責任免除等の規定は適用されない（850条4項）

　(e)　濫用的訴訟の防止　　株主代表訴訟は株主の目的が自らもしくは第三者の不正な利益を図る場合、又は会社に損害を加えることである場合は会社に対する提訴請求ができない（847条1項但書）。それゆえ、そのような目的をもつ株主により代表訴訟が提起されても被告取締役が原告株主のこうした目的を証明した場合、原告株主は原告適格を欠くこととなり、訴えは却下される。

　また、被告取締役等の申し立てにより、裁判所は原告株主に担保提供命令を出すことができる（847条の4第2項）。この担保提供は、株主代表訴訟の提訴が被告への不法行為を構成した場合に対応するものであるが濫用的訴訟の防止も

大きな目的とされる。担保提供が認められるためには被告取締役は原告株主の悪意を疎明しなければならない（847条の4第3項）。この疎明すべき悪意とは、訴えが不当訴訟となること（不当訴訟要件）、もしくは訴えが不法不当な目的により起こされていること（不当不法目的要件）と解されている。不当訴訟要件を満たすためには、具体的には、請求原因の重要な部分において主張自体失当な点があること、立証の見込みが低いことが明らかなことを疎明することが求められる。不当不法目的要件を満たすためには、訴え提起の目的が会社に対する責任の追及ではなく私的な利益を求めるものであるなど訴えの目的が不法不当なことを疎明しなければならない。担保提供が認められ、原告株主が担保を提供しない場合、訴えは却下される。

　(v)　親会社株主による子会社取締役の責任追及

　　(a)　総　説　　会社の経済活動は単体で行われるのみならず株式保有等を通して結合するなどして複数の会社が一体となって行われることも少なくない。こうした複数の会社はまとめて結合企業などとよばれる。この結合企業に対応した会社法上の規制はいくつか存在するが、取締役等の責任追及もその1つである。

　例えば、持株会社といわれる会社は、自らは事業を行わない。事業は子会社が行い、持株会社は子会社を含めた結合企業の事業全体の戦略等を立てる役割を担う。こうした結合企業では一般株主は親会社の株主となることが多い。そのため株主は、親会社に株主としての影響力を行使できても、子会社に及ぼすことができる影響力は小さくなる。同様の事業が単体の会社で行われた場合と比して、株主の影響力が小さくなっており、株主権の縮減などと言われることもある。この株主権の縮減は、取締役の責任についてもいえる。組織再編等を通じて完全親子会社関係が形成される際、子会社の株主は子会社株式を失う。その場合、組織再編により代表訴訟の継続や提起ができなくなりそうである。親子会社関係の形成後、事業に関する任務懈怠責任が発生するとしても多くは子会社の取締役の責任となる。上述の株主代表訴訟制度によれば、子会社取締役に対して代表訴訟を起こすのは親会社であり親会社取締役の判断によることになることから、親会社の株主は子会社取締役の任務懈怠に無力である。そこで、一定の条件を満たす場合、親会社株主が子会社の取締役等の責任追及をす

ることが認められている。

　(b)　提訴後に結合企業形成（組織再編）により株主でなくなった場合
代表訴訟提起後に組織再編（後述）がおこなわれ、原告が株主でなくなった場合でも、原告が組織再編手続を通して親会社等の株式を保有していれば訴訟追行が可能となる場合がある（851条）。より具体的には、①提訴株主が株式交換・株式移転により完全親会社の株式を取得したとき（851条1項1号）、②提訴株主の会社が合併により消滅したが、その株主が、合併により新設合併の新設会社又は吸収合併の存続会社、もしくはその完全親会社の株式を取得したとき（851条1項2号）である。さらに提訴株主が①②で取得した株式を同様の理由で失った場合についても規定がある（851条2項・3項）。

　(c)　提訴前に結合企業形成（組織再編）が行われて株主でなくなった場合
（適格旧株主による訴え）　　上述したように訴訟追行中に株式交換等によって株式を失った株主は、一定の場合、訴訟追行が可能である。この考え方はさらに拡張されている。すなわち、(b)の①②と同様の状況で株主でなくなってしまった者も、一定の場合にかつての会社の取締役等に対して新たに責任追及訴訟を提起することができる（847条の2）。

　訴えるためには、公開会社の場合株式交換等の効力発生で株主でなくなった日の6ヵ月前から引き続き株式を有していたことが必要である（持株期間と比率は定款で引下げ可能）（847条の2第1項柱書）。非公開会社の場合、保有期間は問われない（847条の2第2項）。訴えの対象となる責任は、株式交換等の効力発生日前に責任原因事実が生じた責任またはその時点での義務に係るものに限られる（847条の2第1項柱書）。

　(d)　結合企業形成後に親会社株主となった者による責任追及（特定責任追及の訴え・多重代表訴訟）　　親子会社関係形成後に子会社取締役等の責任を追及することを認める制度がある。この制度は**特定責任追及の訴え**とよばれる。この特定責任追及の訴えは親子会社関係の中でも完全親子会社関係においてのみ認められている（ある会社が別の会社の発行済株式のすべてを保有する場合、保有する会社を完全親会社、保有される会社を完全子会社とよぶ）。

　訴えを起こすことができるのは、公開会社の場合、6ヵ月前から引き続き最終完全親会社等の総株主の議決権、または発行済株式の1％以上を保有する株

主である（持株期間と比率は定款で引下げ可能）（847条の3第1項柱書）。非公開会社の場合、保有期間は問われない（847条の3第6項）。最終完全親会社等とは、複数の完全親子会社関係がある場合の最上位の完全親会社を指す。

訴えを起こすことができる責任は、最終完全親会社の資産に影響を及ぼす程度の完全子会社（及びその完全子会社）の役員等の責任であり、**特定責任**とよばれる。特定責任の対象となる完全子会社は、その株式の帳簿価格が最終完全親会社の総資産額の5分の1を超えている会社である（847条の3第4項）。5分の1を超えているかどうかの基準となる日は完全子会社の役員等の責任原因事実が発生した日である（847条の3第4項）。

(e) その他の手続等　　上記の責任追及については、単体の会社の役員の責任と同様に責任の免除、一部免除に関する規定がある。また、責任追及訴訟についても株主代表訴訟とほぼ同様の規定が設けられている。

(6) 責任の免除、補償、責任保険

(i) 概　要　　取締役の責任の全部を免除するためには総株主の同意が必要である（424条）。これは、株主代表訴訟が単独株主権であることに対応しているとされる。この総株主の同意という要件をみたすことは、株主の数が多い会社では実質的に不可能に近い。

取締役の人材を確保すること、および、経営に対する適切なインセンティブ付与を実現することは重要であり、先述の報酬を適切に設計することが求められる。そして、報酬のみならず、取締役が責任による損害賠償を恐れて過度にリスク回避することなどを避けるための仕組みも必要と考えられており、そのための仕組みとして責任の一部免除（425条以下）が設けられ、補償契約（430条の2）、役員損害賠償責任保険契約の締結に関する手続き（430条の3）が定められている。

(ii) 責任の一部免除

(a) 制度の趣旨と対象となる責任　　取締役の責任は賠償額が巨額となることも多く、また、責任の免除は総株主の同意が必要なため上場会社等では不可能に近い。また、事前に責任を100％回避することは困難であることも踏まえると、取締役が事業を進めるにあたり適切にリスクをとることを避ける可能性がある。また、社外取締役の確保という点からも巨額の損害賠償責任の可能

性は問題となる。そこで、会社法は役員等の会社に対する責任について、職務を行うにつき**善意でかつ重過失がない場合に限り**、損害賠償額を一定の額まで引き下げること（責任の一部免除）を認めている。

(b) 免除できる限度額　免除できる額には限度があり、賠償額が次の下限額より低くなるような免除はできない。下限額は取締役が会社から職務執行の対価として受けた、若しくは受けるであろう財産上の利益の1年分相当の額を基準とする（425条1項1号）。そのうえで、代表取締役はその6年分、代表取締役以外の業務執行取締役は4年分、非業務執行取締役は2年分が下限となる。さらに、取締役がストックオプション等で新株予約権を引き受けた場合には、その新株予約権の財産上の利益が加算される（425条1項2号）。

(c) 免除の方法　免除の方法は3つあり①株主総会特別決議、②定款の規定＋取締役会決議、③定款の規定＋責任限定契約である。

①の株主総会特別決議による方法は、責任原因となる事実が発生した後、株主総会特別決議により(b)で定まる額を限度として免除することができる（425条1項柱書）。議案の提出にあたって監査役設置会社では監査役の同意が必要ある（425条3項）。また、決議にあたっては、責任の原因となった事実及び賠償の責任を負う額、免除することができる限度額とその算定根拠、責任を免除すべき理由及び免除額を明らかにしなければならない（425条2項）。

②の場合、まず責任原因事実が発生する前に、定款に取締役会決議（取締役会非設置会社は取締役の過半数の同意）によって責任を一部免除することができる旨を定めておく必要がある（426条1項）。定款変更議案の提出にあたっては監査役設置会社では監査役の同意が必要となる（426条2項）。そのうえで、責任原因事実発生後に取締役会決議により責任の一部免除を行うことができる。ただし、取締役会決議を行った場合、株主に免除額等（425条2項各号）と異議を述べることができる旨を公告又は通知しなければならず（426条3項）、議決権の3％以上の株主からの異議があった場合は、免除することができなくなる（426条7項）。

③は定款で定めた額の範囲内であらかじめ株式会社が定めた額と最低責任限度額とのいずれか高い額を限度とする旨の契約により免除する方法である（427条1項）。責任限定契約を結ぶことを可能にする定款変更議案の提出にあ

たっては、監査役設置会社では監査役の同意が必要である（427条3項）。また、責任限定契約をした取締役が任務懈怠により責任を限定されることになった場合、株主総会への開示が求められる（427条4項）。責任原因事実発生前に免除がされることが確実になる方法であるが、非業務執行取締役にのみ適用可能である。契約をした非業務執行取締役が業務執行取締役となった場合、契約は将来に向かって効力を失う（427条2項）。この方法は、責任限度額が事前に確定している点で、①②よりも取締役に有利であるが、非業務執行取締役にのみ認めることで社外取締役の確保をより容易にしているといえる。

　(iii) 補償契約　　補償契約とは、取締役を含む役員等が職務の執行に関して責任追及などを受けるなど以下の一定の場合に対処するための費用を会社が補償する契約である。補償の対象となるのは、2つに大別される。①役員等が職務執行に関して、法令違反を疑われたり、責任追及を受けたりした場合に対処する費用（430条の2第1項1号。以下「1号補償」とする）と、②職務執行に関して第三者に生じた損害を賠償する責任を負う場合に賠償や和解を行うことにより役員等が受ける損失である（430条の2第1項2号。以下「2号補償」とする）。

　補償契約に関する手続きとして、次の点が定められる。まず、会社が補償契約の内容を決定するためには取締役会（取締役会非設置会社では株主総会）の決議が必要である（430条の2第1項）。さらに取締役会設置会社では、補償が行われた場合、補償に関する重要な事実が取締役会に報告されなければならず、この報告は補償を行った取締役と補償受けた取締役により行われなければならない（430条の2第4項）。

　なお、取締役が相手方となる補償契約は、会社と取締役の間の契約であり形式的には利益相反取引の直接取引（356条1項2号）に該当するが、補償契約においては356条1項および365条2項の適用は除外されている（430条の2第6項）。それに伴い356条2項が補償契約に適用できなくなることから、補償契約の民法108条の適用除外も定められている（430条の2第7項）。356条1項、365条2項が適用除外となったとしても、補償契約の締結の際は取締役会決議（取締役会非設置会社は株主総会決議）が必要であり、利益相反取引の承認手続きと大きく変わらない。しかし、取締役の責任との関連では、補償契約の締結には、利益相反取引における会社に対する責任の特則（423条3項・428条）は適用

されず、利益相反取引とは異なる。

　補償契約を締結した役員であっても補償を受けられない場合がある。1号補償に関して補償を受けられるのは、通常要する費用の額までであり、それを超えると補償を受けられない（430条の2第2項1号）。2号補償については会社が補償を行うと役員が会社に対する423条1項の責任を負う場合には、423条の責任に関する額は補償を受けられない（430条の2第2項2号）。これは、取締役が第三者に賠償した損失を会社が補償すると、当該取締役に423条の責任を追及することができる状況ならば、結局、補償した金額を会社が取り返すことになるからである。また、同じく2号補償について、役員等が職務を行うにあたって重過失があった場合は一切の補償を受けることができない（430条の2第2項3号）。

　補償がなされた場合でも、役員等の職務執行の目的によっては会社が返還を役員に求めることができる（430条の2第3項）。具体的には、役員等が自己もしくは第三者の不正な利益を図る目的、または、会社に損害を加える目的で職務を執行したことを会社が知った場合である。役員等に重過失があった場合でも1号補償は行うことができるが、この規定により、役員等の目的が上記に該当する場合は会社は返還請求ができる。

　この補償契約の内容は役員等のインセンティブ等にかかわり投資家への利害も大きいため、公開会社では事業報告書への記載が求められている。記載すべき内容はおおよそ以下の通りである。まず、補償契約の概要の記載が必要であり（会社規121条3号の2）、補償を行った場合には、1号補償では補償を行った年度に当該役員が職務執行に関して法令違反を行ったことや責任を負うことを知ったこと（会社規121条3号の3）、2号補償については支払った金額である（会社規121条3号の4）。

　(iv)　役員損害賠償責任保険　　取締役を含む役員等が、会社に対する責任等によって損害賠償責任を負ったり、提訴されたりすることで損害を負うリスクを、会社が役員を被保険者とする損害賠償責任保険を契約してカバーすることは従来から行われてきており、こうした保険は役員賠償責任保険やD&O保険などとよばれる。このD&O保険契約を締結するための手続きが会社法で定められている。

まず、手続きの対象となる役員等損害賠償責任保険とは、会社が締結する保険契約のうち、被保険者を役員として、役員等が職務執行に関して責任を負うことによって生じる損害、または責任追及のための請求を受けることによって生じる損害を保険者（保険会社）が塡補することを約する契約である（430条の3第1項）。なお、これに該当する場合でも、役員等の職務執行の適正性を著しく損なうおそれがないものとして法務省令で定める場合には、役員等責任賠償保険としての手続等は適用されない。この適用除外の例となる保険としてはいわゆる生産物賠償責任保険（PL保険）、企業総合賠償責任保険（CGL保険）や自動車賠償責任保険などが挙げられている（詳細は会社規115条の2を参照）。

この役員等損害賠償責任の締結に関する手続きは会社補償と同様である。すなわち、その内容の決定には取締役会決議（取締役会非設置会社は株主総会決議）が必要であり（430条の3第1項）、取締役を被保険者とする場合、356条1項及び365条2項および民法108条の適用は除外される（430条の3第2項・3項）。

また、役員等賠償保険についても事業報告書への記載が求められている。記載すべき内容は被保険者となる役員の範囲と保険契約の概要である（会社規121条の2）。

5 取締役の第三者に対する責任

(1) **総 説**　取締役が有する影響力は大きく、その職務を執行した結果、会社のみならず第三者にまで損害を与えることがある。そこで、429条は取締役の第三者に対する責任を定める。1項が悪意・重過失ある任務懈怠による責任、2項が計算書類等への虚偽記載に関する責任である。

(2) **悪意・重過失ある任務懈怠による責任**　429条1項はその職務を行うについて悪意又は重大な過失があった場合に第三者に生じた損害を賠償する責任を負うことを定める。取締役と第三者の間には、取締役・会社間の委任関係のような契約関係があるわけではないため、この責任の法的性質は議論の対象となった。裁判所は、この責任について、債務不履行責任でも不法行為責任でもない特別の法定責任であるとする（法定責任説）。その要件については、取締役が「悪意または重大な過失により右義務に違反し、これによつて第三者に損害を被らせたときは、取締役の任務懈怠の行為と第三者の損害との間に相当の因

果関係があるかぎり」責任を負うと判示する（最大判昭44・11・26民集23・11・2150〔百選66、商判Ⅰ-147〕）。すなわち、①取締役の会社に対する任務懈怠が悪意又は重過失によること、②第三者に損害が発生していること、③任務懈怠と損害との間に相当因果関係があることをいう。①～③が満たされた場合、取締役は第三者の損害を賠償する責任を負う。

　この責任は、会社から債権を回収できなくなった取引債権者等によってよく用いられてきた。その損害は直接損害、間接損害に分類して説明されることもある。間接損害とは、取締役の任務懈怠により会社の財務状況が悪化し、その結果、第三者が損害を被るような損害である（放漫経営によって債務超過に陥った会社の債権者など）。直接損害とは取締役の任務懈怠行為が直接的に第三者にもたらす損害である（例えば、代表取締役が支払い見込みのない手形を振り出した際の受取人など）。上記判例の解釈は、直接損害か間接損害かを問題とせず、どちらの損害にも同様に適用される。そのことから、この見解を両損害包含説とよぶことがある。

　(3)　**虚偽記載に関する責任**　　取締役は、計算書類等に虚偽があった場合、その虚偽によって損害を被った第三者に損害を賠償する責任を負う。虚偽があった場合に責任の対象となるものは、株式、新株予約権等の募集時に行われる通知、募集のための会社の事業等の説明に用いた資料、計算書類・事業報告とこれらの附属明細書、及び臨時計算書類、登記、公告である。この責任は1項の責任よりも厳格である。つまり、取締役が軽過失であっても対象となり、また、取締役側が無過失を立証しなければならない。

6　取締役の行為の差止め

　取締役が任務懈怠行為を行っている場合、または行うおそれがある場合には、株主がその行為の差し止めを求めることが可能である（360条）。より具体的に差止請求できる株主は、公開会社の場合、6ヵ月以上引き続き株式を保有する株主である（360条2項）。非公開会社の場合は株式保有期間にかかわらず請求できる（360条1項）。差止めの対象となる行為は、取締役による会社の目的外の行為や法令・定款に違反行為であり、法令違反には善管注意義務違反も含まれる。しかし、経営は本質的には取締役に委ねられていることから、その

ような行為が行われていること、または、行われるおそれがあるというだけで
は差止めは認められない。すなわち、その行為により会社が回復しがたい損害を
被る場合（監査役設置会社、監査等委員会設置会社又は指名委員会等設置会社。それ
以外の会社は「著しい損害」を被る場合）にのみ認められる（360条1項・3項）。

5　監査役と監査役会

1　監査役

(1)　**総　説**　　監査役の権限は、取締役（会計参与設置会社の場合、取締役及び
会計参与）の職務執行を監査し、**監査報告**を作成することである（381条1項）。

　取締役会設置会社は、監査等委員会設置会社及び指名委員会等設置会社を除
き、監査役を置かなければならない（327条2項）。ただし、公開会社でない会
計参与設置会社についてはこの限りでない（327条2項但書）。このように設計
されたのは、第1に、取締役会設置会社においては取締役会が業務執行の決定
を行い株主総会の権限が制約されることから、監査役が株主に代わって業務執
行及び会計の両面から取締役を監督する必要があると考えられたためである。
第2に、監査等委員会設置会社及び指名委員会等設置会社は社外取締役による
業務執行の監督体制を採用しており、監査役が不要とされたことによる。第3
に、取締役会設置会社であっても非公開会社の場合、株主が頻繁に変動せず株
主による業務執行の監督に一定程度期待できるため、会計参与の設置により監
査役を不要とし、又は、監査役の権限を会計監査に限定することを認めたため
である（389条1項）。

　会計監査人設置会社も監査等委員会設置会社及び指名委員会等設置会社を除
き、監査役を置かなければならない（327条3項）。監査役が株主総会に提出す
る会計監査人の選任・解任・不再任に関する議案の内容を決定するとともに
（344条）、会計監査人の報酬等の決定に関して監査役の同意を必要とすること
で（399条）、会計監査人の取締役からの独立性を確保することが目的である。

(2)　**選任・終任**　　監査役は取締役と同様、株主総会において選任され（329
条1項）、また、定足数の緩和に制約がある（341条）。取締役は、監査役の選任
に関する議案を株主総会に提出するには、監査役（2人以上ある場合にはその過

半数、監査役会設置会社では監査役会）の同意を得なければならない（343条1項・3項）。監査役（監査役会設置会社では監査役会）は、取締役に対し、監査役の選任を株主総会の目的とすることや特定の者を監査役の候補者とする議案を株主総会に提出することを請求できる（343条2項）。なお、累積投票制度はなく（342条1項参照）、また、非公開会社では種類株主総会において選任される場合がある（108条1項9号）。

終任についても取締役とほぼ同様である（330条・339条・346条・854条）。ただし、株主総会における解任決議は特別決議に拠らなければならない（309条2項7号・343条4項）。監査役の地位の強化を図ったものである。

(3) **監査役の資格・任期・員数等**　監査役の資格については取締役と同様、欠格事由があるほか、公開会社では定款の規定をもって株主に限定することができない（335条1項・331条1項・2項）。成年被後見人・被保佐人が就任する場合、一定の手続きが必要である点は取締役と同様である（335条1項）。

また取締役からの独立性を確保するため、監査役は、会社・子会社の取締役・支配人その他の使用人・会計参与・執行役を兼ねることができない（335条2項）。なお、会社の監査役が弁護士である場合、その者が会社から委任を受けて訴訟代理人になっても、本条に抵触しないとした例がある（最判昭61・2・18民集40・1・32〔百選70、商判I-123〕）。

監査役の任期は4年（ただし、定時株主総会の終結時まで）であり、定款によっても短縮することができない（336条1項）。地位の強化を目的に、取締役の倍としている。取締役と同様、非公開会社では、定款によって、これを10年に伸長できる（336条2項）（なお、補欠監査役について、329条3項・336条3項を参照）。

監査役の資格・任期に関連して、いわゆる**横滑り監査役**が問題となる。例えば6月末の株主総会で、取締役が任期を終えると同時に監査役に選任されると、当該事業年度の4月から6月末までの取締役としての業務執行を自ら監査することとなり、自己監査の事態が生じる。裁判例は自己監査を望ましくないとしつつも、取締役であった者を監査役に選任することを禁ずる規定がないこと等を理由に、違法ではないとした（東京高判昭61・6・26判時1200・154）。学説の多くは判旨に賛成する。

監査役の員数は原則として1人以上で足り、定款で自由に定め得る。ただ

> **コラム4-7**　**適法性監査と妥当性監査**
>
> 　取締役に対する業務監査について、監査役と取締役会の監査が重複するように思われるため、両者の差異が論じられている。通説は、監査報告の内容（会社規129条等）、監査の対象には取締役の忠実義務違反（355条）の有無を含むこと、監査役の権限に取締役の損害賠償責任の有無の判断（会社386条・847条4項、会社規218条）を含むこと等を根拠に、監査役の監査は業務執行の適法性の監査に限られ、取締役会はこれに加えて、業務執行の妥当性も監査するとする。取締役の行為が形式的に違法ではなくても、著しく不当であるときは監査役の監査の対象となることに争いはない（382条参照）。とはいえ、法令には善管注意義務も含まれ、監査役は取締役の善管注意義務違反の有無を監査するため、結果的に、通説によっても取締役の業務執行の妥当性に監査が及ぶことから、このような区分に大きな意味はない［神田 2021：258］。
>
> 　この点、そもそも監査役は、まずは取締役の業務執行の内容を全般的に調べなければ監査にならないのであって、そこには事前に適法も妥当もないように思われる（上村達男「新たな時代における監査役の役割」監査役643号10—11頁（2015））。業務執行を全般的に監査したのち、監査報告に書くべき内容が業務執行の適法性に係る内容であるというにすぎず、このような区分をめぐる議論自体に大きな意味はないようにも思われる。
>
> 　それでは監査役と取締役会との業務監査の重複をどのように考えるべきか。例えば、次のような立法論が解決策の1つに挙げられよう。我が国においては現在、指名委員会等設置会社や監査等委員会設置会社の立法や、任意の指名・報酬諮問委員会の設置にみられるように、取締役会に社外取締役を導入することで監督機能を強化する方向にある。監査役はすでに一定の独立性を有することから（335条2項）これを取締役会構成員とし、いわば社外取締役としての役割を期待するのである（上村・上掲9—12頁）。監査役制度の将来像として、興味深い試論であるように思われる。

し、監査役会設置会社においては3人以上で、そのうち半数以上は、**社外監査役**でなければならない（335条3項）。社外監査役とは以下の要件を満たした者をいう（2条16号）。すなわち、①就任の前10年間、その会社又は子会社の取締役・会計参与・執行役・支配人そのほかの使用人ではなかった者、②就任の前10年間、その会社又は子会社の監査役であったことがある者は、その就任の前

10年間その会社又は子会社の取締役・会計参与・執行役・支配人その他の使用人であったことがないこと、③現在、その会社の親会社等（自然人に限る）又は親会社等の取締役・監査役・執行役・支配人その他の使用人でないこと、④現在、その会社の兄弟会社の業務執行取締役等でないこと、⑤その会社の取締役・支配人その他の重要な使用人・親会社等（自然人に限る）の配偶者又は2親等内の親族でないこと、である。

これら以外に、国家資格等についての定めはない。

(4) 監査役の職務・権限等

(i) 監査の範囲　　監査役は、取締役（会計参与設置会社の場合、取締役及び会計参与）の業務執行を監査し、監査報告を作成する（381条1項）。監査役と会社との関係は委任であるため（330条）、監査役は会社に対して善管注意義務を負う（民644条）。

監査役の職務と権限は**業務監査**、**会計監査**の全般に及ぶ。業務監査の範囲について、通説は、取締役の業務執行が法令・定款に適合しているか否か（**適法性監査ないし違法性監査**）に限られ、業務執行が妥当か否か（**妥当性監査**）には及ばないとする。

非公開会社（監査役会設置会社及び会計監査人設置会社を除く）は、定款の規定をもって監査役の監査の範囲を会計監査に限定することができる（389条1項）。

(ii) 監査役の情報収集権限　　第1に、監査役はいつでも取締役・会計参与・支配人その他の使用人に対して事業の報告を求め、自ら会社の業務・財産の状況を調査することができる（381条2項）。子会社に対しても事業の報告を求め、又は自ら子会社の業務・財産の状況を調査することができる（381条3項）。子会社は正当な理由がない限り、これを拒むことができない（381条4項）。

第2に、監査役は取締役会に出席することから（383条1項）、取締役の業務執行の状況について報告を受けることができる（363条2項）。

第3に、取締役は会社に著しい損害を及ぼすおそれのある事実があることを発見したときは、直ちに監査役に報告する義務を負う（357条1項）。

これらにより、監査役は経営についての情報を入手することができる。

(iii) 監査役の是正権限　　監査役には取締役の違法行為等の是正権限も与えられている。

コラム4-8　監査役の独立性・地位の安定

　監査役の監査にとって、監査対象である取締役からの独立性やその地位が安定していることは非常に重要である。本文の内容を整理すると、以下の通りとなろう。

　第1に、監査役は、会社・子会社の取締役・支配人その他の使用人・会計参与・執行役を兼ねることができない（335条2項）。第2に、選任は株主総会の普通決議による一方、解任は特別決議による（329条1項・339条1項・309条2項7号）。第3に、監査役の任期は4年と長く設定されている（336条1項）。第4に、取締役会（取締役）が監査役の選任議案を株主総会に提案する場合、事前に監査役の同意等が必要とされる（343条1項・3項）。第5に、監査役は選任、解任又は辞任について株主総会における意見陳述権がある（345条4項→1項・2項）。第6に、監査役の報酬は取締役とは別個に、定款又は株主総会決議で定められる（387条1項）。第7に、監査役が監査を行うために要した費用等は会社に償還を請求することができる（388条）。第8に、監査役会設置会社は監査役を3人以上選任し、うち半数以上を社外監査役とする必要がある（335条3項）。

　こうしてみると、監査役の独立性には多くの配慮がなされているように見える。しかし、取締役からの独立性に実効性を与える規定はあるであろうか。すなわち、監査役の解任は確かに株主総会の特別決議によるが、定足数を緩和することができるし、株主総会の議題を決定するのは取締役会である（298条1項2号・4項）。監査役の解任権が事実上取締役会、ひいては代表取締役にある中で、監査役は十分に取締役に対する監査機能を発揮できるのであろうか。

　学説は従前より、業務執行者の任免権限を持たない者が業務執行者の監督を行う制度には欠陥があると指摘し（大杉謙一「監査役制度改造論」商事法務1796号4頁（2007））、また、監査役に取締役の解任権を与えるべきであると主張してきた（片木晴彦「監査役制度の行方（2・完）」民商120巻3号434頁（1999））。株主総会で株主の信任を得て選任された取締役を、同じく株主総会で選任された監査役が解任できるのかという疑問の余地はあろうが、監査役は会計監査人を解任できることから（340条）、監査役に取締役の解任権を与えることとの間に整合性はある（酒巻俊雄ほか「座談会　社外取締役と社外監査役」監査役387号35頁（1997）〔倉沢康一郎発言・酒巻俊雄発言〕）。経営監督のあり方については今後も議論を深めていく必要があろう。

第1に、監査役は取締役会に出席し、必要があると認めるときは意見を述べなければならず（383条1項）、また、取締役に法令定款違反や著しく不当な事実があると認めるときは、その旨を取締役会（取締役会非設置会社にあっては取締役）に報告する義務を負う（382条）。その裏付けとして、監査役は取締役会の招集請求権を有する（383条2項）。

　第2に、監査役は**監査報告**に以下の内容を記載することも義務付けられる（381条1項）。すなわち、監査の方法及びその内容のほか、取締役の不正の行為又は法令・定款に違反する重大な事実、内部統制が相当でないと認めるときは、その旨及びその理由等である（会社規129条1項）。

　第3に、取締役が株主総会に提出しようとする議案等を調査する義務を負い、法令定款違反又は著しく不当な事項があると認めるときは、その調査の結果を株主総会に報告する義務を負う（384条）。

　第4に、取締役が法令定款違反行為をし、又はするおそれがある場合、当該行為によって会社に**著しい損害が生ずるおそれ**があるときは、取締役に対し、事前措置として、その行為の差止めを請求できる（385条1項）。この要件は厳しいように思われる。確かに株主による差止請求の要件である「回復することができない損害が生じるおそれ」（360条）より緩和されてはいるものの、取締役に法令定款違反行為があるにもかかわらず、直ちに差止めを請求できないのは不当であろう。立法論として要件の見直しが必要であるように思われる。

　これら以外に、会社と取締役が当事者となって訴訟をする場合、監査役が会社を代表する。株主代表訴訟提起前の取締役に対する訴え提起の請求や、株主代表訴訟の訴訟告知・和解の通知等も監査役が受ける。これらの点は特定責任追及の訴え（多重株主代表訴訟）、旧株主による責任追及等の訴えについても同様である（386条1項・2項）。なお、会社が監査役に対して損害賠償請求する場合、会社を代表するのは代表取締役である（349条4項）。

　監査役はほかに、会社の組織に関する行為の無効の訴え（828条2項）及び株主総会決議取消しの訴え（831条1項）の提起、特別清算開始の申立て（511条1項）及び特別清算開始後の調査命令の申立て（522条1項）などをなす権限もある。

　監査役はこれらの権限の行使を、各自、独立して行使することができる（独

任制)。

(5)　**報酬・費用の支払い**　　監査役の報酬等は、取締役の報酬等と区別して、**定款又は株主総会の決議**によって定める(387条1項)。監査役が2人以上ある場合で、監査役各自の報酬等について定款・株主総会の決議がないときは、定款・総会決議の範囲内で監査役の協議によって定める(387条2項)。監査役は、株主総会において、監査役の報酬等について意見を述べることができる(387条3項)。

監査役はその職務の執行について、費用の前払・支出した費用等の償還を請求できる。この場合、会社は、当該請求に係る費用等が監査役の職務の執行に必要でないことを証明した場合を除き、これを拒むことができない(388条)。

これらは監査役に対して金銭面での保障を図った規定である。

(6)　**監査役の義務と責任**　　監査役は職務の遂行に当たり、会社に対して善管注意義務を負う(会社330条、民644条)。その任務を怠って会社に損害を与えたときは、会社に対して損害賠償責任を負う(423条1項)。取締役も会社に対して責任を負うときは、監査役と取締役は連帯責任を負う(430条)。この責任は株主代表訴訟(847条)・旧株主による責任追及等の訴え(847条の2)・特定責任追及の訴え(多重代表訴訟、847条の3)の対象となること、総株主の同意により免除できること(424条)、一部免除制度も適用されることは取締役と同様である。監査役の責任の一部免除は、株主総会決議(425条1項1号ハ)、定款の規定に基づく取締役会決議(426条)によるほか、会社との間で責任限定契約を締結することができ(427条)、報酬の2年分まで軽減できる。

監査役はその職務を行うについて悪意又は重大な過失があったときは、これによって第三者に生じた損害を賠償する責任を負う(429条1項)。特に監査役が監査報告に記載・記録すべき重要な事項について虚偽の記載・記録をした場合、自らが注意を怠らなかったことを証明しない限り、第三者に生じた損害を賠償する責任を負う(429条2項3号)。

(7)　**補償契約と役員等賠償責任保険契約**　　監査役は取締役と同様、一定の手続きを経れば、職務執行に関して責任の追及を受ける場合などの一定の場合に対処するための費用を会社が補償する契約を会社との間で結ぶことができる(430条の2)。また、会社は保険者(保険会社)との間で、監査役がその職務の

執行に関し責任を負うこと等によって生じうる損害を保険者が填補する契約を締結することもできる（430条の3）。

2 監査役会

(1) **監査役会の職務・権限**　　大会社でかつ公開会社は、監査役会設置会社、指名委員会等設置会社、監査等委員会設置会社のうち、いずれかを選択しなければならない（328条1項）。

監査役会は監査役3人以上で組織し、そのうち半数以上は、**社外監査役**でなければならない（390条1項・335条3項）。社外監査役はまさに社外であるから、取締役からの独立性にとって重要な存在である。

監査役会設置会社においては、監査役の監査の範囲を会計監査に限定することはできず（389条1項括弧書）、また、監査役会は**監査報告**の作成、常勤の監査役の選定及び解職、監査の方針等に関する事項の決定を行う（390条2項）。監査役の中から**常勤監査役**を1人以上選定する必要がある（390条3項）。会社法は「常勤」の定義規定を置いていないが、フル・タイムという意味であると考えられる。

監査役会の設置は、監査役の独任制を妨げるものではない。監査役会は業務・財産の状況の調査の方法その他の監査役の職務の執行に関する事項として、各監査役の職務分担を決定することがあるが（390条2項3号）、その決定は各監査役の権限の行使を妨げることはできない（390条2項柱書但書）。

監査役会は一定の決定をするが、主に監査役の個別の権限行使に伴う協議機関、調整機関として機能することが期待されている。

なお、監査役会設置会社が公開会社で大会社であり、かつ有価証券報告書提出会社（金商24条1項）である場合、社外取締役を置かなければならない（327条の2）。

(2) **監査役会の運営**　　監査役会の決議は、1人1議決権で、監査役の過半数をもって行う（393条1項）。議事については議事録を作成し、議事録が作成されているときは、出席した監査役はこれに署名・記名押印又は電子署名をしなければならない（会社393条2項・3項、会社規225条1項7号）。監査役会の決議に参加した監査役であって議事録に異議をとどめない者は、その決議に賛成し

たものと推定される（393条4項）（監査役会の招集手続・開催について、391条・392条を参照。議事録の本店備置、閲覧・謄写請求について、394条参照）。

6　会計監査人

1　総　説

　会計監査人は、営業年度を通じて計算書類の監査（会計監査）を行う独立の専門家である。**公認会計士**又は**監査法人**でなければならず（337条1項）、外部性の重視から、会社の役員とされていない（329条1項参照）。

　会社法上、大会社は公開会社・非公開会社を問わず、会計監査人を置かなければならない（328条）。大会社は規模が大きく、計算関係が複雑化するうえ、債権者等の利害関係者も多岐にわたることが多いことから、会計処理の適正さが特に重視されるためである。

　監査等委員会設置会社と指名委員会等設置会社も会計監査人を置かなければならない（327条5項）。これらでは内部統制を利用した組織的な監査を行うことが前提とされており、内部統制の構築に当たっては計算書類の適正性・信頼性の観点から会計監査人が必要であると考えられたことによる。

　これら以外の会社も会社法上、定款の規定をもって任意に会計監査人を置くことができるが（326条2項）、その場合には業務監査権限を有する監査役も置かなければならない（327条3項・389条1項）。監査役が会計監査人の選任・解任等に関する議案の内容を決定するなどして（344条1項）、会計監査人の取締役からの独立性を確保するためである。

2　会計監査人の資格・選任・終任・任期

　会計監査人は**公認会計士**又は**監査法人**でなければならない（337条1項）。監査法人とは5人以上の公認会計士が設立する法人である（公認会計士法34条の7第1項）。監査対象会社からの独立性の確保のため、一定の欠格事由が定められている（337条3項）。会計監査人の員数については規定がない。

　会計監査人は株主総会の普通決議によって選任される（329条1項）。なお役員ではないことから、341条の適用はない。

コラム4−9　会計監査人と公認会計士──「公開株式会社法」の意義

　会社法上、大会社は会計監査人による監査を受けなければならない。一方、金融商品取引法（以下、金商法）上、上場有価証券の発行者等（特定発行者）は、原則として、貸借対照表、損益計算書等の財務諸表について、その者と特別の利害関係のない公認会計士又は監査法人の監査証明を受けなければならない（193条の２）。

　会社法上の大会社でありかつ公開会社である会社と、上場有価証券の発行者とは重複することが多いため、金商法の公認会計士と会社法の会計監査人には同一の者が選任される（有価証券上場規程（東京証券取引所）438条）。

　同一の者が選任されるものの、会社法は会計監査に関するルールを十分に整備していない。例えば、金商法上の監査証明は、金商法上の内閣府令である「財務諸表等の監査証明に関する内閣府令」（監査証明府令）等により規律されるが、会社法上の会計監査人についてはこれと同様の法務省令はない。実際には監査証明府令によるしかない。また、公認会計士を規律する「公認会計士法」は、国立大学法人等に対する監査を含め、公認会計士による監査全般に適用される法令である。

　一方、会社法上、会計監査人は、その職務を行うに際して取締役に法令定款違反行為等があることを発見したときは、遅滞なく、これを監査役に報告しなければならないが（397条１項）、証券取引法（以下、証取法）時代には、証取法の公認会計士監査で公認会計士が不正を発見した場合、取締役又は監査役に対する報告義務を負うのか否か、規定がなかったことから判然としなかった。その後、金商法平成19年改正が、公認会計士が発行者に法令違反の事実等を発見したときは、これを遅滞なく発行者に通知する義務を課し（193条の３第１項）、監査役等が通知先とされたことから（財務諸表等の監査証明に関する内閣府令７条）、結果的に会社法との整合性が図られることとなった。

　現在、会社法と金商法との調整を要する問題は、監査に限らず、会社法上、会計、情報開示などほかにも多々生じている（上村達男「公開会社法抜きの『株主との対話』とは？」ディスクロージャー＆IR2017年５月号（１号）１頁（2017））。

　そもそも株式会社は本来、最大級の証券市場にも対応できる仕組みを内包した市場適合的な制度である。そうした観点から会社法と金商法とを一体的に理解し、これらの問題を解釈又は立法により、包括的に解決しようとする学説が長らく有力に主張されており、「公開株式会社法」、「公開会社法」と呼ばれている［上村 2002］［上村 2021］［神田＝上村＝中村 2018: 6］、など）。

　任期は1年（ただし、定時株主総会の終結時まで）である（338条1項）。任期が終了する定時株主総会において別段の決議がされなかったときは、当該定時株主総会において再任されたものとみなされる（338条2項）。任期がいわば**自動的に更新**されるものであり、会計監査人の身分の安定化につながる。

　終任については、監査役とほぼ同様であるが（330条・339条・346条5項）、解任の訴えの対象にはならず、解任は株主総会の普通決議によって行う（339条1項・309条1項）。ただし、監査役（機関関係によって監査役会、監査等委員会、監査委員会）による解任が認められている。解任事由は、①職務上の義務に違反し又は職務を怠ったとき、②会計監査人としてふさわしくない非行があったとき、③心身の故障のため職務の執行に支障があり、又はこれに堪えないときの3点である（340条）。

3　会計監査人の職務・権限、報酬等

　会計監査人は、株式会社の計算書類及びその附属明細書、臨時計算書類・連結計算書類を監査し、**会計監査報告**を作成しなければならない（396条1項）。

　会計監査人は期中、期末を通じて、試査、照合、実査、立会、確認、質問、証憑突合等の手続によって監査を行う。そのための権限として、いつでも会計帳簿等を閲覧・謄写でき、また、取締役（指名委員会等設置会社では執行役・取締役）・会計参与・支配人その他の使用人に対し、会計に関する報告を求めることができる（396条2項）。子会社に対しても会計に関する報告を求め、また、その会社・子会社の業務・財産の状況を調査することができる。子会社は正当な理由がない限り、これを拒むことができない（396条3項・4項）。

　また、その職務を行うに際して取締役（指名委員会等設置会社では執行役）の業務執行に関し不正の行為又は法令・定款に違反する重大な事実を発見したときは、遅滞なく、これを監査役（機関関係によって監査役会、監査等委員会、監査委員会）に報告する義務を負う（397条1項・3項・4項・5項）。監査役（監査等委員、監査委員会の委員）は、その職務を行うため必要があるときは、会計監査人に対し、その監査に関する報告を求めることができる（397条2項・3項・4項・5項）。

　計算書類が法令・定款に適合するかどうかについて会計監査人が監査役（監

査役（会）、監査等委員（会）、監査委員（会））と意見を異にするときは、会計監査人（監査法人の場合には、その職務を行うべき社員）は、定時株主総会に出席して意見を述べることができる（398条）。定時株主総会において会計監査人の出席を求める決議があったときは、会計監査人は、定時株主総会に出席して意見を述べなければならない（398条2項）。会計監査人はこれらの職務の遂行に当たり、会社に対して善管注意義務を負う（330条・民644条）。

会計監査人の報酬は会社が定めるが、取締役は監査役（機関関係によって監査役会、監査等委員会、監査委員会）の同意を得なければならない（399条）。

4　会計監査人の責任

会計監査人は、その任務を怠ったことにより会社に損害を発生させたときは、会社に対し、連帯して、これによって生じた損害を賠償する責任を負う（423条1項・430条）。この責任は監査役と同様、株主代表訴訟（847条）・旧株主による責任追及等の訴え（847条の2）・特定責任追及の訴え（多重代表訴訟）（847条の3）の対象になるほか、総株主の同意により免除され（424条）、一部免除制度も適用され、報酬の2年分まで軽減することができる（425条1項1号ハ・426条・427条）。

会計監査人はその職務を行うについて悪意又は重大な過失があったときは、これによって第三者に生じた損害を賠償する責任を負う（429条1項）。特に会計監査役が会計監査報告に記載・記録すべき重要な事項についての虚偽の記載をした場合、自らが注意を怠らなかったことを証明しない限り、第三者に生じた損害を賠償する責任を負う（429条2項4号）。

なお、会社が有価証券報告書提出会社である場合、金融商品取引法上、虚偽の監査証明を行った公認会計士又は監査法人は虚偽等を知らないで有価証券を取得した者に対し、損害賠償責任を負う（21条1項3号・24条の4等）。

5　補償契約と役員等賠償責任保険契約

会計監査人も取締役や監査役と同様、一定の手続きを経れば会社との間で補償契約を締結することができ（430条の2）、また、会社は保険者（保険会社）との間で、会計監査人を被保険者とする損害賠償責任保険を締結することもでき

る（430条の3）。

7　会計参与

　会計参与の権限は、取締役（指名委員会等設置会社では執行役）と共同して、計算書類を作成するとともに、**会計参与報告**を作成することである（374条1項・6項）。**中小企業の会社の計算の適正化**を目的として平成17年改正が立法した。

　設置は強制されず、定款の規定をもって任意に設置できる（326条2項）。ただし、非公開会社で取締役会設置会社の場合、会計参与の設置により監査役が不要となる（327条2項但書）。持分会社は会計参与を置くことができない（326条2項参照）。

　会計参与は**公認会計士・監査法人**又は**税理士・税理士法人**でなければならない（333条1項）。選任は株主総会の普通決議で行うところ（329条1項）、定足数の緩和に制約がある（341条）。任期は2年（ただし、定時株主総会の終結時まで）であるが、定款によって短縮することができるほか、非公開会社は定款によって、これを10年に伸長できる（334条1項・332条1項2項）。解任も株主総会の普通決議によって行う（339条1項）。累積投票や種類株主総会における選任はない（欠格事由について、333条3項）。

　会計参与はいつでも会社の会計帳簿等の閲覧・謄写をし、取締役（指名委員会等設置会社では執行役・取締役）・支配人その他の使用人に対して会計に関する報告を求めることができる（374条2項・4項・6項）。子会社に対しても会計に関する報告を求め、また、その会社・子会社の業務・財産の状況を調査することができる。子会社は正当な理由がない限り、これを拒むことができない（374条3項）。

　会計参与も会社に対して善管注意義務を負う（会社330条・民644条）。また、取締役の業務執行に関し不正の行為又は法令・定款に違反する重大な事実を発見したときは、遅滞なく、これを株主（機関関係によって監査役、監査役会、監査等委員会、監査委員会）に報告する義務を負う（375条）。会計参与は計算書類に関する取締役会（436条3項・441条3項・444条5項の承認をする取締役会）に出席し、必要があると認めるときは、意見を述べなければならない（376条1項）。

計算書類等の作成に関する事項について会計参与が取締役と意見を異にするときは、株主総会において意見を述べることができる（377条1項）。計算書類の開示を確実にするため、計算書類・会計参与報告等を定時株主総会の日の1週間前の日から5年間、臨時計算書類等は作成した日から5年間、会計参与は自らが定めた場所に備え置く義務も負う（378条1項、会社規103条）。株主及び債権者は、営業時間内はいつでも会計参与に対し、計算書類等の閲覧・謄写を請求できる（378条2項）。

なお、すべての株式会社は計算書類の公告義務を負うが（440条）、中小会社の多くは必ずしも遵守していないといわれている。とはいえ、株主有限責任の下では、計算書類は債権者保護にとって重要な制度である。この点、平成13年改正は中小企業を念頭に電磁的方法による開示を認め（会社440条3項・911条3項26号、会社規116条6号、会社計算147条）、また、平成17年8月、日本公認会計士協会等は「中小企業の会計に関する指針」を、平成24年2月、中小企業の会計に関する検討会は「中小企業の会計に関する基本要領」をそれぞれ公表した。中小会社においても開示の実効性を高める制度が整備されてきている。

独立性の確保から、会計参与の報酬は定款又は株主総会の決議によって定め（379条1項）、株主総会において、その報酬等について意見を述べることができる（379条3項）。また、会社に対して、費用の前払・支出をした費用等の償還を請求できる。この場合、会社は、当該請求に係る費用等が会計参与の職務の執行に必要でないことを証明した場合を除き、これを拒むことができない（380条）。

会計参与も会社と第三者に対して、連帯して、責任を負う（423条・424条・425条・426条・427条・429条・430条）。会社に対する責任は株主代表訴訟（847条）・旧株主による責任追及等の訴え（847条の2）・特定責任追及の訴え（多重代表訴訟、847条の3）の対象となるほか、総株主の同意により免除され（424条）、また、一部免除制度も適用され、報酬の2年分まで軽減することができる（425条1項1号ハ、426条・427条）。

また、会計参与も他の役員等と同様、一定の手続きを経れば会社との間で補償契約を締結することができ（430条の2）、会社は保険者（保険会社）との間で、会計参与を被保険者とする損害賠償責任保険を締結することもできる

（430条の3）。

8　指名委員会等設置会社

1　総　　説

　指名委員会等設置会社とは定款の規定によって、取締役会内部に**指名委員会、監査委員会**及び**報酬委員会**を置く株式会社をいう（2条12号・326条2項）。業務の決定と執行は**執行役**が行う（418条）。監査委員会が設置されることから監査役は置かれない（327条4項）。これにより**執行と監督を分離**することを目的としている。平成14年改正が「委員会等設置会社」として導入したが、平成17年改正が「委員会設置会社」に変更し、平成26年改正が「指名委員会等設置会社」に変更した。

　大会社でかつ公開会社は、監査役会設置会社、指名委員会等設置会社、監査等委員会設置会社のうち、いずれかを選択しなければならない（328条1項）。これら以外の株式会社も指名委員会等設置会社を任意に選択できるが、その場合、取締役会と会計監査人を置くことを要する（327条1項4号・327条5項）。

　従来の取締役会は、会社法上、業務執行の決定とその監督を行う自己監査状態にある（362条1項）。また、代表取締役や選定業務執行取締役はいわゆる平取締役よりも上位にあるとみられる傾向があり、さらに、使用人兼務取締役は使用人としては取締役の指揮命令を受ける立場となる。社外取締役の義務付けもない。そのような環境の下で、下位とされる取締役が上位とされる代表取締役の監督をするのは、困難である。

　これに対して、指名委員会等設置会社はいわゆる**モニタリング・モデル**を採用したものである。すなわち、取締役会は主に業務執行の監督を行い、また、取締役会構成員の一部又は大半が業務執行に関与しない社外取締役となった機関関係を採用したものであり、アメリカ法を参考に立法された。

　ただし、我が国の会社法は以下の点でやや不十分な規定となっている。第1に、執行役の業務執行の決定権限は取締役会の委任によるとされており（416条4項・418条1号）、業務執行とその監督が明確に分離されておらず、また、執行役は固有の業務執行者ではない。

図表 4 - 3　指名委員会等設置会社の仕組み

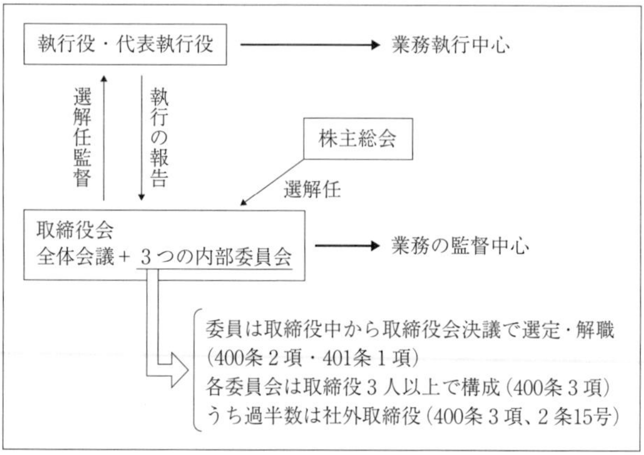

第 2 に、執行役と取締役の兼任が可能であり（402条 6 項）、兼任数に制限がない。確かに社外取締役のみでは経営の情報に乏しく十分な監査機能を発揮できないため、執行役も取締役会に出席する必要はあるが、取締役の大半が執行役を兼任すれば、監査役（会）設置会社と大差がないこととなる。

第 3 に、各種委員会は取締役 3 人以上で構成され、うち過半数を**社外取締役**にする必要があるが（400条 1 項・ 3 項）、 3 委員会で社外取締役が異なる必要はない。社外取締役はたった 2 人で足りるため、取締役会全体としての執行役からの独立性や、十分な監督機能の発揮に疑問がないわけではない。

第 4 に、社外取締役の要件は平成26年改正によって厳格化されたが（ 2 条15号）、アメリカの基準ほど厳格ではない。例えば、我が国においては会社の重要な取引先が社外取締役に就任できる。この点、東京証券取引所はその上場規則において、「コーポレートガバナンスに関する報告書」の記載事項として「**独立役員**」制度を導入し、ここでは主要取引先の業務執行者やコンサルタントを除いているが、それでも社外取締役のうち 1 人がその資格を有すれば足りる（有価証券上場規程（東京証券取引所）204条12項 1 号・419条 1 項、有価証券上場規程施行規則（東京証券取引所）211条 4 項 6 号・415条 6 項など）。

監査役会設置会社と比べると、相対的に監督機能が強化されているが、改善の余地のある仕組みであるといえる。

2 取締役会

(1) **取締役会の性格**　指名委員会等設置会社の立法趣旨は、業務執行とその監督を分離し、迅速・機動的な経営や、実効的な経営監督を可能にすることにある。そのため、業務執行の決定と執行は執行役が行い（418条）、取締役会は業務執行の決定を取締役に委任することはできず（416条3項）、取締役は業務を執行することができない（415条）。取締役会は取締役3人以上から構成され（331条5項）、執行役の業務執行の監督を行うとともに（416条1項2号）、内部に3委員会を設置し（2条12号）、これらの委員会も業務執行の監督を行う。取締役の任期は1年である（ただし、定時総会終結時まで。332条1項・6項）。

　確かに業務執行とその監督が分離されているように見えるが、執行役の業務執行の決定権限は取締役会の委任によるとされ（416条4項・418条1号）、業務執行の決定権限は取締役会にあることが前提となっている。業務執行とその監督が厳密に分離されていない。制度趣旨からすると、立法論としては取締役会を純粋な経営監督機関と位置づけるべきであろう。

(2) **取締役会の権限・運営**　指名委員会等設置会社の取締役会は、以下の事項を決定する（416条1項1号）。すなわち、①経営の基本方針、②監査委員会の職務の執行のため必要なものとして法務省令で定める事項（会社規112条1項）、③執行役が2人以上ある場合における執行役の職務の分掌及び指揮命令の関係等、④執行役からの取締役会の招集の請求を受ける取締役、⑤内部統制の整備、である。取締役会はこれらの職務の執行を取締役に委任することはできない（416条3項）。経営の基本方針等も含まれるが（416条1項1号イ）、ここでの「決定」とは、取締役会が経営監督機関として経営方針を理解し、承認するという程度に解すべきであろう。

　また、執行役等の職務の執行を監督するほか（416条1項2号）、執行役の選任・解任（402条2項・403条1項）、代表執行役の選定・解職（420条1項・2項）等を行う。さらに、416条4項各号の決定は取締役会の専決事項として執行役に委任できず、それら以外の業務執行の決定は執行役に委任できる（416条4項）。

　ここでは取締役会という経営監督機関に執行役の人事権が与えられている。監査役（会）設置会社でいえば、監査役が取締役の選任・解任、代表取締役の選定・解職を行うことを意味し、これは監督機能の発揮にとって極めて重要な要素

である。とはいえ、社外取締役は会社の業務に詳しくないことなどから、取締役会が執行役の上に立ってこれを従わせる仕組みとみるべきではないとする学説もある。監督機関としての取締役会の基本的な機能は、執行役の業務執行を理解し、評価し、承認することにあると捉えるのが妥当であるように思われる。

取締役会は、招集権者として定められたものが招集する。招集権者の定めがあっても、3委員会がその委員の中から選定したものは、取締役会を招集できる（417条1項）。また執行役は、取締役会が定めた執行役から招集の請求を受ける取締役に対し、取締役会の目的である事項を示して、取締役会の招集を請求できる（417条2項前段）。この場合、招集の請求があった日から5日以内に、請求があった日から2週間以内の日を取締役会の日とする取締役会の招集の通知が発せられないときは、当該執行役は、自ら取締役会を招集することができる（417条2項後段）。

取締役会が監督機能を発揮するには、3委員会の職務執行の状況のみならず、執行役による職務執行の情報も必要となる。そこで、これらの者に職務執行の報告を課しており、まず、3委員会が委員の中から選定した者は、当該委員会の職務遂行の状況を取締役会に報告する義務を負う（417条3項）。また、執行役は3ヵ月に1回以上、業務執行を取締役会に報告するとともに（417条4項）、取締役会の要求があった場合も取締役会に出席し、説明義務を負う（417条5項）。

(3) **取締役の責任**　指名委員会等設置会社の取締役の責任は、指名委員会等設置会社ではない会社の取締役の責任と同様である。会社に対する責任の免除も同様であるが、責任の一部免除手続に関して、監査役設置会社では各監査役の同意とされる点が、各監査委員の同意とされている（425条3項3号・426条2項・427条3項）。

(4) **補償契約と役員等賠償責任保険契約**　一定の手続きを経れば会社との間で補償契約を締結することができること（430条の2）、会社が保険者（保険会社）との間で、取締役を被保険者とする損害賠償責任保険を締結することができることも（430条の3）、指名委員会等設置会社ではない会社の取締役と同様である。

3　各種委員会

(1) **各種委員会と取締役会**　取締役会はその内部に指名委員会、監査委員

会、報酬委員会の各種委員会を置かなければならない。この3委員会は取締役3人以上で構成され（400条1項）、委員の過半数は社外取締役でなければならない（400条3項）。各委員会の委員は取締役の中から取締役会の決議によって選定され（400条2項）、取締役会の決議によっていつでも解職される（401条1項）。3委員会は形式上、取締役会の下部組織ではあるが、執行役又は取締役会からの独立性も確保される必要があるため、委員会の職務の執行について費用の前払・支出をした費用等の償還請求等があった場合、会社は当該請求に係る費用等が職務の執行に必要でないことを証明した場合を除き、これを拒むことができない（404条4項）。なお、取締役会や3委員会の機能を妨げることがなければ、任意に他の委員会を設置して構わない。

(2)　**指名委員会**　　指名委員会は、株主総会に提出する取締役（会計参与設置会社の場合、取締役及び会計参与）の選任・解任に関する議案を決定する（404条1項）。取締役会決議はこの提案を覆すことができない。選任・解任自体は株主総会で行う。監督機関が監督者の候補を決めることを意味しており、監督者としてふさわしい人が提案されることが期待される。なお、このような趣旨に照らして、指名委員会等設置会社は取締役選任種類株式を発行できない（108条1項但書）。

(3)　**監査委員会**　　監査委員会は、執行役等（執行役、取締役、会計参与）の職務執行の監査、監査報告の作成、株主総会に提出する会計監査人の選任・解任・不再任に関する議案の内容を決定する（404条2項）。監査委員会の委員は取締役会構成員でもあるから、監査の権限は**適法性監査**のみならず**妥当性監査**にも及ぶとされる。

監査委員会は、業務執行全般を監査する中核的な委員会であるため特に独立性が要求されており、委員はその会社・子会社の執行役・業務執行取締役・会計参与・支配人その他の使用人を兼ねることができない（331条4項・400条4項）。

監査委員会が選定する監査委員は、いつでも執行役等・支配人その他の使用人に対し、その職務の執行に関する事項の報告を求め、又は指名委員会等設置会社の業務・財産の状況の調査をすることができる（405条1項）。監査委員会が選定する監査委員は、子会社に対して事業の報告を求め、又はその子会社の業務・財産の状況の調査をすることもできる（405条2項）。これらは監査委員

会が選定した監査委員の権限とされるが、監査委員会は社外取締役が過半数と独立性の高い委員会であること、執行役の業務全般に対する監督権限を有するため、監査役と同等の独任制を必要としない。

とはいえ独任制の要素もある。例えば、執行役又は取締役が不正行為をし、若しくはそうした行為をするおそれがあるとき、又は、法令・定款に違反する事実若しくは著しく不当な事実があるときは、遅滞なく取締役会に報告する義務があり（406条）、執行役又は取締役が会社の目的の範囲外の行為その他法令・定款に違反する行為をし、又はこれらの行為をする可能性があり、これにより会社に著しい損害が生じるおそれがあるときは、その行為の差止めを請求でき（407条1項）、さらに、株主から執行役・取締役等への株主代表訴訟の提訴請求を受ける権限や代表訴訟提起の告知・和解内容の通知等を受ける権限を有する（408条5項）。

(4) **報酬委員会**　　報酬委員会は執行役等（執行役、取締役、会計参与）の個別報酬を決定する（404条3項）。その決定に当たり、報酬委員会は個人別の報酬等の内容に係る決定に関する方針を定め（409条1項）、これに従って個人別報酬を決定する（409条2項）。

執行役が使用人を兼務しているときは、使用人部分も合わせて報酬額を決定する（404条3項後段）。個人別報酬の額は開示されないが、報酬決定の方針等は事業報告に記載される（会社規121条6項）。業績の評価には専門性が伴うことや、取締役が執行役を兼ねる場合、報酬決定の透明性が損なわれることから、社外取締役が過半数の報酬委員会に決定を委ねた。

(5) **委員会の運営**　　各種委員会は、当該委員会等の各委員が招集する（410条）。その委員は、委員会の日の1週間（これを下回る期間を取締役会で定めた場合にあっては、その期間）前までに、各委員に対して招集通知を発しなければならない（411条1項）。委員全員の同意があるときは、招集の手続を経ることなく開催することができる（411条2項）。

委員会の決議は、議決に加わることができるその委員の過半数（これを上回る割合を取締役会で定めた場合にあっては、その割合以上）が出席し、その過半数（これを上回る割合を取締役会で定めた場合にあっては、その割合以上）をもって行う（412条1項）。決議について特別の利害関係を有する委員は、議決に加わること

ができない（412条2項）。

　議事については、議事録を作成し、出席した委員はこれに署名・記名押印又は電子署名をしなければならない（412条3項・4項、会社規111条・225条1項8号）。議事録に異議をとどめないものは、その決議に賛成したものと推定される（412条5項）。

　議事録は委員会の日から10年間、本店に備え置かなければならない（413条1項）。取締役、株主、債権者、親会社社員は、それぞれ所定の要件を満たした場合、閲覧・謄写請求権を有する（413条2項・3項・4項・5項）。

4　執行役・代表執行役

　(1)　**執行役**　　指名委員会等設置会社には、1人又は2人以上の**執行役**が必要であり（402条1項）、選任・解任は取締役会が行う（402条2項・403条1項）。任期は1年であるが（ただし、定時株主総会の終結時まで）、定款によって短縮することができる（402条7項）。

　執行役の権限は、取締役会の決議によって委任を受けた会社の業務の執行の決定と（418条1項・416条4項）、業務の執行である（418条2号）。執行役と会社との関係は委任であり（402条3項）、欠格事由も定められている（402条4項）。成年被後見人・被保佐人は一定の手続きを経れば、執行役に就任できる（402条4項）。

　忠実義務、競業及び利益相反取引の制限は執行役にも準用される（419条2項・355条・356条・365条2項）。また、執行役は、会社に著しい損害を及ぼすおそれのある事実を発見したときは、直ちに、当該事実を監査委員に報告する義務を負う（419条1項）。なお、指名委員会等設置会社と執行役との利益が相反する状況にあるとき、取締役会の決議によって、会社の業務執行を社外取締役に委託することができる（348条の2第2項）。

　執行役も会社と第三者に対して、連帯して、責任を負う（423条・424条・425条・426条・429条・430条）。会社に対する責任は株主代表訴訟（847条）・旧株主による責任追及等の訴え（847条の2）・特定責任追及の訴え（多重代表訴訟）（847条の3）の対象となる。会社に対する責任の免除も受けるが、責任の一部免除の手続に関して、監査役設置会社では各監査役の同意とされる点が、各監

査委員の同意とされている（425条3項3号・426条2項・427条3項）。執行役の業務執行は株主による事前の差止請求の対象にもなる。差止請求に際し、公開会社の場合、株主に対し6ヵ月間の株式保有要件が課される。法令定款違反のほか、会社に回復することができない損害が生ずるおそれがあることも要件とされている（422条）。

　なお、執行役も他の役員等と同様、一定の手続きを経れば会社との間で補償契約を締結することができ（430条の2）、会社は保険者（保険会社）との間で、執行役を被保険者とする損害賠償責任保険を締結することもできる（430条の3）。

　(2)　**代表執行役・表見代表執行役**　　取締役会は、執行役の中から**代表執行役**を選定しなければならない。執行役が1人のときは、その者が代表執行役に選定されたものとする（420条1項）。代表執行役は、いつでも取締役会の決議によって解職することができる（420条2項）。

　代表執行役は株式会社の業務に関する一切の裁判上又は裁判外の行為をする権限をし、その権限に加えた制限は、善意の第三者に対抗することができない（420条3項・349条4項・5項）。代表執行役も執行役であるから、業務の決定権限は取締役に委任される必要があるが、一方で、一切の権限があるとされており、この点も規定がやや中途半端である。立法論としては、執行役は業務について決定も執行も可能な固有の業務執行者として構成されるべきであろう。

　表見代表取締役と同様に**表見代表執行役**の規定が設けられている（421条）。

9　監査等委員会設置会社

1　総　説

　監査等委員会設置会社とは、定款の定めによって、**監査等委員会**を置く株式会社をいう（2条11号の2・326条2項）。監査等委員会が設置されることから監査役は置かれない（327条4項）。会社の規模や公開会社か否かにかかわらず選択できるが、取締役会と会計監査人を置くことを要する（327条1項3号・327条5項）。大会社でかつ公開会社は、監査役会設置会社、指名委員会等設置会社、監査等委員会設置会社のうち、いずれかを選択しなければならない（328

条1項)。

　監査等委員会設置会社の業務執行は、監査役会設置会社と同様、取締役会が選定する代表取締役と選定業務執行取締役が行い（363条1項）、監査等委員会はその監督を行う（399条の2第3項）。監査役会設置会社からは監査役が監査等委員会に置き換えられたものとみられ、指名委員会等設置会社からは、執行役が置かれず3委員会が必置でない点で、規制の緩和と評価される。指名委員会等設置会社は必ずしも利用が進んでいないところ、社外取締役が過半数を占める指名委員会が取締役候補者を指名し、報酬委員会が執行役・取締役の報酬を決定することに対して経済界の抵抗感が強いことによるとされる。そこで、これらの委員会を義務付けることなく、かつ、**モニタリング・モデル**の採用を可能にする仕組みとして、平成26年改正が監査等委員会設置会社を立法した。すなわち、監査等委員会設置会社においても取締役会が業務執行の決定権を有することを前提に（399条の13第4項ないし6項）、社外取締役が取締役の過半数を占める場合、取締役（主に代表取締役・選定業務執行取締役）に対して重要な業務の決定を委任できるとする（399条の13第5項）。これにより代表取締役・選定業務執行取締役を社外取締役過半数からなる取締役会が監督することとなり、モニタリング・モデルの採用が可能となる。とはいえ、取締役会は業務執行の決定権限を有しており純粋な経営監督機関と位置付けられていない点や、社外取締役の要件が不十分であることは指名委員会等設置会社と同様である。

2　取締役会

　監査等委員会設置会社の取締役会は、①経営の基本方針、②監査等委員会の職務の執行のため必要なものとして法務省令で定める事項（会社規110条の4）、③内部統制の整備、④その他監査等委員会設置会社の業務執行の決定を行うとともに、取締役の職務の執行を監督し、代表取締役の選定・解職を行う（399条の13第1項・2項・3項）。代表取締役は監査等委員である取締役以外から選定する（399条の13第3項）。

　取締役会は原則として、重要な財産の処分及び譲受け、多額の借財、支配人その他の重要な使用人の選任及び解任、支店そのほかの重要な組織の設置・変更・廃止、募集社債に関する事項、定款の定めに基づく役員等の責任の一部免

除、その他の重要な業務執行の決定を取締役に委任することができない（399条の13第4項）。ただし、取締役の過半数が社外取締役である場合又は定款に規定がある場合には、取締役会はその決議によって、重要な業務執行の決定を取締役に委任することができる。その場合であっても、一定の事項については取締役に委任できない（339条5項・6項）。委任できない事項は指名委員会等設置会社において執行役に委任することが認められない事項とほぼ同様である。この仕組みを用いない場合、監査役会設置会社と同様に、特別取締役による取締役会の決議の制度を採用できる（373条1項）。取締役会に占める社外取締役の数によって、取締役に決定を委任できる業務が増えることから、モニタリング・モデルを採用することができ、そのような選択を各会社の裁量に委ねたものである。

　取締役会の運営は監査役（会）設置会社と同じ規制であるが、招集に関して、招集権者の定めがあっても、監査等委員会が選定する監査等委員は、取締役会を招集することができるとの特則がある（399条の14）。

　監査等委員ではない取締役は、監査等委員である取締役とは別に株主総会の普通決議によって選任される（329条2項）。監査等委員ではない取締役の任期は1年であり（ただし、定時株主総会の終結時まで）、定款又は株主総会決議によって短縮することができる（332条1項・3項）。選任、解任のいずれも株主総会の普通決議による（341条）。

　報酬は監査等委員である取締役とそれ以外の取締役とを区別して定款又は株主総会決議によって定められる（361条2項）。

3　監査等委員会

(1) **監査等委員**　　監査等委員会は**監査等委員**によって組織される（399条の2第1項）。監査等委員は、取締役でなければならない（399条の2第2項）。任期は2年であり（ただし、定時株主総会の終結時まで）、定款によっても短縮できない（332条4項）。

　以下のように、業務執行取締役からの独立性を確保するための規定が設けられている。

　第1に、監査等委員である取締役は、監査等委員会設置会社若しくはその子

会社の業務執行取締役若しくは支配人その他の使用人又は当該子会社の会計参与若しくは執行役を兼ねることができない（331条3項）。

第2に、選任は監査等委員である取締役とそれ以外の取締役とを区別して、株主総会の普通決議によって行う（329条2項）。累積投票の対象である（342条1項）。解任は株主総会の特別決議によって行う（309条2項7号）。

第3に、取締役は監査等委員である取締役の選任に関する議案を株主総会に提出するには、監査等委員会の同意を得なければならない（344条の2第1項）。監査等委員会は、取締役に対し、監査等委員である取締役の選任を株主総会の目的とすること又は監査等委員である取締役の選任に関する議案を株主総会に提出することを請求できる（344条の2第2項）。

第4に、員数は3人以上で、その過半数は社外取締役でなければならない（331条6項）。

第5に、報酬は監査等委員である取締役とそれ以外の取締役とを区別して定款又は株主総会決議によって定められる（361条2項）。

第6に、監査等委員は会社に対して、費用の前払・支出をした費用等の償還を請求できる。この場合、会社は、当該請求に係る費用等が監査等委員の職務の執行に必要でないことを証明した場合を除き、これを拒むことができない（399条の2第4項）。

(2)　**監査等委員会の権限・職務・運営**　　監査等委員会は監査等委員によって組織される（399条の2第1項）。

監査等委員会の職務は、①取締役（及び会計参与）の職務の執行の監査及び**監査報告**の作成、②株主総会に提出する会計監査人の選任・解任・不再任に関する議案の内容の決定、③監査等委員である取締役以外の取締役の選任・解任・報酬等についての監査等委員会の意見の決定（399条の2第3項）である。このうち②は会計監査人の独立性の確保をその趣旨とする。③の決定権限は、指名委員会、報酬委員会が置かれない代わりに、監査等委員会の権限とされたものである。この意見を監査等委員会が選定する監査等委員は株主総会において述べることができる（342条の2第4項・361条6項）。監査「等」委員会と称されるのは、監査のみならず、指名委員会、報酬委員会に代替する権限が与えられていることによる。

監査等委員は取締役会構成員でもあるから、監査の権限は**適法性監査**のみならず、**妥当性監査**にも及ぶとされる。また、監査等委員会は計算書類・事業報告及びこれらの附属明細書の監査を行う（436条2項）。

　こうした監査等を行うための権限として、監査等委員会が選定する監査等委員は、取締役及び支配人その他の使用人に対し、職務の執行に関する事項の報告を求め業務及び財産の状況の調査をすることができる（399条の3第1項）。この権限は子会社にも及ぶ（399条の3第2項・3項）。これらの権限は、会議体として組織的な監査を行うため監査等委員会に認められたものであり、選定された監査等委員は、報告の徴収又は調査に関する事項について監査等委員会の決議に従わなければならない（399条の3第4項）。これらは選定された監査等委員の権限であることから、独任制ではないとされる。

　とはいえ独任制の要素もある。監査等委員は、取締役の不正行為又は法令・定款に違反する事実若しくは著しく不当な事実の取締役会への報告や（399条の4）、取締役が株主総会に提出しようとする議案、書類その他法務省令で定めるもの（会社規110条の2）に法令若しくは定款に違反し、又は著しく不当な事項があると認めるときは、株主総会への報告が義務づけられる（399条の5）。取締役の違法行為差止請求権も与えられている（399条の6）。これらの権限は個々の監査等委員が行使することができる。

　ほかに、会社と取締役間の訴訟においては、監査等委員会が選定した監査等委員が会社を代表する（399条の7第1項2号）。

　監査等委員会設置会社の取締役の責任は、監査役会設置会社・指名委員会等設置会社と同様であるが、責任の一部免除の手続に関して、監査役設置会社では各監査役の同意とされる点が、各監査等委員の同意とされている（425条3項2号・426条2項・427条3項）。補償契約、役員等損害賠償責任保険契約についても他の役員等と同様である（430条の2・430条の3）。

　また、監査等委員ではない取締役と会社との利益相反取引（356条1項2号・3号）を監査等委員会が承認した場合、その取引により会社に損害が生じたときでも任務懈怠の推定（423条3項）は生じない（423条4項）。監査等委員会制度の利用促進という政策的判断の影響が大きい。

　委員会の運営については、指名委員会等設置会社の各種委員会にならって、

招集権者（399条の8）、招集手続等（399条の9）、決議（399条の10）、議事録（399条の11）、報告の省略（399条の12）が定められている。

　なお、取締役会や監査等委員会の機能を妨げることがなければ、任意にほかの委員会を設置して構わない。

10　検 査 役

　検査役は一定の事項を調査するために選任される臨時の機関である。創立総会、株主総会又は裁判所が選任する。具体的には、株主総会に係る招集の手続及び決議の方法の調査（306条・325条）、業務執行に法令定款違反等があることが疑われる場合の業務・財産の状況の調査（358条）、現物出資等の不当評価の調査（33条・207条・284条）の際に選任される。検査役と会社との関係は準委任であり、検査役は会社に対して善管注意義務を負う（民656条・644条）。

　取締役、執行役、監査役、会計参与、会計監査人、使用人が検査役に就任すると調査の意味がないため、これらの者は検査役になることができない。裁判所は弁護士や公認会計士を選任することが多い。

　近時、少数株主が裁判所に対して検査役選任請求をする場合の持株要件である議決権の100分の3以上について（平成17年改正前商法294条1項、会社358条1項に相当）、原告株主が裁判所に検査役選任の申請をした時点で持株要件を満たしていたとしても、その後、会社が新株を発行し、持株要件を満たさなくなった場合、会社が当該株主の上記申請を妨害する目的で新株を発行した等の特段の事情のない限り、申請人の適格を欠くとして申請を却下した例がある（最決平18・9・28民集60・7・2634〔百選51、商判Ⅰ-166〕）。学説の多くは、裁判の確定まで持株要件を維持する必要があるとしつつ、本件では、株主に濫用的な要素がないとして、直ちに却下されるべきではないと批判する。

　なお、立法論として合併検査役の必要性が論じられることがある。事後に合併を無効とすることは事実上極めて困難であることから、事前に不公正な合併を抑制するためである。ドイツ、フランス等にその例がみられる。平成26年改正は組織再編の差止請求制度を導入したが（784条の2等）、同様の趣旨から極めて重要な制度であるといえる。

5章

計　　算

Ⅰ　会計と開示

1　会計と法規制

　会社が、利益を計算する一定の期間を**事業年度**といい、その財政状態や経営成績を把握し、関係者に開示することを**会計**という。会社法では**計算等**として、その開示方法や剰余金の配当等に関する規制を、第5章（431条ないし465条）に規定している。

　会社は、毎日の取引を**複式簿記**による仕訳を行った上で**仕訳帳**に記録し、**元帳**などからなる**会計帳簿**（432条1項）を作成する。元帳は、仕訳の際に付した集計項目（売掛金や買掛金など）、すなわち**勘定**ごとに作成され、すべての勘定科目の元帳を1冊にまとめたものを、**総勘定元帳**という。

　決算の際には、会計帳簿をもとに、**計算書類**、**事業報告**、**附属明細書**など（計算書類等）を作成する。会社法では、計算書類（435条2項）とは、**貸借対照表**、**損益計算書**、**株主資本等変動計算書**、及び**個別注記表**の総称をさし、その内容等は法務省令である**会社計算規則**59条等が定める。

　会社法が会計に関する規制を行う目的は、①利害関係者へ会社の財政状態や経営成績に関する情報を提供（開示）すること、及び②**剰余金の配当等**を制限して株主と会社債権者との利害を調整することの2つである。

　株式会社の会計は、一般に公正妥当と認められる企業会計の慣行に従う（431条）が、これを短縮して**公正な会計慣行**ともいう。

　従来、会計基準は、法務省管轄の企業会計審議会が定めた**企業会計基準**等を中心に作成されていたが、企業会計の国際化に伴い、現在は公益財団法人であ

る**財務会計基準機構**の中に置かれた、**企業会計基準委員会**が設定している。

　ほかにも、上場企業等に関しては金融商品取引法が、国外の証券取引所で株式を上場する企業に関しては**国際会計基準**（IFRS）や米国会計基準が、中小企業に関しては法人税法が会計基準として機能している。

2　計算書類・事業報告・附属明細書

　株式会社は、計算書類（435条 2 項）として、会社の財産状態を表す貸借対照表、経営成績を表す損益計算書、純資産の内訳を表す株主資本等変動計算書及び、重要な事項に関して補足する個別注記表を作成することが求められている。

　貸借対照表は、左側に表示され**借方**と呼ばれる資産の部と、右側に表示され**貸方**と呼ばれる負債の部及び純資産の部からなる（**図表 5 - 1 参照**。尚、後述の出光興産新株発行差止仮処分事件を説明するための資料として使用するため、ここでは、同社の当時の計算書類を掲載している）。

　資産の部は、各種の金銭債権や在庫など事業取引等に関する資産である**流動資産**と、不動産や 1 年以上の長期的に利用される機械・設備等や投資等からなる**固定資産**に大別されて表示される。

　同様に、**負債の部**も、 1 年以内に履行期の来る**流動負債**と、 1 年超の長期にわたる**固定負債**に大別されて表示される。

　純資産の部は、**株主資本**と**評価・換算差額等**に区分され、前者は**資本金、資本剰余金、利益剰余金**とマイナス値として表示される**自己株式**に区分される。さらに、資本剰余金は**資本準備金**とその他の**資本剰余金**に、利益剰余金は**利益準備金**とその他の**利益剰余金**に区分される。会社が配当や自己株式の取得等を行う際の財源規制である**分配可能額**は、その他の資本剰余金＋その他の利益剰余金－自己株式を基本にしている。

　資産として計上される金額は、**取得価額**を原則とする**原価主義**を原則とするが、市場価格のある資産の場合は**時価評価**を行うこともある。

　建物・機械・装置等では資産価値の低下に応じて、事業年度ごとに、その価額を減額する**減価償却**が行われる。その額は一定額ずつ減額する**定額法**や一定率ずつ減額する**定率法**などの方法で決定し、貸借対照表に計上する資産の額から減額され、損益計算書に費用として計上する。のれんなどの資産に、価値の

図表 5-1　貸借対照表

出光興産株式会社　貸借対照表

(平成30年 3 月31日現在)　　　　　　　　　　　　　　　　(単位：百万円)

科　　目	金額	科　　目	金額
資　産　の　部		**負　債　の　部**	
流動資産	963,483	**流動負債**	1,064,368
現金及び預金	18,785	買掛金	341,189
受取手形	207	短期借入金	123,578
売掛金	373,369	コマーシャル・ペーパー	138,001
商品及び製品	258,505	1 年内償還予定の社債	25,000
原材料及び貯蔵品	200,190	未払金	290,982
前払費用	3,007	未払費用	2,543
短期貸付金	27,944	前受金	22,422
繰延税金資産	12,602	預り金	92,168
その他	69,667	賞与引当金	6,150
貸倒引当金	△797	その他	22,331
		固定負債	674,357
固定資産	1,405,147	社債	40,000
有形固定資産	804,615	長期借入金	479,122
建物	47,917	再評価に係る繰延税金負債	87,972
構築物	62,137	退職給付引当金	12,316
油槽	23,151	修繕引当金	25,227
機械及び装置	79,390	その他	29,719
車両運搬具	1,618	**負　債　合　計**	1,738,726
工具、器具及び備品	5,379	**純　資　産　の　部**	
土地	576,965	**株主資本**	464,980
建設仮勘定	8,055	資本金	168,351
無形固定資産	11,327	資本剰余金	127,344
借地権	8,285	資本準備金	116,990
ソフトウエア	2,647	その他資本剰余金	10,354
その他	394	利益剰余金	169,417
投資その他の資産	589,205	利益準備金	1,081
投資有価証券	36,780	その他利益剰余金	168,336
関係会社株式	451,062	特別償却準備金	941
長期貸付金	14,196	海外投資等損失準備金	736
繰延税金資産	41,051	固定資産圧縮積立金	32,448
その他	46,168	繰越利益剰余金	134,210
貸倒引当金	△54	自己株式	△133
		評価・換算差額等	164,924
		その他有価証券評価差額金	7,901
		繰延ヘッジ損益	△1,148
		土地再評価差額金	158,171
		純　資　産　合　計	629,904
資　産　合　計	2,368,631	**負債・純資産合計**	2,368,631

図表 5 - 2　損益計算書

出光興産株式会社　損益計算書

（平成29年 4 月 1 日から平成30年 3 月31日まで）　　（単位：百万円）

科目		金額
売　上　高		2,746,981
売　上　原　価		2,432,652
売 上 総 利 益		314,329
販売費及び一般管理費		210,534
営　業　利　益		103,794
営 業 外 収 益		
受　取　利　息	773	
受 取 配 当 金	27,658	
補 助 金 収 入	2,764	
そ　　の　　他	728	31,924
営 業 外 費 用		
支　払　利　息	6,046	
為　替　差　損	53	
そ　　の　　他	5,113	11,213
経　常　利　益		124,505
特　別　利　益		
固 定 資 産 売 却 益	1,683	
投資有価証券売却益	414	
関係会社株式売却益	3,385	5,483
特　別　損　失		
減　損　損　失	1,713	
固定資産売却損	268	
固定資産除却損	3,043	
関係会社株式評価損	12,388	
確定拠出年金制度移行に伴う損失	13,810	
そ　　の　　他	1,155	32,379
税引前当期純利益		97,608
法人税、住民税及び事業税	1,994	
法人税等調整額	4,344	6,338
当 期 純 利 益		91,270

減少が生じたら、**減損**として費用処理される。

　損益計算書には、会社の経営成績を明らかにするために、一定期間における**収益**と、それに対応する**費用**を記載した上で、利益の額が表示される（**図表 5 - 2** 参照）。

　利益額は、その性質に応じて、いくつかの段階に分けて表示される。具体的には、①**売上総利益**＝売上高－売上原価、②**営業利益**＝売上総利益－販売費及び一般管理費、③**経常利益**＝営業利益＋**営業外利益**（受取配当や受取利息など本

業以外の収益）－**営業外費用**（支払利息など）、④**税引前当期純利益**＝経常利益に**固定資産売却損益**など臨時に発生した損益（**特別利益・特別損失**）を加減したもの、⑤当期純利益＝税引前当期純利益－法人税等、である。

　一概に利益といっても、①～⑤までの種類があり、配当は⑤から支払われるのが原則である。

　①はその会社の商品が生む利益の額、②は当該事業が生む利益の額、③は当該企業が生む利益の額、④はその期に特有な事項を加味した利益の額、⑤は最終的に残すことができた利益の額を表すと考えられてる。

　株主資本等変動計算書は、事業年度における純資産の部の変動を示す計算書であり、株主持分の増減の明細を示す表の形式を採る（**図表 5-3 参照**）。

　個別注記表は、会社の財産や損益の状態を正確に判断するために必要な注記事項を表示するもので、他にも、**重要な会計方針**や会社の事業継続についての疑義を表す**「継続企業の前提」**などが記載される。

　事業報告は、事業年度中の会社の状況を、主に文章等で説明した報告書である。会社の現況のほか、会社役員、株式、新株予約権、会社の支配に関する基本方針、企業買収防衛策等に関する事項が記載される。

　これらの計算書類等は、株主総会の招集通知に、株主総会参考書類として添付される。インターネットで開示している企業も多いので、是非、よく知っている会社の計算書類等を入手して実物を確認してほしい。

　附属明細書は、計算書類や事業報告の内容を補足する事項を開示するが、株主総会の招集通知には添付されず、会社の本店等で閲覧に供される。

　金融商品取引法上の開示書類には、株主資本等変動計算書の代わりに、会社の資金の増減の内訳を開示する**連結キャッシュ・フロー計算書**が含まれる。

3　決算と監査

　(1)　**作成と保存**　　会社は、各事業年度について計算書類、事業報告、及び附属明細書（計算書類等）を作成し（435条2項）、10年間保存する義務がある（4項）。会計参与設置会社では、会計参与も取締役と共同して計算書類を作成する（374条1項）。

　(2)　**監　査**　　会計監査人設置会社以外の**監査役設置会社**では、計算書類等

図表5-3　株主資本等変動計算書

出光興産株式会社　株主資本等変動計算書

（自　平成29年4月1日　至　平成30年3月31日）　　　　　　　　（単位：百万円）

	株主資本									
		資本剰余金			利益剰余金					
							その他利益剰余金			
	資本金	資本準備金	その他資本剰余金	資本剰余金合計	利益準備金	特別償却準備金	海外投資等損失準備金	固定資産圧縮積立金	繰越利益剰余金	利益剰余金合計
当期首残高	108,606	57,245	10,354	67,599	1,081	1,254	424	33,449	51,93	288,140
当期変動額										
新株の発行	59,744	59,744		59,744						
剰余金の配当									△12,316	△12,316
当期純利益									91,270	91,270
自己株式の取得										
その他利益剰余金の積立							349	1,126	△1,476	—
その他利益剰余金の取崩						△312	△36	△2,127	2,476	—
土地再評価差額金の取崩									2,324	2,324
株主資本以外の項目の当期変動額（純額）										
当期変動額合計	59,744	59,744	—	59,744	—	△312	312	△1,000	82,277	81,277
当期末残高	168,351	116,990	10,354	127,344	1,081	941	736	32,448	134,210	169,417

| | 株主資本 | | 評価・換算差額等 | | | | 純資産合計 |
	自己株式	株主資本合計	その他有価証券	繰越ヘッジ損益	土地再評価差額金	評価・換算差額等	
当期首残高	△131	264,215	6,445	△2,824	155,541	159,162	423,377
当期変動額							
新株の発行		119,489					119,489
剰余金の配当		△12,316					△12,316
当期純利益		91,270					91,270
自己株式の取得	△1	△1					△1
その他利益剰余金の積立		—					—
その他利益剰余金の取崩		—					—
土地再評価差額金の取崩		2,324			△2,324	△2,324	—
株主資本以外の項目の当期変動額（純額）			1,455	1,676	4,953	8,086	8,086
当期変動額合計	△1	200,764	1,455	1,676	2,629	5,762	206,527
当期末残高	△133	464,980	7,901	△1,148	158,171	164,924	629,904

につき監査役の監査を受けなければならない（436条1項）。定款で監査役の監査を会計監査に限定する会社も、会社法上は監査役設置会社ではない（2条9号括弧書き）が、事業報告も含め監査を受けなければならない。

会計監査人設置会社では、監査役・監査等委員会・監査委員会（以下"**監査役等**"）が事業報告及びその附属明細書についての監査を行い（436条2項2号）、計算書類等については監査役等と会計監査人の両方の監査を受ける（436条2項1号）。

監査とは、対象となる書類が「遵守すべき法令や社内規程などの規準に照らして」会社の状況を適正に表示しているかについて意見を形成し、その意見を**監査報告**（図表5-4）の形で表明することをいう。書類作成後に行う**期末監査**だけでなく、事業年度途中にも**期中監査**として調査等を行う場合がある。計算関係書類（計算関係書類及びその附属明細書など会計に関する書類。会社計算2条3項3号）の監査は一般に**会計監査**と呼ばれ、会計情報の適正性を担保する。それ以外の業務全般に関する監査は**業務監査**と呼ばれる。

監査の結果は、監査役・監査役会・監査等委員会・監査委員会が作成する**監査報告**と、会計監査人が作成する**会計監査報告**（図表5-5）にまとめられ、それぞれ、監査対象となっている書類の内容が適正であるかにつき意見を表明する（会社計算126条・128条等）。会計監査報告の監査対象は計算書類とその附属明細書である。会計監査人の監査の方法又は結果が相当でないと監査役が認めた場合、その旨と理由が監査報告に記載される（会社計算127条等）。

(3) **株主への提供**　監査後の計算書類等は、取締役会の承認を受け（436条3項）、通常は定時株主総会の招集通知とともに、株主総会参考資料として株主に提供される（437条）。

会社は、定時株主総会の2週間前から、計算書類等を会社の本店等に備置き（442条1項・2項）、株主・会社債権者・親会社社員は、一定の要件のもと、閲覧や謄本等の交付等を請求できる（442条3項・4項）。取締役会非設置会社の場合、備置きの期間は1週間でよい（442条1項）。

(4) **株主総会での承認又は報告**　取締役は、監査済の計算書類等を定時株主総会に提出し、承認を受け、事業報告の内容を報告する（438条）。会計監査人設置会社の場合には、取締役会の承認を受けた計算書類が、法令・定款に従

図表 5 - 4　監査役会の監査報告書

監 査 報 告 書

　当監査役会は、平成29年4月1日から平成30年3月31日までの第103期事業年度の取締役の職務の執行に関して、各監査役が作成した監査報告書に基づき、審議の上、本監査報告書を作成し、以下のとおり報告いたします。

1．監査役及び監査役会の監査の方法及びその内容
　(1)　監査役会は、監査の方針、職務の分担等を定め、各監査役から監査の実施状況及び結果について報告を受けるほか、取締役等及び会計監査人有限責任監査法人○○○○以下「会計監査人」という。）からその職務の執行状況について報告を受け、必要に応じて説明を求めました。
　(2)　各監査役は、監査役会が定めた監査役監査基準に準拠し、監査の方針、職務の分担等に従い、取締役、内部監査室その他の従業員等と意思疎通を図り、情報の収集及び監査の環境の整備に努めるとともに以下の方法で監査を実施しました。
　　ア．取締役会その他重要な会議に出席し、取締役及び従業員等からその職務の執行状況について報告を受け、必要に応じて説明を求め、重要な決裁書類等を閲覧し、本社及び主要な事業所において業務及び財産の状況を調査いたしました。また、子会社については、子会社の取締役及び監査役等と意思疎通及び情報の交換を図り、必要に応じて子会社から事業の報告を受けました。
　　イ．事業報告に記載されている取締役の職務の執行が法令及び定款に適合することを確保するための体制その他株式会社及びその子会社から成る企業集団の業務の適正を確保するために必要なものとして会社法施行規則第100条第1項及び第3項に定める体制の整備に関する取締役会決議の内容及び当該決議に基づき整備されている体制（内部統制システム）について、取締役及び従業員等からその構築及び運用の状況について定期的に報告を受け必要に応じて説明を求め、意見を表明いたしました。なお、財務報告に係る内部統制については、取締役等及び会計監査人から当該内部統制の評価及び監査の状況について報告を受け、必要に応じて説明を求めました。
　　ウ．事業報告に記載されている会社法施行規則第118条第3号イの基本方針については、取締役会その他における審議の状況等を踏まえ、その内容について検討を加えました。
　　エ．会計監査人が独立の立場を保持し、かつ、適正な監査を実施しているかを監視及び検証するとともに、会計監査人からその職務の執行状況について報告を受け、必要に応じて説明を求めました。また、会計監査人から「職務の遂行が適正に行われることを確保するための体制」（会社計算規則第131条各号に掲げる事項）を「監査に関する品質管理基準」（平成17年10月28日企業会計審議会）等に従って整備している旨の通知を受け、必要に応じて説明を求めました。
以上の方法に基づき、当該事業年度に係る事業報告及びその附属明細書、計算書類（貸借対照表、損益計算書、株主資本等変動計算書及び個別注記表）及びその附属明細書並びに連結計算書類（連結貸借対照表、連結損益計算書、連結株主資本等変動計算書及び連結注記表）について検討いたしました。
2．監査の結果
　(1)　事業報告等の監査結果
　　ア．事業報告及びその附属明細書は、法令及び定款に従い、会社の状況を正しく示しているものと認めます。
　　イ．取締役の職務の執行に関する不正の行為又は法令若しくは定款に違反する重大な事実は認められません。
　　ウ．内部統制システムに関する取締役会決議の内容は相当であると認めます。また、当該内部統制システムに関する事業報告の記載内容及び取締役の職務の執行についても、指摘すべき事項は認められません。なお、財務報告に係る内部統制については、本監査報告書の作成時点において開示すべき重要な不備はない旨の報告を、取締役等及び会計監査人から受けております。
　　エ．事業報告に記載されている会社の財務及び事業の方針の決定を支配する者の在り方に関する基本方針については、指摘すべき事項は認められません。
　(2)　計算書類及びその附属明細書の監査結果
　　会計監査人の監査の方法及び結果は相当であると認めます。
　(3)　連結計算書類の監査結果
　　会計監査人の監査の方法及び結果は相当であると認めます。

平成30年5月14日

　　　　　　　　　　　　　　　　　　　　　○○○○株式会社　監査役会
　　　　　　　　　　　　　　　　　　　　　　　常勤監査役　○○○○　㊞
　　　　　　　　　　　　　　　　　　　　　　　常勤監査役　○○○○　㊞
　　　　　　　　　　　　　　　　　　　監査役（社外監査役）○○○○　㊞
　　　　　　　　　　　　　　　　　　　監査役（社外監査役）○○○○　㊞

（出光興産株式会社　第103回定時株主総会招集ご通知53-54頁より作成）

図表5-5　公認会計士の会計監査報告書の文例

独立監査人の監査報告書

平成30年5月11日

○○○○株式会社
　取締役会　御中

　　　　　　　　　　　　　　　　　　　　　　　有限責任監査法人○○○○
　　　　　　　　　　　　　　　　　　　　　　　　　指定有限責任社員
　　　　　　　　　　　　業務執行社員公認会計士　　○○○○㊞
　　　　　　　　　　　　　　　　　　　　　　　　　指定有限責任社員
　　　　　　　　　　　　業務執行社員公認会計士　　○○○○㊞
　　　　　　　　　　　　　　　　　　　　　　　　　指定有限責任社員
　　　　　　　　　　　　　業務執行社員公認会計士　　○○○○㊞
　　　　　　　　　　　　　　　　　　　　　　　　　指定有限責任社員
　　　　　　　　　　　　　業務執行社員公認会計士　　○○○○㊞

　当監査法人は、会社法第436条第2項第1号の規定に基づき、出光興産株式会社の平成29年4月1日から平成30年3月31日までの第103期事業年度の計算書類、すなわち、貸借対照表、損益計算書、株主資本等変動計算書及び個別注記表並びにその附属明細書について監査を行った。

計算書類等に対する経営者の責任

　経営者の責任は、我が国において一般に公正妥当と認められる企業会計の基準に準拠して計算書類及びその附属明細書を作成し適正に表示することにある。これには、不正又は誤謬による重要な虚偽表示のない計算書類及びその附属明細書を作成し適正に表示するために経営者が必要と判断した内部統制を整備及び運用することが含まれる。

監査人の責任

　当監査法人の責任は、当監査法人が実施した監査に基づいて、独立の立場から計算書類及びその附属明細書に対する意見を表明することにある。当監査法人は、我が国において一般に公正妥当と認められる監査の基準に準拠して監査を行った。監査の基準は、当監査法人に計算書類及びその附属明細書に重要な虚偽表示がないかどうかについて合理的な保証を得るために、監査計画を策定し、これに基づき監査を実施することを求めている。

　監査においては、計算書類及びその附属明細書の金額及び開示について監査証拠を入手するための手続が実施される。監査手続は、当監査法人の判断により、不正又は誤謬による計算書類及びその附属明細書の重要な虚偽表示のリスクの評価に基づいて選択及び適用される。監査の目的は、内部統制の有効性について意見表明するためのものではないが、当監査法人は、リスク評価の実施に際して、状況に応じた適切な監査手続を立案するために、計算書類及びその附属明細書の作成と適正な表示に関連する内部統制を検討する。また、監査には、経営者が採用した会計方針及びその適用方法並びに経営者によって行われた見積りの評価も含め全体としての計算書類及びその附属明細書の表示を検討することが含まれる。

　当監査法人は、意見表明の基礎となる十分かつ適切な監査証拠を入手したと判断している。

監査意見

　当監査法人は、上記の計算書類及びその附属明細書が、我が国において一般に公正妥当と認められる企業会計の基準に準拠して、当該計算書類及びその附属明細書に係る期間の財産及び損益の状況をすべての重要な点において適正に表示しているものと認める。

利害関係

　会社と当監査法人又は業務執行社員との間には、公認会計士法の規定により記載すべき利害関係はない。

　　　　　　　　　　　　　　　　　　　　　　　　　　　　　　　　　　以　上

（出光興産株式会社　第103回定時株主総会招集ご通知51-52頁より作成）

い、会社の財産および損益の状況を正しく表示するものとして、次の要件を満たす場合には、会計監査人の監査により計算書類等の内容の適正性が担保されているものとして、定時株主総会の承認は不要となり、取締役は株主総会で内容の報告のみを行う（439条）。

　その要件とは、会計監査報告に**無限定適正意見**が付されていることと、会計監査人の監査の方法又は結果を相当でないと認める監査役等の意見がないこと等（会社計算135条）である。

　株主総会で承認された計算書類が会社計算規則等に違反する場合は、承認決議は内容が法令に違反するものとして無効（830条2項）であり、監査を受けていない計算書類が承認された場合には、決議の方法の法令違反（831条1項1号）として取消事由になる（最判昭54・11・16民集33・7・709〔百選40、商判 I -94〕）。決議が取り消された場合には、遡って無効となるため、以降の事業年度の承認決議も効力を失い、再決議を行って再度の承認が必要になる（最判昭58・6・7民集37・5・517〔百選37、商判 I -86〕）。

　(5)　**その他の利害関係者への提供——公告**　　会社は、定時株主総会の終結後遅滞なく、貸借対照表（大会社では損益計算書も）を公告する（図表5-6、440条1項）。インターネット等での公告でもよく（440条3項）、公告方法が官報又は日刊新聞紙の場合には要旨の公告で足りる（図表5-7、440条2項）。上場企業などの有価証券報告書を提出する会社では、公告は必要ない（440条4項）。

　(6)　**連結計算書類**　　ある会社とその子会社からなる企業グループについては、グループ内の取引を相殺・合算して1つの会社のように見なして作成する連結計算書類が作成される。**連結計算書類**は、連結貸借対照表・連結損益計算書・連結株主資本等変動計算書・連結注記表からなる（会社計算61条1号）。会計監査人設置会社では連結計算書類の作成が可能（444条1項）で、大会社かつ有価証券報告書提出会社では、作成は義務である（444条3項）。連結計算書類についても、監査、取締役会の承認、株主への提供、定時株主総会での報告が必要である（444条4項ないし7項）。

　(7)　**不適切会計・不正会計・粉飾決算**　　決算書に間違いがあった場合、意図的ではない事実関係の見落としや勘違い、会計処理の適用の誤りにより、決算数値が真実とは異なる場合は、**誤謬**（誤り）と呼ばれる。決算書作成の過程

や、監査法人の監査の段階で判明することが多く、決算発表前に修正が行われる。

　取引の隠蔽や証憑（取引の証拠となる書類）の偽造や改ざんなど、不当又は違法な利益を計上するために、経営者や従業員等による意図的な決算書の誤りがある場合には**不正会計**に該当する。意図的であるか否かが不明な段階では、一般に**不適切会計**とよばれる。第三者委員会等による調査の結果、意図的であったことが判明した場合には、不正会計であることが確定し、会社の不祥事として大きな社会問題となる。

　これらの不正行為に経営者が指示・関与した場合には、**粉飾決算**として刑事責任（960条〔特別背任罪〕、刑法246条〔詐欺罪〕、金商197条・207条〔有価証券報告書虚偽記載罪〕など）を問われる場合がある。経営者の関与はなく、従業員による隠蔽や虚偽報告等が行われていた場合には、誤謬による場合も含め、内部統制の不備の問題となり、経営者が適切な防止措置を行っていなかった場合には、内部統制システム構築義務（362条4項6号、会社規100条）違反として任務懈怠責任（423条）を負う。

　証券取引所で株式を上場している上場会社の場合、粉飾決算は、不正会計の中でも悪質で犯罪性も高く、強制捜査が入るなど、大きな社会的な事件として扱われる。

4　開示——上場企業等の場合

　上場企業等の場合には、投資家保護の観点から、会社が発行する有価証券等の価値に関する情報を提供させることで、市場が情報を迅速・正確に反映し、証券市場を通じた効率的な資源配分を達成させるために、会社法が定めるよりも非常に詳細な、会社情報の開示が求められる。

　金融商品取引法（以下、金商法）が定める開示には、証券発行の際に発行者に要求される**発行開示**と、定期的に要求される**継続開示**とがある。

　前者は、**発行市場**の発行会社に、有価証券等を発行する際に作成される**有価証券届出書**の公衆縦覧や、**目論見書**の投資家への交付を求めることにより行われ、後者は、有価証券の**流通市場**において、上場会社や資本金5億円以上かつ株主数1000人以上の会社に対して、決算日後3ヵ月以内に**有価証券報告書**（及

図表 5 - 6　　決算公告

第 4 期決済公告	損益計算書の要旨

令和 3 年 9 月15日

東京都港区 ●●●●●●●●
株式会社 ●●●●
代表取締役 ●●●●

$\left(\begin{matrix}\text{自}　令和 2 年 7 月 1 日\\\text{至}　令和 3 年 6 月30日\end{matrix}\right)$

（単位：百万円）

科　　　目	金　額
売　　上　　　高	12,256
売　上　原　価	786
売　上　総　利　益	11,470
販売費及び一般管理費	8,184
営　業　利　益	3,286
営　業　外　収　益	17
営　業　外　費　用	41
経　営　利　益	3,262
特　別　利　益	－
特　別　損　失	－
税引前当期純利益	3,262
法人税・住民税及び事業税	411
法　人　税　等　調　整　額	△161
当　期　純　利　益	3,001

貸借対照表の要旨

（令和 3 年 6 月30日現在）（単位：百万円）

科　目	金　額	科　目	金　額
流　動　資　産	22,879	流　動　負　債	16,109
固　定　資　産	6,292	固　定　負　債	－
		負　債　合　計	16,109
		株　主　資　本	13,061
		資　本　金	6,286
		資　本　剰　余　金	6,266
		資　本　準　備　金	6,266
		利　益　剰　余　金	508
		その他利益所預金	508
		純資産合計	13,061
資　産　合　計	29,171	負債・純資産合計	29,171

※官報に掲載される公告は、横2.9cm×縦6.1cmを 1 枠とする。
決算公告の場合　 1 枠あたりの掲載料は37,166円（税込）で、上記は 1 枠の公告。
http://kanpo-kanpo.blog.jp/archives/8344008.html

び四半期報告書・臨時報告書）の提出を求めることで行われる。金商法上の開示では、**EDINET** と呼ばれる**電子開示制度**が整備され、インターネットから、これらの情報を入手することが可能である。

　また、上場企業の場合には、これ以外にも株価に影響を及ぼす可能性が高い事項に関して**適時開示**として、重要な発生事実・決定事実に関する開示や、決算速報である**決算短信**等による情報開示が義務付けられている。

5　会計帳簿・会社財産の調査

　(1)　**帳簿閲覧請求権**　　議決権又は発行済株式の 3 ％以上（定款で引下げ可能）を有する株主は、権利を行使するために、会社の営業時間内に会計帳簿又はこれに関する資料の閲覧・謄写を請求する権利である、**帳簿閲覧請求権**が認められる（433条 1 項）。

　親会社社員（親会社の株主、その他の社員（持分会社の出資者）。31条 3 項）は、権利を行使するために必要があるときは、裁判所の許可を得て、子会社の会計

帳簿やこれに関する資料の閲覧等が可能である（433条3項）。

対象となる会計帳簿とは、通常、仕訳帳・元帳・補助簿をさす。補助簿とは元帳の補助的な役割をする帳簿をいい、金銭出納帳や当座預金出納帳、取引先別に管理された売掛金の得意先元帳や買掛金の仕入先元帳等をいう。

「これに関する資料」とは、会計帳簿を作成する際に直接の資料になった書類（領収書等）、その他会計帳簿を実質的に補充する書類（契約書や覚書メモ等）をさすとされる（横浜地判平3・4・19判時1397・114〔百選A32、商判Ⅰ-161〕）。

図表5-7　決算公告（貸借対照表の要旨のみ）

第12期決済公告

令和3年6月27日

東京都港区●●●●●●●
株式会社 ●●●●
代表取締役 ●●●●

貸借対照表の要旨

（令和3年3月31日現在）（単位：百万円）

	科　　　目	金　額
資産の部	流　動　資　産	15,394
	固　定　資　産	4,674
	合　　　計	20,069
負債及び 純資産の部	流　動　負　債	4,168
	固　定　負　債	3,300
	株　主　資　本	12,600
	資　　本　　金	10
	資　本　剰　余　金	0
	利　益　剰　余　金	12,589
	その他利益所預金	12,589
	（うち当期純利益）	(3,136)
	合　　　計	20,069

※大会社以外の場合、貸借対照表の要旨のみの公告でよい。
　上記は2枠での公告である。
http://nobrona.hateblo.jp/entry/2014/07/24/061031

(2) **請求理由と拒絶事由**　　閲覧請求をする際は、その理由を明らかにしなければならない（433条1項）。理由は、具体的に述べなければならない（最判平2・11・8裁判集民161・175）が、請求の理由を基礎づける事実が客観的に存在することを証明する必要はない（最判平16・7・1民集58・5・1214〔百選73、商判Ⅰ-160〕）。

会社の業務を阻害する危険や営業秘密の漏えいの危険などに備えて、**拒絶事由**（433条2項）が列挙されており、会社は、それに該当することを証明した場合に限り拒絶できる（433条4項）。

433条2項3号が規定する拒絶事由は、①株主の権利の確保・行使以外の目的での請求、②会社の業務を妨害し株主の利益を害する目的での請求、③請求者が会社の業務と実質的に競業関係にあるか、その従業員である場合、④閲覧等請求で得た情報を利益を得て第三者に漏洩するための請求、⑤請求者が過去2年以内に④の漏洩を行ったことがある場合の5つである。

また、③に該当するには、3号に該当する客観的な事実が認められれば足

り、請求者に競業のために利用するなどの主観的な意図がある必要はない（最決平21・1・15民集63・1・1〔百選74、商判Ⅰ-163〕）。閲覧等で得た情報には営業秘密等が含まれるため、請求を行った時点では不当に競業に利用する意図はなくても、近い将来に競業関係に立つ蓋然性が高ければ、競業関係にあると判断される（東京地判平19・9・20判時1985・140〔商判Ⅰ-162〕）可能性が高い。

(3)　**検査役による検査**　　株主自らが、会社の業務・財産の状況を直接に調査することはできないが、**検査役**に代行させることはできる。つまり、会社の業務の執行に関して、不正の行為又は法令・定款に違反する重大な事実があることを疑うに足る事由があるときは、議決権又は発行済株式の３％以上（定款で引下げ可）を有する株主は、会社の業務・財産の状況を調査させるために、裁判所に対し検査役の選任の申立てをすることができる（358条、大阪高決昭55・6・9判タ427・178〔百選A30、商判Ⅰ-165〕）。３％の持株要件は、申立て後も維持されなければならない（最決平18・9・28民集60・7・2634〔百選57、商判Ⅰ-166〕）。

　検査役は、必要な場合は子会社の調査も可能（358条4項）で、調査結果を裁判所に報告し会社と申立株主に提供する（358条5項ないし7項）。報告を受けた裁判所は必要があれば、株主総会の招集等を命じなければならない（359条）。

2　剰余金の配当と資本制度

1　剰余金の配当をめぐる利害調整

(1)　純資産の部の内訳

(a)　資本金・準備金・剰余金　　従来、資本金・準備金の額に相当する財産を維持すること（資本維持の原則）、出資の際に資本金・準備金の額に相当する財産が確実に拠出されること（資本充実の原則）、資本金・準備金を会社が自由に減少できないこと（資本不変の原則）は、総称して資本制度と呼ばれてきたが、現在ではこれらの原則を重視しない見解が多い。

　資本金の額は、原則として、設立又は新株発行に際して、会社に払込み又は給付された財産の額である（445条1項）が、2分の1までの額を資本金にはせず、**資本準備金**とすることができる（445条2項・3項）。それ以外の**資本剰余金**は、その他**資本剰余金**として、例えば自己株式の売買益など、資本活動から得

られた利益額が、営業活動で得られる損益計算を経由せずに、直接に純資産の部の額を増減する形で計上される。

会社が営業活動を通じて稼得した利益は、**利益剰余金**として会社の内部に留保されるが、会社が剰余金の配当をする場合、減少する剰余金の額（配当の総額）の10％の額を、準備金の額が資本金の額の4分の1になるまで、（資本準備金又は）**利益準備金**として計上する（445条4項）。利益準備金に計上されない額は、**その他利益剰余金**として会社内に留保される。

条文上、**準備金**とは資本準備金と利益準備金の合計額をさす。同様に、剰余金の配当（→**2**）の剰余金とは、その他資本剰余金とその他利益準備金の合計額をいう。資本剰余金と利益剰余金の合計額ではなく、準備金を減額した額が剰余金の額である。

会社は、株主総会の決議により、剰余金（その他資本剰余金・その他利益剰余金）を減少して、資本金（450条、資本金の額の増加）や準備金（451条）を増加させる（振り替える）こともでき、当該金額相当額が配当できなくなる。

任意積立金は、その他の剰余金の一部であり、法律上は配当できるが、定款等の規定に基づき株主総会決議など一定の手続を経なければ、積立てや取崩し等が行えないもので、会社が自主的に配当の財源にはしないことを定めている。

(b)　その他　　純資産の部には、他にも評価・換算差額等と新株予約権が表示されている。**評価・換算差額等**（会社計算76条1項2号ロ）は、一部の資産について時価評価を行うが、その評価損益に関しては、会社の損益としては認識せず、差額をそのまま純資産の部に計上するものである。

差額について、そのまま純資産の部を増減する方法は、原則的な会計処理では認められない方式であるが、国際会計基準等による時価での開示の要請により、経営政策等の目的で保有するその他有価証券評価差額金、繰延ヘッジ損益、為替換算調整勘定、土地再評価差額金に関しての計上が認められている。

土地再評価については特別法（「土地の再評価に関する法律」）により、平成10年から4年間に限って、時限的に認められたもので、その際に計上された額が計上されていることが多い。

新株予約権も返済の必要のないものなので、純資産の部に計上される（会社計算76条1項1号）。新株予約権が行使されれば、行使された新株予約権に関す

る額は、行使金額とともに資本金に振り替えられ、失効すれば、そのまま資本剰余金には振り替えられず、新株予約権戻入益として特別利益に計上され、最終的には利益剰余金の一部になる。

評価・換算差額等と新株予約権は剰余金には含まれず、配当等の対象ではない。

(2)　**剰余金の配当等に関する財源規制の概要**　　会社は、株主に**剰余金の配当を**することができ（453条）、配当は利益の分配の基本的な方法である。利益の全額が配当されるのではなく、一部は**内部留保**として会社に残され、利益剰余金として留保された上で、会社の運転資金として利用される。上場会社では、税引後の当期純利益の内、配当として支払われる金額の比率（**配当性向**）は、30〜40%である場合が多い。

株式会社では、自己の有する株式の引受価額を超えて会社債権者に対して責任を負うことがないという**株主有限責任の原則**（104条）が適用されるため、債権者の利益を保護するために剰余金の配当の手続や限度額について規制がおかれている（**財源規制**）。

剰余金の配当と自己株式の取得の一部を総称して**剰余金の配当等**（459条）という。その財源となるのが**分配可能額**で、その他の利益剰余金とその他の資本剰余金の合計額を基本に、取得した自己株式の額を減額し、当該事業年度に生じた一定の項目を加減して計算される。

臨時決算を行って**臨時計算書類**（441条）を作成した場合には、そこで生じた利益は分配可能額に加えられる（461条2項）。

剰余金の配当ができる金額は、原則として、総資産－（負債＋資本金・準備金）－（評価換算差額等＋新株予約権）＝（配当可能な）剰余金＝その他の利益剰余金＋その他の資本剰余金の範囲であり（461条1項）、資産から負債を差引いた純資産の額が300万円以上の場合（458条）である。

資本金と準備金は計算上の数字にすぎないものの、債権者保護のためのクッションとして、配当禁止財産を測る基準になる。

(3)　**剰余金の配当等に関する財源規制の概要──詳細**　　これを理解するためには、会計学に関する専門的な知識が必要である。以下(a)〜(c)の3つの段階を踏んで求められる。

(a) 決算日における剰余金の額の算定（446条1項）　　決算日における剰余金の額＝（イ）資産の額＋（ロ）自己株式の帳簿価額の合計額（純資産の部に計上されているマイナスの値）－（ハ）負債の額－（ニ）資本金・準備金－（ホ）会社計算規則149条で定める各勘定科目に計上した額の合計額という計算式が規定されている。

会社計算規則149条では、（ホ）について、（（イ）＋（ロ））－（（ハ）＋（ニ））－その他の資本剰余金－その他の利益剰余金と規定している。すなわち、剰余金の額＝（イ）＋（ロ）－（ハ）－（ニ）－（（（イ）＋（ロ））－（（ハ）＋（ニ））－その他の資本剰余金－その他の利益剰余金）＝その他の資本剰余金＋その他の利益剰余金となる。

(b) 分配時の剰余金額の算定（446条2号ないし7号）　　期中の剰余金の変動を反映させるため、変動要因として決算日後の自己株式の処分損益、資本金・準備金の減少、自己株式の消却額、剰余金の配当、その他法務省令（会社計算150条）で定める額が加減される。

すなわち、分配時の剰余金の額＝①決算日における剰余金の額（上記(a)の額、1号）＋②決算日後の自己株式の処分損益（2号）＋③決算日後の減資差益（3号）＋④決算日後の準備金減少差益（4号）－⑤決算日後の自己株式消却額（5号）－⑥決算日後の剰余金の配当額（6号）－⑦会社計算規則150条で定める各勘定科目に計上した額（7号）、の計算式で求められる額である。

③の減資差益とは、資本金の額を減少して剰余金に組入れた額をいう。同様に、④の準備金減少差益とは、準備金の額を減少して剰余金に組入れた額をいう。⑤の自己株式消却とは、自己株式を消滅させることをいい、剰余金から自己株式の取得価額が減算される。

会社計算規則150条では、決算日（最終事業年度末日）後に、以下の行為が行われた場合に、加減すべき項目を規定している（1項）。(i)〜(iv)の合計額に、(v)(vi)を減じた額が⑦の額である。該当する行為がなければ無視してよい。

(i) 剰余金から資本金の額又は準備金への振替額（1号）

(ii) 剰余金の配当を実施した場合に、準備金が資本金の4分の1に達していない会社で行われる準備金積立額（2号）

(iii) 吸収型再編行為を実施した場合に処分する自己株式処分差額（3号）

(iv)　吸収分割又は新設分割を実施し剰余金の額を減少した場合の、当該剰余金減少額（4号）

(v)　吸収型再編受入行為を実施した場合の、その他資本剰余金及びその他利益剰余金の増減額（5号）

(vi)　不公正な引受額で株式を引受けた者の責任（52条1項・52条の2第1項・102条の2第1項・212条1項・213条の2第1項・285条1項・286条の2第1項）が履行された場合、増加するその他の資本剰余金の額（6号）

　(c)　分配可能額の算定（461条2項）　　分配時の自己株式の保有状況等を反映させるため、分配時の剰余金の額から分配時における自己株式の帳簿価額と、決算日後に自己株式を処分した場合の処分価額や、臨時決算を行って計算書類の承認も行った場合の損益の額等を調整して分配可能額を算定する。

　すなわち、分配可能額＝①分配時の剰余金の額（(b)の額、1号）－②分配時の自己株式の帳簿価額（3号）－③決算日後に自己株式を処分した場合の処分対価（4号）＋④臨時決算を行い臨時計算書類につき承認を受けた場合の期間利益の額（2号イ）と臨時決算期間に行った自己株式処分の対価額（2号ロ）－⑤臨時決算での期間損失の額（5号）－⑥会社計算規則158条で定める額（6号）、の計算式で求められる額が分配可能額である。

　会社計算規則158条が定める項目は以下の通り。

(i)　のれん等調整額（のれんの額の2分の1＋繰延資産、1号）

(ii)　その他有価証券評価差損（評価差額金がマイナスの場合のみ、2号）

(iii)　土地再評価差損（評価差額金がマイナスの場合のみ、3号）

(iv)　連結配当規制適用会社の場合、連結配当規制控除額（4号）

(v)　2回以上臨時計算書類を作成した場合の純利益等（5号）

(vi)　純資産が300万円を下回る場合の資本金と準備金等の不足額（6号）

(vii)　臨時決算期間中の吸収型再編受入行為又は特定募集に際して処分する自己株式の対価の額（7号）

(viii)　決算日後に不公正発行に伴う支払義務の履行により増加したその他資本剰余金の額等（8号）

(ix)　決算日後に株式会社が株式を取得対価として自己株式を取得した場合の対価の額（減額、9号）

(x) 決算日後の吸収型再編受入行為又は特定募集に際して処分する自己株式の処分対価の額（減額、10号）

(4) 分配可能額規制の適用対象となる行為　分配可能額規制の適用対象となる株主への分配には、剰余金の配当（461条1項8号）のほかに、以下の自己株式の有償取得も含まれる。

①会社が譲渡制限付株式の買取人になる場合（461条1項1号）、②株主との合意による有償取得（461条1項2号・3号）、③全部取得条項付種類株式の全部取得（461条1項4号）、④相続人等に対する売渡請求による買取り（461条1項5号）、⑤所在不明株式の売却手続を経た買取り（461条1項6号）、⑥端数株式の売却手続を経た買取り（461条1項7号）。

また、取得条項付株式の取得事由の発生による取得（170条5項）や、取得請求権付株式の取得請求に基づく取得（166条1項但書）も分配可能額規制の対象である。

自己株式の取得であっても、①単元未満株式の買取請求に基づく買取り、②事業の全部譲渡による譲受け、③吸収合併による承継取得、④吸収分割会社からの承継取得、⑤無償取得、⑥剰余金の（現物）配当・残余財産の分配としての取得、⑦組織再編の対価としての取得、⑧新株予約権の取得の対価としての取得、⑨株式買取請求権に応じての取得、⑩権利の実行にあたり目的達成のために不可欠な取得は分配可能額規制の対象外である。

2　剰余金の配当

(1) 原 則　剰余金を配当することや、別の項目に振り替えることを**剰余金の処分**といい、原則として、株主総会決議による（452条）。

会社は、剰余金の配当をするときは、その都度、株主総会の普通決議で、配当財産の種類、帳簿価額の総額、株主への割当て、効力発生日を決定する（454条1項）。

配当は、株主総会決議を行えば1事業年度に何度でも行うことができるが、取締役会設置会社では、**中間配当**として、1事業年度に1回限り、取締役会の決議により剰余金の配当が可能な旨を定款で定めることができる（454条5項）。

(2) 現物配当　現物配当については、**金銭分配請求権**（454条4項1号）を与

えない場合にのみ、株主総会の特別決議による（309条2項10号）。処分困難な財産が交付されることは、株主の不利益であるため、厳しい要件が課される。

　現物配当で、1株ごとに当該現物を割り当てることができない場合には、一定数（**基準株式数**）以上の株式を有する株主にだけ現物を割り当てる旨を、株主総会決議により定めることができる（454条4項2号）。基準未満株式の株式に対しては、割合相当額の金銭を支払わなければならない（456条）。

　2018年のTBSホールディングの株主総会では、株主提案として、当社の株式57株に対し、現物配当財産として、当社が保有する東京エレクトロン株1株を配当し、基準未満株式に対しては、割合相当額の金銭を支払う旨の議案が提出された（TBSホールディング「第91期株主総会招集ご通知」20頁）が、株主総会で否決された。

　⑶　**例　外──取締役会で剰余金の配当が可能な場合**　　取締役会で剰余金の配当が可能な旨を定款で定めることができるのは、①会計監査人設置会社で、②取締役の任期が1年以内で、③監査役会・監査等委員会・指名委員会等設置会社のすべてを満たす会社の場合で、(i)会計監査報告に**無限定適正意見**が付され、(ii)会計監査人の監査の方法や結果を相当でないとする監査役等の意見がないこと等の要件を満たす場合に限り、定款規定の効力が認められる（459条）。すなわち、これらの条件を全て満たさない場合は、定款の効力は認められず、株主総会決議が必要である。

　その場合、株主総会決議では定めない旨の定款の定めも可能（460条）で、これにより3ヵ月毎の四半期配当も取締役会の決議で可能である。すなわち、①純資産が300万円以上（458条）、②分配可能額の限度内（461条）、③法定の準備金の計上（445条4項）という、剰余金の配当等に関する財前規制を充たす限りは、期末配当や中間配当以外に何度でも、3ヵ月毎の四半期配当も取締役会の決議で行うことが可能である。

　同様の要件で、自己株式の有償取得（459条1項1号）、欠損填補（剰余金がマイナス値になった場合にゼロに戻すこと）のための準備金減少（459条1項2号）、剰余金の処分（459条1項3号）も取締役会の権限とすることができる。

　⑷　**効力と支払方法**　　手続違反の剰余金の配当は無効である。

　配当財産の割当ては、株式の数に応じて行う（454条3項）。配当は、決議に

より、あるいはそこで定めた効力発生日に効力を生じ、株主には、一般債権者と同様の**配当金支払請求権**が生じる。

　配当財産は、株主名簿上の住所又は株主が会社に通知した住所において交付し（457条1項）、費用は会社が負担する（457条2項）とされるが、実際には、株主が指定した銀行口座や証券会社の口座に支払われる（振込払）か、会社がゆうちょ銀行等の金融機関に配当金を支払い、その配当金額収書を株主に郵送する方法（一覧払）で行われるのが通常である。後者の場合、金融機関の窓口で会社が発行した配当金額収書を提示すれば、配当金が現金または口座に入金する形で支払われる。

3　分配可能額の規制に違反する剰余金の配当等

(1)　**金銭等の交付を受けた株主の責任**　　分配可能額を超えて剰余金の配当等を受けた株主は、会社に対して、交付を受けた金銭等の帳簿金額に相当する金銭の、全額を支払う義務を負う（462条1項）。会社の債権者は債権額の範囲内で直接に株主に対して当該債権者への支払請求をすることができる（463条2項）。

(2)　**業務執行者等の責任**　　株主数の多い会社では、株主に対する支払請求を行うことは難しいため、業務執行者、総会議案提案取締役、取締役会議案提案取締役（決議に賛成した取締役を含む）は、違反して配当された額につき、連帯して会社に支払う義務を負う（462条1項）が、職務を行うにつき注意を怠らなかったこと（無過失）を証明すれば免責され（462条2項）、総（全）株主の同意があれば、行為時の分配可能額を限度に免除される（462条3項）。会社債権者の保護が趣旨なので、分配可能額以上は免除できない。

　業務執行者らが義務を履行すれば、配当等を受けた株主に対し求償することができるが、善意の株主は求償に応じる義務はない（463条1項）。

(3)　**期末の欠損塡補責任**　　会社が分配可能額の限度内で剰余金の配当等をしても、当該事業年度の末までに大きな損失を被って、分配可能額がマイナス（**欠損**）になった場合には、職務を行った業務執行者は、交付した額を限度に欠損の額につき、連帯して支払う義務を負う（期末の**欠損塡補責任**）。

　ただし、無過失を証明すれば義務を免れ（465条1項）、総株主の同意があれば免除される（465条2項）。

3　財務分析——事例研究

1　はじめに

　このようにして作成された会社の貸借対照表や損益計算書は、その会社と取引を行おうとする者や債権者、その会社の株式を買おうとする者や株主、あるいは企業買収等を行う者により、内容が分析され、その意思を決定をする際に利用される。

　本格的な財務分析を行うためには、根拠となる数字の正当性を理解するための専門知識や、その時期や業界の特殊性を加味または排除するための経験則が必要であるが、分析のための用語や性質を知ることは、資金調達の必要性を判断し、経営判断の妥当性を理解するためには必要かつ有用である。

　会社法で、貸借対照表や損益計算書の内容に関し述べるのは、配当や自己株式の取得を行うための一環としてであるが、実際には、取引を行おうとする者が与信判断のために、株式を購入しようとする者が投資判断のために、企業の買収を行う者が買収価格の決定や買収資金の調達のために行う場合がほとんどであり、そのために必要な基礎知識として、本項を一読いただきたい。

2　出光興産の公募増資——事例分析

　出光興産株式会社は、2016年、ロイヤル・ダッチ・シェルから昭和シェル石油の株式の31.3％を約1590億円で取得し、同社との経営統合を目指したが、2017年4月に創業家から反対され、延期を余儀なくされた。その後、同年7月には、発行済株式の約3割にあたる4,800万株の株式を発行して約1,400億円を調達し、その一部を上記株式の取得資金として借入れた短期借入金の返済にあてることを発表した。

　この発表を受けて、同社の創業家は東京地裁に対して株式発行の差止めの仮処分を申請したが、裁判所はこの新株発行は著しく不公正な方法によるもの（→6章の**1**の9(1)）ではなく、正当な資金調達を目的としたものであると判断し、創業家側の主張を認めなかった。

　ここで、当時の同社の貸借対照表を見てみよう。同社の株主総会の資料によ

れば会社財産の総額である総資産の額は、2015年3月末の連結貸借対照表ベースで2兆7910億円、2016年が2兆4021億円、2017年が2兆6416円、2018年は2兆9202億円となっている。また、資本金や利益剰余金などの返済の必要のない純資産の額は、同様に、6304億円、5377億円、6199億円、9059億円であった。

　純資産の額を総資産の額で割ることで求められる自己資本比率は、企業の財務の健全性を表す代表的な指標であるが、上場企業の多くは40％以上を確保しており、一般に、70％を超えれば超優良企業、20％を下回れば要注意であると考えられている。

　出光興産の場合、2015年―2018年3月末の自己資本比率は、22.5％、22.4％、23.5％、31.0％となっており、上場企業の中では、必ずしも財務内容の良い企業ではない。昭和シェル石油の株式を購入した直後は23.5％まで悪化しているが、2017年に行った公募増資によって、やっと31.0％まで改善することができたことを確認することができる。その点では裁判所の評価は妥当であったといえる。

　出光興産は2019年4月1日に、株式交換により、昭和シェル石油を完全子会社化し、以降、事業の統合や企業グループ内の再編を行っている。

3　主な財務分析指標

　ここでは、数ある財務分析の指標の内、主なものについて、ごく簡単に紹介する。

　ここで示される計算値は、それだけではあまり重要なものではなく、時期や業界の特殊性、その企業自体の持つ特殊性等あらゆる事項を総合的に判断するべきであり、また、指標の内容や目的に応じて企業単体の財務諸表を用いるか、連結財務諸表を用いるかを選択しなければならないし、上場企業では連結財務諸表を用いる場合の方が多い。

　しかしながら、本項では、あくまでも計算の方法を示すことを目的として、178頁と179頁に掲載した出光興産株式会社の単体での貸借対照表と損益計算書を用いて、実際に財務比率の計算を行いながら、財務分析の際に用いられる主な財務指標とそれが示すものに関して記述する。連結財務諸表は同社のホームページ http://www.idemitsu.co.jp/content/100864772.pdf で公開されているの

で、興味があれ連結ベースでの財務比率を計算してみることをお勧めする。

(1)　**収益性分析の指標**　　企業の収益力を数値化したものである。

①　**総資本利益率**(ROA：Return On Asset)＝当期純利益÷総資産　　企業が保有している資産を、どれだけ効率的に運用しているかを見る。経営に不要な遊休不動産などを抱えこんでいると数値は悪化する。

図表5-1と2の数字を用いると、91,270百万円÷2,368,631百万円＝3.85％となる。

一般に、10％以上で優良、5％以上で良好な経営状態、普通は2％以上と考えられているが、業種等でも異なるため、同業他社との比較は有益である。

②　**自己資本利益率**(ROE：Return On Equity)＝当期純利益÷自己資本　　自己資本（純資産）に対してどれだけの利益が生み出されたのかを示す。株主としての投資効率を測る指標である。

同様に、**図表5-1**と2の数字を用いると、91,270百万円÷629,904百万円＝14.5％となる。一般に、5％程度が平均値といわれるが、同じ利益を出していても、自己資本比率が低く借入金が多い企業ほど、計算構造上数値が高い（レバレッジ効果という）ため、この数値だけで判断を下すべきではない。財務内容の良い会社は、この数値を上げるために、あえて自己株式を購入し借入金を増やす場合もある。

③　**売上高利益率**＝当期純利益÷売上高　　売上高に占める利益の割合を表す。当期純利益の代わりに、目的により、売上総利益、営業利益、経常利益や税引前当期利益を用いる場合もある。

図表5-2の数字を用いると、91,270百万円÷2,746,981百万円＝3.3％となる。業種により平均値がかなり異なるので、同業他社との比較は不可欠である。

④　**総資産回転率**＝売上高÷総資産　　事業に投資した総資産がどれだけ有効に活用されたかを示す。利益率が同じなら、回転率が高い方が良いが、経済産業省発表の企業活動基本調査速報では、製造業で1回転程度、卸売・小売業で2回転程度が平均と考えられている。これも業種によるバラつきが大きいため、同業他社との比較が不可欠である。

図表5-1と2の数字を用いると、2,746,981百万円÷2,368,631百万円＝

1.16回となる。

　⑵　**安全性の分析**　　企業の倒産リスクを数値化したものである。

　①　**自己資本比率＝自己資本÷総資本**

　返済不要の自己資本が全体の資本調達の何％あるかを示す数値。本章**3**の2参照。**図表5-1**の数字を用いると、連結ではない単体ベースで629,904百万円÷2,368,631＝26.6％となる。これも高くはない。

　②　**流動比率＝流動資産÷流動負債**　　1年以内に現金化できる資産が、1年以内に返済すべき負債を、どれだけ上回っているかを表す指標。高ければ高いほど企業の支払能力が高いといえ、200％以上あるのが理想であるが、平均は120～150％くらいと考えられている。

　図表5-1の数字を用いると、963,483百万円÷1,064,368百万円＝90.5％となる。高い数値ではないが、一般に信用力のある企業は小規模の資金調達を何時でも行うことができるため、あえて低い水準を維持している場合も多い。

　③　**当座比率＝当座資産÷流動負債**　　企業の短期的な支払能力（安全性）を判断する指標。リスクの高い企業や中小企業の場合には特に重要である。現預金および、すぐに現金化することができる資産が当座資産である。一般的に120％超が望ましく、100％以下で低くなるほど要注意とされる。80％以下になると取引先としては要注意とされることもあるが、上場企業は元々信用力があり、余剰の資金を抱えないため意外に低い。一般に、80％後半が標準とされている。

　図表5-1の数字を用いると、（現金および預金18,785百万円＋受取手形207百万円＋売掛金373,369百万円）÷1,064,368百万円＝36.8％となる。ただし石油製品という換金性の高い商品及び原材料等を当座資産に加えると約80％となる。

　④　**固定比率＝固定資産÷自己資本**　　固定資産に投資した資金が、返済義務のない自己資本でどれだけまかなわれているかを見るための指標である。根底には、固定資産は返済義務のない自己資本で調達すべきという考えがあるため、100％を超えないのが理想である。

　図表5-1の数字を用いると、1,405,147百万円÷629,904百万円＝223％となる。

⑶　**資金繰り分析の指標**　　企業の現金稼得能力を数値化したものである。

①　**売上債権回転期間**＝（売掛金＋受取手形）÷（売上高÷12）　　売上債権の回収期間を数値化したもの。中小企業の経営改善には、特に重要である。時系列的な比較も重要で、この数値が急に増えた場合には、不良債権の増加や架空売上による粉飾決算なども懸念される。

図表5－1と2の数字を用いると、（207百万円＋373,369百万円）÷（2,746,981÷12）＝1.63カ月となる。つまり、商品の販売後50日程度で現金化されていることになる。中小企業対象の取引や、商習慣上手形を用いることが主流の業種の場合、この数値は長期化する。

②　**インタレスト・カバレッジ**＝（営業利益＋受取利息＋受取配当金）÷支払利息　どの程度余裕を持って営業利益で借入金の利息をまかなえているかを示す指標である。業種間の差異が大きいので、同業他社との比較は不可欠である。

図表5－2の数字を用いると、（103,794百万円＋773百万円＋27,658百万円）÷6,046百万円＝21.9倍となるが、子会社の多い上場会社の場合には、単体の損益計算書ではなく、連結損益計算書の数値を用いるべきである。

⑷　**その他の指標**

①　**PBR**(Price Book-value Ratio)＝株価÷一株当たりの純資産　　株価が1株当たり純資産の何倍まで買われているか、すなわち1株当たり純資産の何倍の値段が付けられているかを見る投資決定のための数値である。当該会社の株価が過剰な評価なのか、過小な評価なのかを判断する材料の一つである。貸借対照表のデータだけでなく、株価や発行済株式総数に関する数値も必要である。

出光興産の場合、決算日である2018年3月31日現在の株価は4,045円、発行済株式総数は208百万株であるので、4,045円÷（629,904百万円÷208百万株）＝1.34となる。株価は決算日の必要はなく、直近の株価を用いるのが通常である。各企業は発行済株式総数について、新株予約権なども加味した修正値を開示している。東京証券取引所は、https://www.jpx.co.jp/markets/statistics-equities/misc/04.html において規模別・業種別のPBRを公表しているが、石油・石炭製品部門の平均値が0.8なので、財務内容に比べ、市場は高い評価を下していることがわかる。

②　**PER**(Price Earnings Ratio)＝株価÷一株あたり利益　　株価が1株当たり

純利益（EPS：Earnings Per Share）の何倍まで買われているか、すなわち1株当たり純利益の何倍（何年分）の値段が付けられているかを見る投資決定のための数値である。これも、当該会社の株式の評価が過剰なのか、過小なのかを判断する材料であり、PBRと同様に株価や発行済株式総数に関する数値も必要である。

　出光興産の場合、4,045円÷(91,270百万円÷208百万株)＝9.21となる。株価の時期や新株予約権の扱いについてもPBRと同様である。東京証券取引所は同じURLでPERについても公表しているが、石油・石炭製品部門の平均値が5.7に対して高い評価を得ていることになる。

　PBRやPERの数値が、同じ業界の平均値よりも高く評価されているからといって、必ずしも過剰な評価が行われている訳ではない。その企業が持つイメージや人気やブランド価値に関する評価として、財務内容以上の高い評価が与えられている場合も多い。また、不動産の再評価を行っていない（含み益のある）企業や、特許などの貸借対照表には載っていない無形資産を多く持つ企業、研究開発に熱心なことで定評のある企業、ヒット商品を連発している企業などは、株価も高く評価されるため、PBRやPERも安定的に高い数値になることが多い。しかしながら、特定の企業に関して株価が急に変動した場合には、それが過剰なものか否かを判断する場合には有用である。

4　損失の処理

1　損失・欠損の処理

　(1)　**欠　損**　　損失を計上することで、分配可能額がマイナスになった場合、当該額を**欠損**という。欠損はそのまま放置してもよいが、そのままでは配当等を行うことができないため、資本金や準備金の額を減少させて、欠損の填補を行う場合も多い。

　(2)　**決　議**　　資本金や準備金の額を減少するためには、一定の事項につき、原則として株主総会決議で決定する（447条1項2項・448条1項2項）。資本金の額の減少は、原則として特別決議だが、欠損填補のためだけに定時株主総会で行う場合は普通決議でよい（309条2項9号）。新株の発行を同時に行い、

結果的に資本金や準備金の額が減少しない場合は、取締役（会）で決定しても
よい（447条3項・448条3項）。

(3)　**債権者異議**　　資本金や準備金の額の減少は、会社債権者の利害に関係
するため、**債権者異議手続**が定められている。

　会社は、当該減少の内容等と、債権者が1ヵ月以上の期間内に異議を述べる
ことが可能な旨を官報に公告し、かつ、係争中の者も含め知れている債権者に
は各別に催告しなければならない（449条1項・2項）。

　官報に加えて日刊新聞紙又は電子公告で公告する時は、催告は不要である
（449条3項）。

　期間中に異議がなければ、承認されたとみなされ（449条4項）、異議があれ
ば、債権者を害するおそれがない場合を除き、弁済、担保の提供、相当の財産
の信託のいずれかを行う（449条5項）。

　当該減少はあらかじめ決めていた効力発生日又は、手続終了時のいずれか遅
い時点で効力を生じる（449条6項）。

(4)　**手続に瑕疵がある場合**　　資本金の額の減少の無効は、訴えをもってのみ
主張できる（828条1項5号）。提訴期間（828条1項5号）、提訴権者（828条2項5
号）、対世効（838条）、将来効（839条・834条5号）に関する規定がある。

　準備金の減少については、関連する規定がない。

2　倒　　産

(1)　**意　義**　　会社が経済的に破綻することを**倒産**というが、法律上の定義
はない。破産等の手続の申立てが行われた場合のほか、会社が振出した手形が
6ヵ月以内に2度、不渡りになって2年間の**銀行取引停止処分**（その法的根拠
は法令ではなく、全銀協の**手形交換所規則**）を受けた場合（**事実上の倒産**）なども、
たとえ営業は継続していても、一般的には倒産したともいわれる。そのような
会社は、多くの場合、期限内に債務の支払ができない状態である**支払不能**や、
資産の額よりも負債の額の方が大きい**債務超過**の状態に陥っていることが多
い。

(2)　**私的整理**　　倒産状態または、その可能性が非常に高い会社の債務整理
のために、会社債権者と経営者が任意に協議し、会社の今後を決める場合も多

く、**私的整理**と呼ばれる。融通性等の点で有利なため、中小企業の場合などに利用されるが、同意しない債権者に対しては強制できない上、債権者が公平に扱われる保証はない。

(3) **倒産処理の類型**　法は、4種類の倒産手続を定めるが、**清算型**である**破産・特別清算**、**再建型**である**民事再生、会社更生**に大別される。

前者はすべての財産を金銭化して債務の弁済に充てる。後者は債務者が経済活動を継続しつつ収益を上げ、そこから**債権者集会**の決議により債権額の減額・支払期間の延長を行った上で、債務の弁済を行う。

(4) **会社の役員等の責任**　倒産手続では、会社の役員等が任務懈怠により、会社に対して負う損害賠償責任（423条）につき、簡易な手続で迅速に判断するために、**責任査定**の制度が定められている（破178条、会社545条、民再143条、会更100条）。特別清算では、裁判所による役員等の責任の免除の禁止（543条）や取消し（544条）が行われることがある。

(5) **その他**　私的整理等の過程で、**デット・エクイティ・スワップ**（コラム6−5）により、会社債権者の債権が株式に交換されることがある。また、債務超過の会社が、新たな出資を受け入れる前提として、全部取得条項付種類株式を用いて、発行済株式全部を無償取得することがあり、100％減資と呼ばれる。

6章 資金調達

I 募集株式の発行等

1 総 説

(1) **出資による資金調達と法規制**　株式会社は事業活動を行っていく上で資金が必要になることがある。この時、会社内部に十分な資金がない場合、外部から資金を調達しなければならない。会社法は、出資による資金調達として、新たに株式を発行する方法と自己株式を処分する方法をまとめて同一の法的規制によって規律している。

(2) **授権資本制度**　資金需要があっても株式発行などによる資金調達が制限なくできるわけでない。会社法は、発行可能な株式の総数（**発行可能株式総数**）をあらかじめ定款で定めることを求める（37条・113条）。発行可能株式総数の範囲内であれば、株式会社は、タイミングを見計らって、機関決定（株主総会決議・取締役会決議）に基づいて新株を発行したり自己株式を処分したりすることができる（**授権資本制度**）。公開会社においては、取締役会の決議により募集株式の発行ができるが、これは時として迅速な資金調達（市場の状況をみた上での資金調達）が必要となる公開会社に対応した制度設計である。ただし、公開会社は、発行可能株式総数は発行済株式の総数の4倍を超えてはならない（37条3項・113条3項）。これは、取締役会の決定のみで既存株主の持株比率の低下をもたらす行為に対する制限である（**4倍規制**と呼ばれる）。なお、非公開会社は、新株の発行に原則として株主総会の特別決議が必要であるから、4倍規制の対象とはならない（37条3項但書・113条3項）。

2　募集事項の決定

　会社法では、新たに株式を発行する場合と自己株式を処分する場合について、これら新株等を引き受ける者を募集する手続を定め、募集株式の発行等としている。ここで募集株式とは、株式会社による募集に応じて株式の引受けの申込みをした者に割り当てられる株式をいう。このとき、株式会社は以下に示す事項（募集事項）を定めなければならない（199条1項各号）。

① 　募集株式の数（種類株式発行会社にあっては、募集株式の種類及び数）
② 　募集株式の払込金額（募集株式1株と引換えに払い込む金銭又は給付する金銭以外の財産の額）又はその算定方法。
③ 　現物出資をするときは、その旨並びに当該財産の内容及び価額
④ 　払込期日又は払込期間
⑤ 　募集株式の発行の場合における、増加する資本金及び資本準備金に関する事項

3　決定機関

　募集事項の決定は株主総会決議によらなければならず（199条2項）、その決

コラム6-2　　株式発行の形態

　株式の発行形態として、実務においては**株主割当て**、**公募**、**第三者割当て**が利用されている。株主割当ては、株式会社が、株主に株式の割当てを受ける権利を与えるものである（202条1項）。株主割当ては、既存の株主にその有する株式の数に応じて募集株式の割当てを受ける権利を付与するものであるから（202条2項）、すべての株主がこれに応じて株式を引き受ければ株主間の持株比率を維持することができる。特に、閉鎖的な株式会社においては、株主は持株比率の変動に強い関心があるため、株主割当てによる新株発行で増資をするメリットがある。もっとも、株主割当てによれば、資金の調達先が既存の株主に限られてしまうため、大規模な資金調達には適していない。公募は、文字通り公に株主を募集するものであり、不特定多数の者が対象となる。株式会社は既存株主を含めた多数の投資者を募り資金を調達することができるため、公募は上場会社などが大規模な資金調達をするのに適したものと言える。公募によると、募集の相手方が既存株主に限られないため、既存株主の持株比率の希釈化がもたらされる可能性があり、また、有利発行を行った場合は既存株主が経済的損失を被る場合もある（→本章１の４）。その意味で、閉鎖的な会社が増資をするには適さないことも多い。第三者割当ては、特定の者のみを相手に募集を行って、その者だけに株式を発行するものである。第三者割当ては、経営が悪化した企業が支援企業に株式を発行する場合、企業同士が資本関係を強化するために行う場合、安定株主工作の一環として株式を発行する場合、敵対的買収の防衛策として友好的な第三者に株式を発行する場合などで用いられる。第三者割当ても、公募と同様に既存株主の持株比率の希釈化や経済的損失をもたらすことがある。

議は特別決議であることが原則である（309条2項5号）。もっとも、この原則には、3つの例外がある。第1に、株主総会から取締役（取締役会設置会社にあっては、取締役会）に募集事項の決定を委任することができる（200条1項）。これには株主総会の特別決議を経る必要がある（309条2項5号）。この場合には、委任に係る募集株式の数の上限及び払込金額の下限を定めなければならない。第2に、種類株式発行会社において、募集株式の種類が譲渡制限株式であるときは、募集事項の決定は株主総会決議に加えて当該種類の株式の種類株主を構成員とする種類株主総会の決議が必要となる（199条4項）。ただし、当該

種類株主総会の決議を要しない旨の定款の定めがある場合、及び、当該種類株主総会で議決権を行使することができる種類株主が存在しない場合は除かれる。第3に、公開会社である場合には、募集事項を決定するのは原則として取締役会となる（201条1項）。取締役会決議により募集事項を定める場合、株主総会決議を経ないため、株主に対して募集事項を払込期日の2週間前までに通知あるいは公告することが必要となる（201条3項・4項）。

4 有利発行

　募集株式の発行は払込金額によっては既存株主に経済的な影響を与えることがある。株主割当て以外の方法で募集株式の発行を行う場合について、当該募集株式に係る払込金額が株式を引き受ける者にとって「特に有利な払込金額」であれば、有利発行として株主総会の特別決議を経なければならない。一定の場合に有利発行として株主総会の特別決議が求められるのは、第三者割当てのケースでみると、その払込金額が新たに株式を引き受けることとなる者にとって特に有利な金額（低廉な金額）となると、既存株主からその者に対して利益の移転が生じてしまうからである。このとき、株主割当てであれば、株式の発行価額による株価の変動は全ての株主に平等にもたらされるため、既存株主に生じうる経済的不利益を問題にする必要はなく［伊藤・大杉・田中・松井 2021：327〈松井秀征〉］、有利発行規制は適用されない（202条5項）。有利発行となる場合、発行会社の取締役は、有利発行が決議される株主総会において有利発行を必要とする理由を説明しなければならない（199条3項・200条2項）。

5 株主割当ての手続

　株主割当てにより募集株式を発行するにあたっては、株式会社は募集株式の引受けの申込みをすることにより当該株式会社の募集株式（種類株式発行会社にあっては、当該株主の有する種類の株式と同一の種類のもの）の割当てを受ける権利を与える旨、及び、募集株式の引受けの申込みの期日を募集事項に加えて定めなければならない（202条1項1号・2号）。これらを決定するのは原則として株主総会であり（202条3項4号）、特別決議が求められる（309条2項5号）。公開会社の場合は取締役会によって決定される（202条3項3号）。なお、非公開会

コラム6-3　**特に有利な払込金額**

　特に有利な払込金額をいかにして判断すべきかは従来から実務・学説において議論の絶えない問題であった。かつては、実務において、上場会社について取締役会決議の前日における市場価格の10％程度を割り引いた額を払込金額として定めるのが通例とされており、かかる払込金額によれば有利発行に該当しないと解されてきた。しかしながら、このような低い払込金額で発行を行ってしまうと既存株主に不利益を与えかねないとして、現在では、市場価格のある株式を公正な払込金額で発行する場合には、募集事項としての払込金額について、取締役会の決定で方法を定めることができるようになった（201条2項）。この方法として考えられているのがブックビルディング方式である。ブックビルディング方式とは、証券会社が機関投資家などに対して需要調査を行い、それに基づいて払込金額を決定する方法である。これにより、取締役会決議の時点においてはブックビルディング方式で払込金額を決定する旨だけを定め、その後、ブックビルディング方式で払込金額を決定することが可能となり、払込金額の決定の後倒しが可能となった。結果的には、払込金額の決定から何らかの外部的要因で株価が下落するリスクを相当程度回避できるようになり、東証一部・二部における公募発行の割引率は3％程度まで下がってきたようである。なお、最高裁判例は、公正な払込金額を決めるにあたっては、発行価額決定前の当該会社の株式価格、株価の騰落習性、売買出来高の実績、会社の資産状態、収益状態、配当状況、発行済株式数、新たに発行される株式数、株式市況の動向、これらから予測される新株の消化可能性などの諸事情を総合して決定するものとしている（最判昭50・4・8・民集29・4・350〔商判Ⅰ-53〕）。他方で、非上場会社については、市場株価がないため、純資産価額方式、類似業種比準価額方式、DCF方式、あるいはこれらの方式の併用によって株式価値を評価し、その評価額に基づいて有利発行であるか否かが判断されることになる［髙橋・笠原・久保・久保田 2021：303〈久保田安彦〉］。

　社のうち取締役会を設置している会社で、定款の定めにより決定機関を取締役会としている場合も取締役会により決定され（202条3項2号）、非公開会社のうち取締役会を設置していない会社の場合で、定款の定めにより決定機関を取締役にしている場合は取締役により決定される（202条3項1号）。また、株主割当てによる場合は、ほかの方法と比べると既存株主の利益を害する危険が最も小さい方法であるため、4で述べたように有利発行に係る諸規制は適用され

ない（202条5項）。株主割当てによる場合、株主が引受申込期日までに申込みをしないときは、当該株主は募集株式の割当てを受ける権利を失う（204条4項）。そのため、株式会社は、申込期日の2週間前までに株主に対して募集事項、当該株主が割当てを受ける募集株式の数、申込期日を通知しなければならない（202条4項）。

6　募集株式の申込みと割当て

(1)　**申込み**　株式会社は募集株式の引受けの申込みをしようとする者を募集することになるが、この募集に対して申込みを行った者の中から、株式の割当てを受ける者を定める。このとき、割当てを受けた者が株式引受人となる。

株式会社は、①株式会社の商号、②募集事項、③金銭の払込みをすべきときは払込取扱場所、及び④法務省令で定める事項を株式を引き受けようとする者に通知しなければならない（会社203条1項1号、会社規41条）。この通知を受けて、株式会社の募集に応じて募集株式の引受けの申込みをする者は、申込みをする者の氏名又は名称及び住所、引き受けようとする募集株式の数を記載した書面を株式会社に交付しなければならない（203条2項）。また、申込みをする者は、書面の交付に代えて、株式会社の承諾を得て、書面に記載すべき事項を電磁的方法により提供することができる（会社203条3項、会社施令1条1項4号）。株式会社は、上記①〜④の事項について変更があったときは、直ちに、その旨及び当該変更があった事項を募集株式の引受けの申込みをした者に通知しなければならない（203条5項）。なお、上記①〜④の事項を記載した金融商品取引法2条10項に規定する目論見書を募集株式の引受けの申込みをしようとする者に対して交付している場合その他募集株式の引受けの申込みをしようとする者の保護に欠けるおそれがないものとして法務省令（会社規42条）で定める場合には、通知義務の規定は適用されない（203条4項）。これは、金融商品取引法上の目論見書等が投資者に対して事前に交付されていれば、十分な情報提供がなされていると考えられるからである。また、第三者割当増資の場合で、募集株式を引き受けようとする者がその総数の引受けを行う契約（総数引受契約）を締結する場合にも、通知義務の規定は適用されない（205条1項）。これは、一般投資者が申込みをする場合とは異なり、契約交渉の段階において契

コラム6-4　支配権の移動を伴う募集株式の発行

　公開会社は取締役会決議によって募集事項を決定できるが、このルールを貫くと会社支配に影響を与えるような募集株式の発行（新たな支配株主の登場や支配株主の変更）であっても取締役会決議のみで行うことができてしまう。このような支配権の異動を伴うような募集株式の発行であっても取締役会決議のみで行えることは問題であるとして、平成26年の会社法改正で新たな規定が追加された。すなわち、公開会社は、株主割当て以外の方法で募集株式の発行等をする場合に、当該募集株式の引受人がその引き受けた募集株式の株主となった場合に有することとなる議決権の数が、総株主の議決権の2分の1を超える場合（過半数となる場合）は、当該公開会社は払込期日又は払込期間の初日の2週間前までに株主に対し、当該引受人（特定引受人）の氏名又は名称及び住所、当該特定引受人が保有することとなる議決権の数その他の事項を株主に通知あるいは、公告しなければならない（206条の2第1項・2項）。ただし、特定引受人が当該公開会社の親会社等である場合、又は株主割当てである場合は通知・公告は不要となる（206条の2第1項但書）。また、金融商品取引法上の有価証券届出書等により通知・公告すべき情報が開示されている場合も通知・公告は不要となる（206条の2第3項）。そして、総株主の議決権の10分の1以上（定款で引き下げることが可能）の議決権を有する株主が通知・公告の日から2週間以内に特定引受人（その子会社も含む）による募集株式の引受けに反対する旨を公開会社に通知したときは、当該公開会社は、株主総会決議により、当該特定引受人に株式を割り当てることについての承認を得なければならない（206条の2第4項）。ただし、当該公開会社の財産の状況が著しく悪化している場合において、会社の事業の継続のために緊急の必要があるときは、株主総会決議による承認がなくてもよい（206条の2第4項但書）。この株主総会決議は、定足数要件が厳格化された（原則として議決権の過半数を有する株主が出席することを要し、この定足数要件は3分の1以下にすることはできない）普通決議である（206条の2第5項）。このように株主総会の普通決議による承認で足りるとされた趣旨は、会社経営を誰に支配させるべきかという問題は、株主が取締役を選任して会社経営者を選ぶことと同様に株主の単純な多数決によって決定すべきであるとの立場をとったものと解される［田中 2021：500］

約当事者間で情報提供等がなされていると考えられるからである。

　(2)　**割当て**　　株式会社は、募集株式の引受けの申込みを受けて、申込者の中から募集株式の割当てを受ける者を定め、かつ、その者に割り当てる募集株

式の数を定めなければならない（204条1項）。申込者が多数になった場合、誰に株式を割り当てるかは株式会社の裁量で決めることができる（**割当自由の原則**）。また、割り当てる株式数を申込者が申し出た数よりも減らすこともできる（204条1項後段）。株式会社が割当権限を濫用し特定の者だけに割り当てるような場合には、割当自由の原則のもとにあっても不公正発行の問題が生じ得る［近藤 2020：129］。

　割当ては、会社を代表する取締役又は執行役が決定する。もっとも、募集株式が譲渡制限株式である場合には、定款に別段の定めのない限り、株主総会（取締役会設置会社にあっては、取締役会）の決議により割当てが決定される（204条2項）。また、株式会社は、払込期日（又は払込期間の初日）の前日までに、申込者に対して割り当てる募集株式の数を通知しなければならない（204条3項）。なお、株主割当ての場合において、株主が払込期日までに申し込みをしなければ募集株式の割当てを受ける権利を失う（204条4項）。これらの割当てに関する規定は、募集株式を引き受けようとする者がその総数引受契約を締結する場合には適用されない（205条1項）。この点と関連して募集株式が譲渡制限株式であるときは、株式会社は、株主総会の特別決議によって総数引受契約の承認を受けなければならない（205条2項、309条2項5号）。ただし、取締役会設置会社である場合は取締役会決議による。割当てを受けることで申込者は募集株式の引受人となる（206条）。

(3)　**取締役の報酬として募集株式の発行等がされる場合の規制**　　上場会社（金融商品取引所に上場されている株式を発行している会社）が定款または株主総会の決議により株式の発行等をして取締役の報酬とする場合においては（361条1項3号。指名委員会等設置会社については、409条3項3号により報酬委員会が決定する）、金銭の払込みまたは199条1項3号の財産の給付を要しないとすることが可能となった。すなわち、上場会社が募集株式を取締役の報酬等とする場合、募集事項として払込金額・算定方法（199条1項2号）と払込期日・期間（199条1項4号）を定めなくてよい（202条の2第1項）。この場合、当該上場会社は、株式を取締役の報酬等として発行・処分するものであり、募集株式と引換えにする金銭の払込みや財産の給付を要しない旨、および募集株式の割当日を定めなければならない（同項1号・2号）。この場合において、報酬として募集株式の発

行等を受ける取締役（361条1項3号）以外の者は募集の申込みや総引受契約を締結することができない（205条3項）。

7　出資の履行

(1)　**金銭による出資**　　金銭による出資の場合、募集株式の引受人は、払込期日又は払込期間内に、株式会社が指定した銀行等の払込取扱場所において、払込金額の全額を払い込まなければならない（208条1項）。この金銭の払込みにおいて、出資の履行をする債務と株式会社に対する債権とを相殺することはできない（208条3項）。また、出資の履行をすることにより募集株式の株主となる権利（権利株）は譲渡しても株式会社に対抗することができない（208条4項）。募集株式の引受人は、払込期日を定めた場合は当該期日に、払込期間を定めた場合は出資の履行をした日に、募集株式の株主となる（209条1項）。募集株式の引受人は、出資の履行をしなければ、当該募集株式の株主となる権利を失う（208条5項）。

(2)　**現物出資**　　金銭以外の財産による出資（現物出資）の場合、募集株式の引受人は、払込期日又は払込期間内に、募集株式の払込金額の全額に相当する現物出資財産を給付しなければならない（208条2項）。現物出資は、金銭出資と異なり、財産価額を過大に評価されると金銭を出資した引受人との関係で均衡を欠くことになり、また会社の財産的基礎が危うくなる可能性がある。そのため、募集事項で現物出資を定めた株式会社は、募集事項の決定の後遅滞なく、現物出資財産の価額を調査させるため、裁判所に対して検査役の選任の申立てをしなければならない（207条1項）。

ただし、次に掲げる現物出資財産の価額については検査役の調査は不要となる（207条9項各号）。

① 　引受人に割り当てる株式の総数が発行済株式総数の10分の1を超えない場合の現物出資財産の価額

② 　現物出資財産の価額の総額が500万円を超えない場合の現物出資財産の価額

③ 　市場価格のある有価証券の価額が当該有価証券の市場価格として法務省令で定める方法（会社規43条）により算定されるものを超えない場合の当

デット・エクイティ・スワップ（Debt Equity Swap：DES）とは会社債権者が有する債権を株式と交換（株式化）するものであり、近年、業績不振となった会社を再建するために行われるケースがみられるようになった。DES は、会社の債務を資本にすることができ財務体質の改善となるため、債権者としても業績不振の会社の債務を有しているよりも（最悪のケースとして当該会社が倒産して債権が回収できなくなることも考え得る）、株主となって会社再建が上手くいった際の株価の上昇等の利益を期待することができる。DES を実施する際に問題となるのは、対象債権の価額をどのように評価するかである。とりわけ、DES は現物出資に他ならないため、検査役が調査し対象債権の価額を評価する必要がある。かつてその評価は、出資時点の時価とされていたが、財務状態が悪化した会社の債権の評価は難しく、検査役の調査に時間を要し、円滑に DES を実施することの妨げになると指摘されていた。現在では、検査役が調査するにあたり、債権の券面額で評価すれば足りるとする立場を裁判所がとるようになった。そのため、検査役の調査に要する時間が短縮され、DES は盛んに利用されるようになった。

　該有価証券についての現物出資財産の価額

④　現物出資財産の価額が相当であることについて弁護士、弁護士法人、公認会計士、監査法人、税理士又は税理士法人の証明を受けた場合の現物出資財産の価額

⑤　現物出資財産が株式会社に対する金銭債権（弁済期が到来しているものに限る）であって、当該金銭債権について定められた価額が当該金銭債権にかかる負債の帳簿価額を超えない場合の当該金銭債権についての現物出資財産の価額

8　出資にかかる責任

(1)　**募集株式の引受人の責任**　　取締役・執行役と通じて著しく不公正な払込金額で募集株式を引き受けた場合には、募集株式の引受人は当該払込金額と当該募集株式の公正な価額との差額に相当する金銭を株式会社に支払う義務を負う（212条1項1号）。また、現物出資において、募集株式の引受人が株主となった時点（209条1項）における給付した現物出資財産の価額が募集事項とし

て定められた価額よりも著しく不足する場合には、募集株式の引受人はその不足額を支払う義務を負う（212条1項2号）。現物出資の場合は、金銭出資のように、募集株式の引受人が取締役・執行役と通謀していなくても責任を負う。なお、募集株式の引受人が現物出資財産の価額が著しく不足することにつき善意でかつ重過失がないときは、募集株式の引受けの申込み又は総数引受契約にかかる意思表示を取り消すことができる（212条2項）。募集株式の引受人に対する責任は、株主代表訴訟によって追及することができる（847条1項）。出資の履行を仮装した引受人は株式会社に対して責任を負う（213条の2）。

(2) **取締役等の現物出資の不足額填補責任**　現物出資財産の価額が募集事項として定められた価額よりも著しく不足する場合、以下に示す取締役等は価額填補責任を追う（213条1項）。すなわち、①当該募集株式の引受人の募集に関する職務を行った業務執行取締役（指名委員会等設置会社の場合は執行役）その他当該業務執行取締役・執行役の行う業務の執行に職務上関与した者として法務省令（会社規44条）に定めるもの、②現物出資財産の価額の決定に関する株主総会の決議があったときは、当該株主総会に議案を提案した取締役として法務省令（会社規45条）で定めるもの、③現物出資財産の価額の決定に関する取締役会の決議があったときは、当該取締役会に議案を提案した取締役（指名委員会等設置会社の場合は取締役又は執行役）として法務省令で定めるもの（会社規46条）である。ただし、現物出資財産価額について検査役の調査を経ている場合や当該取締役等がその職務を行うにつき注意を怠らなかったことを証明した場合には責任は負わない（213条2項）。

9　株式発行の瑕疵

(1) **株式発行の差止請求**　株主は、募集株式の発行等により不利益を受けるおそれがあるときは、当該株式会社に対して募集株式の発行等の差止めを請求することができる（210条）。株主はこの差止めを、訴訟を通じて請求することができるが、訴訟によると判決確定までに時間がかかってしまい、すでに募集株式の発行の効力が生じてしまうと差止めをする機会を逸することとなってしまう。そのため、訴訟とあわせて差止めの仮処分（民保23条1項）を裁判所に請求することが多い。

　支配権争いが生じているなかで第三者割当により株式発行がなされた場合、株主から差止請求されるケースは多い。このような場合において、裁判例は、募集株式の発行等が現経営陣の会社支配権の維持・確保をすることを主要な目的として行われた場合には、原則として不公正発行となるという**主要目的ルール**を採用している（東京高決平29・7・19金判1532・57［百選A41］等）。ところで、株式会社は常に事業資金を必要としており、多くの場合で差止請求を受けた株式会社の側が資金調達の必要性を主張している。とはいえ、このような主張を常に認めてしまうと、既存株主に損害を与えるような第三者割当てであっても、未然にこれを防止することは極めて困難となってしまい、差止請求の制度そのものが無意味なものとなってしまう。もっとも、対立する株主の持株比率を低下させ経営支配権を維持する意図が現経営陣にあったとしても、新株発行による資金調達の必要性があり、資金調達の前提となる事業計画（業務提携）に合理性があれば著しく不公正な方法による新株発行にはあたらないとした裁判例がみられる（東京高決平16・8・4金判1201・4〔百選96、商判Ⅰ-55〕）。このように、裁判例は、会社が一応合理的な資金調達目的を主張した場合は、差止めを容易には認めない傾向がある。［田中 2021：520］。

　新株の発行等について差止請求をするためには、法令又は定款に違反していること（210条1号）、あるいは著しく不公正な方法によって株式を発行すること（同2号）が要件となる。法令違反の例としては、適法な取締役会決議を欠く場合、有利発行であるにもかかわらず株主総会の特別決議を経ていない場合、株式の発行条件が均等ではない場合などが挙げられる。定款違反の例としては、発行可能株式総数を超過する場合などが挙げられる。著しく不公正な方法にあたるものとしては、支配権争いが生じている場合において取締役が資金調達の必要性がないにもかかわらず現経営陣に協力する者のみに対して大量の株式を割り当てて反対派の持株比率を低下させるような場合が挙げられる。

(2)　新株発行の無効

（ⅰ）　総　説　　会社法が定める手続を遵守せずに実行された株式発行について、瑕疵ある株式発行であるとして一般原則に従って無効とすることが適切ではない場合が多い。とりわけ、株式を発行した場合、その利害関係者は少なくなく、また株式の譲渡が原則として自由であることからすると、無効とするこ

とがかえって取引の安全を害してしまい、株式会社というシステムそのものに対する信頼にも影響を与えかねない。このような場合、新株の発行を無効とすべきこともあるが、無効原因（事由）及び無効を主張する方法を制限した上で、法律関係の画一的確定を図るとともに、無効の効果の遡及を避ける必要がある。

　(ii)　無効原因　　無効原因（事由）については法律に定めが無いことから解釈に委ねられる。もっとも、上述した理由により無効原因が制限されることから、自ずと解釈も限定的なものとなる。判例では、株主に対する新株発行に関する事項の公示を欠いた事案において、当該新株発行には無効原因があるとされた（最判平9・1・28民集51・1・71〔百選24、商判Ⅰ-52〕）。前掲最判平成9・1・28は、新株発行に関する事項の公示を欠くと、株主が差止めの機会を逸してしまうことから、差止事由がないと認められる場合を除き、無効原因にあたるとの理解を示した。このほか、発行可能株式総数を超える株式発行、定款に定めのない種類の株式発行などの違法な新株発行は無効原因に該当すると思われる。他方で、判例は、過半数の株式を有する株主・代表取締役に対して取締役会の招集通知を出さず、同人から会社支配権を奪うための新株を発行する旨の取締役会決議を行い、これに基づいて新株が発行された事案において、新株の発行が会社と取引関係に立つ第三者を含めて広い範囲の法律関係に影響を及ぼす可能性があることからその効力を画一的に判断する必要があるとして、著しく不公正な方法による発行であったとしても無効原因にはあたらないとした（最判平6・7・14判時1512・178〔百選100、商判Ⅰ-62〕）。無効原因に該当するか否かは、個々の事案に即して、上述した判例の理解を参考にして判断される〔田中 2021：524～527参照〕。

　(iii)　新株発行無効の訴え　　株式会社の成立後における株式の発行は、株式の発行の効力が生じた日から6ヵ月以内（公開会社ではない株式会社の場合は株式発行の効力が生じた日から1年以内）に訴えをもってのみ主張することができる（828条1項2号）。このように訴えのみによって無効主張が認められているのは、差止請求と同様に法律関係の画一的な確定をする必要があるからである。新株発行無効の訴えを提起することができるのは、株主、取締役、清算人（監査役設置会社にあっては株主、取締役、監査役又は清算人、指名委員会等設置会社に

あっては株主、取締役、執行役又は清算人）である（828条2項2号）。

新株発行無効の訴えにかかる請求を認容する判決が確定したときは、当該株式会社は、当該判決の確定時における当該株式にかかる株主に対して、払込みを受けた金額又は給付を受けた財産の給付の時における価額に相当する金銭を支払わなければならない（840条1項前段）。この場合において、当該株式会社が株券発行会社であるときは、当該株式会社は、当該株主に対して当該金銭の支払いをするのと引換えに、当該株式に係る旧株券を返還することを請求することができる（840条1項後段）。なお、株主に返還される金銭の金額が無効判決が確定した時点における会社財産の状況に照らして著しく不相当であるときは、裁判所は、株式会社又は株主の申立てにより当該金額の増減を命ずることができる（840条2項）。

(iv) 新株発行不存在確認の訴え　株式会社の成立後における株式の発行については、当該行為が存在しないことの確認を、訴えをもって請求することができる（829条1号）。例えば、新株発行の実体が存しないにもかかわらず、新株発行の登記がされてしまったような場合に新株発行不存在確認の訴えで不存在を確認することが考えられる。

新株発行の不存在の訴えを認容する判決が確定した場合、第三者にもその効力が及ぶ（**対世効**、838条）。新株発行無効の訴えとは異なり将来効の規定（839条）は適用されず判決には遡及効がある。また、出訴期間に関する規定もない。

2　新株予約権

1　概　要

新株予約権とは、権利者（新株予約権者）が、株式会社に対して行使することにより当該株式会社の株式の交付を受けることができる権利のことである（2条21号）。新株予約権の行使は、あらかじめ定めた一定の期間（行使期間）にあらかじめ定めた一定の金額（行使価額）の払込みをすることによって行われる。多くの場合、新株予約権の発行は有償で行われるが、無償で行われることもある。例えば、取締役に対して、新株予約権をインセンティブ報酬（**エクイティ報酬**）として付与する場合などは無償による発行が用いられることがある。

　新株予約権は、前述したインセンティブ報酬として用いられることのほか、資金調達のために社債と組み合わせて新株予約権付社債（2条22号）として発行することもできるし、企業買収の場面で対象会社の経営陣が買収防衛策として発行することも裁判例上みられる（東京高決平17・3・23判時1899・56〔百選97、商判 I -66〕等）。

2　新株予約権の内容

　株式会社が新株予約権を発行する場合は、以下に示す事項を、新株予約権の内容として定めなければならない（236条1項各号）。

① 　当該新株予約権の目的である株式の数（種類株式発行会社にあっては、株式の種類及び種類ごとの数）又はその数の算定方法

② 　当該新株予約権の行使に際して出資される財産の価額又はその算定方法

③ 　金銭以外の財産を当該新株予約権の行使に際してする出資の目的とするときは、その旨並びに当該財産の内容及び価額

④ 　当該新株予約権を行使することができる期間

⑤ 　当該新株予約権の行使により株式を発行する場合における増加する資本金及び資本準備金に関する事項

⑥ 　譲渡による当該新株予約権の取得について当該株式会社の承認を要することとするときは、その旨

⑦ 　当該新株予約権について、当該株式会社が一定の事由が生じたことを条件としてこれを取得することができることとするときはその事由等

⑧ 　当該株式会社が合併等の組織再編行為をする場合において、当該新株予約権の新株予約権者に存続株式会社等の新株予約権を交付するときは、その旨及びその条件

⑨ 　新株予約権を行使した新株予約権者に交付する株式の数に1株に満たない端数がある場合において、これを切り捨てるものとするときは、その旨

⑩ 　当該新株予約権（新株予約権付社債に付されたものを除く）に係る新株予約権証券を発行するときは、その旨

⑪ 　⑩の場合において、新株予約権者が290条の規定による記名式あるいは無記名式との間の転換請求の全部又は一部をすることができないこととす

るときは、その旨

3　新株予約権の発行手続

(1)　**総　説**　新株予約権の発行は、募集株式の発行手続に類似した規定に従って行われる。ただし、払込期日を定める必要はなく、払込みをしなくても新株予約権者となれること（245条）、会社の承諾があれば相殺ができること（246条2項）など募集株式の発行手続とは異なる点もある。

(2)　**募集事項の決定**　株式会社は、その発行する新株予約権を引き受ける者の募集をしようとするときは、その都度、当該募集新株予約権について、以下の事項を定めなければならない（238条1項各号）。

①　募集新株予約権の内容及び数

②　募集新株予約権と引換えに金銭の払い込みを要しないこととする場合には、その旨

③　金銭出資の場合における、募集新株予約権の払込金額又はその算定方法

④　募集新株予約権の割当日

⑤　募集新株予約権と引換えにする金銭の払込みの期日を定めるときは、その期日

⑥　新株予約権付社債である場合の募集社債に関する事項等

(3)　**決定機関**　募集新株予約権の発行にあたり、募集事項の決定は、株主総会の特別決議によることが原則とされている（238条2項・241条3項4号・309条2項6号）。このとき、公開会社である場合は、有利発行でなければ、取締役会において募集事項が決定される（240条1項・241条3項3号）。取締役会決議により募集事項を決定する場合、割当日の2週間前までに、株主に対して通知又は公告をしなければならない（240条2項・3項）。なお、非公開会社であっても、株主総会の特別決議により募集事項の決定を取締役（取締役会設置会社の場合は取締役会）に委任することができる（239条1項・309条2項6号）。その場合は、募集新株予約権の内容及び数の上限、金銭の払込みを要しないこととする場合はその旨を株主総会が定めなければならない。株主割当ての場合は、定款で定めれば、取締役（取締役会設置会社の場合は取締役会）が募集事項の決定をおこなうことができる（241条3項1号・2号）。なお、種類株式発行会社において

は、募集新株予約権の目的である株式の種類の全部又は一部が譲渡制限株式であるときは、当該募集新株予約権に関する募集事項の決定あるいは募集事項の委任について、当該種類株主総会の決議を不要とする旨の定款の定めがない場合を除いて、当該種類株主総会の決議がなければその効力を生じない（238条4項）。

(4) 申込み・割当て・払込み

(i) 申込み　株式会社は、募集新株予約権の引受けの申込みをしようとしている者に対して、株式会社の商号、募集事項、募集新株予約権の行使に際して金銭の払込みをすべきときは払込取扱場所等を通知することが求められる（242条1項）。そして、募集に応じて募集新株予約権の引受けの申込みをしようとする者は、その氏名又は名称及び住所、引き受けようとする募集新株予約権の数を記載した書面を株式会社に交付しなければならない（242条2項）。

(ii) 割当て　新株予約権を割り当てるにあたっては、募集の決議とは別に、割当ての決議を行わなければならない。この際、割当てを決定するのは、基本的には代表権のある取締役であるが、募集新株予約権の目的である株式の全部又は一部が譲渡制限株式である場合、あるいは募集新株予約権が譲渡制限新株予約権である場合には株主総会の特別決議（取締役会設置会社においては取締役会決議）が必要となる（243条2項・309条2項6号）。このような制度設計となっているのは、株式の譲渡制限（139条）及び新株予約権の譲渡制限（265条）との整合性を図るためである［近藤 2020：169］。また、新株予約権の割当てによっても、募集株式の発行と同様に支配株主の異動がもたらされることがある。そのため、新株予約権の割当てにおいて、支配権の変動がある場合には割当日の2週間前までに株主に対し特定引受人が有することになる議決権の数を通知又は公告しなければならない（244条の2第1項・3項）。総株主の議決権の10分の1以上を有する株主が、前述した通知又は公告の日から2週間以内に特定引受人による新株予約権の引受けに反対する旨を会社に通知したときは、かかる割当て（又は総数引受契約）について株主総会決議による承認を受けなければならない（244条の2第5項）。ここに言う支配権変動が生じる場合とは、募集新株予約権の引受人が株式の交付を受けて有することになる最大議決権数が、その場合における総株主の最大議決権数の2分の1を超える場合のことであ

る。

　(iii)　払込み　　新株予約権者は、新株予約権を行使することができる期間の初日の前日、又は新株予約権と引換えにする金銭の払込みの期日を定めている場合はその期日までに、銀行等の払込取扱いの場所において払込金額の全額を払い込まなければならない（246条1項）。この払込みをしなければ、新株予約権を行使することはできない（246条3項）。

　募集新株予約権の総数を1人で引き受ける場合（総数引受契約）については、前述した申込み及び割当ての規定（242条・243条）が適用されない（244条1項）。総数引受契約においても、募集新株予約権の目的である株式の全部又は一部が譲渡制限株式であるとき、募集新株予約権が譲渡制限新株予約権であるときは、株式会社は株主総会の特別決議（取締役会設置会社にあっては取締役会決議）による当該契約の承認を受けなければならない（244条3項・309条2項6号）。なお、新株予約権者は、会社の承諾を得て、払込金額に相当する金銭以外の財産を給付すること、又は当該会社に対する債権をもって相殺することができる（246条2項）。新株予約権の払込みは、募集株式の発行における払込みとは違い出資の履行ではないからである。

　(5)　**新株予約権無償割当て**　　株式会社は、株主（種類株式発行会社にあっては、ある種類の種類株主）に対して新たに払込みをさせないで当該会社の新株予約権の割当て（新株予約権無償割当て）をすることができる。新株予約権無償割当てをするために、会社はその都度株主に割り当てる新株予約権の内容及び数又はその算定方法、新株予約権が新株予約権付社債に付されたものであるときは、当該新株予約権付社債についての社債の種類及び各社債の金額の合計額又はその算定方法、当該新株予約権無償割当てがその効力を生ずる日、株式会社が種類株式発行会社である場合には、当該新株予約権無償割当てを受ける株主の有する株式の種類について定めなければならない（278条1項）。新株予約権無償割当てにおいては、当該株式会社を除き、株主（又は種類株主）の有する株式の数に応じて新株予約権及び社債を割り当てなければならない（278条2項）。これらの事項は、定款に別段の定めがない限りは、株主総会（取締役会設置会社にあっては、取締役会）決議によらなければならない（278条3項）。新株予約権の無償割当てを受けた株主は、無償割当ての効力発生日に新株予約権の新株予

約権者となる（279条1項）。株式会社は、無償割当ての効力発生日後遅滞なく、株主（又は種類株主）及びその登録株式質権者に対し、当該株主が割当てを受けた新株予約権の内容及び数を通知しなければならない（279条2項）。これは、株主に新株予約権の行使の機会を与えるためであり、この通知は、新株予約権の行使期間の末日の2週間前までに行わなければならない。なお、通知がそれより遅れた場合には、行使期間の末日が通知の2週間後に自動的に延長される（279条3項）。

(6) **取締役の報酬として新株予約権が用いられる場合の規制**　募集株式の場合と同様に、上場会社の取締役の報酬として新株予約権を交付する場合にも特則がある。すなわち、定款または株主総会の決議により361条1項4号または5号ロに掲げる事項についての定めに従い新株予約権を発行する場合は、当該新株予約権の行使に際して出資される財産の価額または算定方法をその内容としなくてよい（236条3項・4項）。

(7) **新株予約権者となる日**　株式会社が割り当てた新株予約権の申込者は、割当日に募集新株予約権の新株予約権者となる（245条1項1号）。総数引受契約により募集新株予約権の総数を引き受けた者は、その者が引き受けた募集新株予約権につき割当日に新株予約権者となる（245条1項2号）。なお、募集新株予約権が新株予約権付社債に付されたものである場合には、募集新株予約権の新株予約権者となる者は、当該募集新株予約権を付した新株予約権付社債についての社債の社債権者となる（245条2項）。

4　新株予約権の発行と既存株主の保護

(1) **新株予約権の発行の差止め**　新株予約権は、その内容あるいは条件によっては、既存株主の持株比率の希釈化や経済的価値の低下という形で影響を与える可能性がある［近藤 2020：174等参照］。既存株主は、新株予約権の発行が法令又は定款に違反する場合、新株予約権の発行が著しく不公正な方法により行われる場合においては、自らが不利益を受けるおそれがあるとして株式会社に対して募集に係る新株予約権の発行をやめることを請求することができる（247条）。新株予約権の発行にかかる差止事由には、募集株式の発行の場合とは異なり資金調達の必要性は求められないと解される［神田 2021：176］。

(2) **買収防衛策としての新株予約権**　会社経営陣にとって好ましくない者が企業買収をすることを目的に当該会社の株式を買い占めることがある（敵対的企業買収）。このような場合に、敵対的企業買収への対抗措置として会社経営陣が新株予約権を発行するケースがみられる。もちろんこのような場合であっても、新株予約権の発行が不公正発行として差止めの対象となりうることは株式発行の場合と同様である。もっとも、新株予約権の発行は募集株式の発行とは異なり直接的な資金調達とはならないこともあるため、募集株式の発行のように主要目的ルールが必ずしも妥当するものではない。したがって、敵対的企業買収の局面における新株予約権の発行が公正であるかを判断するにあたっては、もっぱら資金調達目的があるかの観点から判断するのではなく、敵対的企業買収に対する対抗措置として公正であるかという点が判断要素とされるべきである［近藤　2020：174-176］。

5　新株予約権の譲渡

(1) **新株予約権の自由譲渡性**　新株予約権は、株式と同様に自由に譲渡することができるのが原則である（254条1項）。この原則には2つの例外があり、第1は、新株予約権の内容として、譲渡による当該新株予約権の取得について当該株式会社の承認を要する旨が定められている場合である（236条1項6号）。第2は、新株予約権付社債である場合であり、当該新株予約権付社債についての社債が消滅しない限り、新株予約権のみを切り離して譲渡することはできない（254条2項）。なお、新株予約権付社債について、当該新株予約権付社債に付された新株予約権が消滅しない限り、社債のみを切り離して譲渡することもできない（254条3項）。また、新株予約権も、その目的である株式が振替株式であれば、前述した譲渡制限の定めがあるもの及び新株予約権者付社債に付されたものを除き、株式振替制度の適用を受ける（社債振替163条）。

(2) **新株予約権の譲渡の効力要件**　新株予約権が譲渡された場合の効力については、証券が発行されているか否かで異なってくる。証券が発行されている場合の新株予約権（証券発行新株予約権）の譲渡は、当該証券発行新株予約権に係る新株予約権証券を交付しなければその効力は生じない（255条1項）。ただし、自己新株予約権の処分の場合については、証券交付は要件とはなっていな

コラム6-7　**新株予約権の有利発行**

　新株予約権の発行においても、募集株式の発行と同様に、有利発行の問題は生じる。会社法は、払込金額を、①無償とするか②有償とするかで場合を分けて規制している。すなわち、①金銭の払込みを要しないこととすることが当該者に特に有利な条件であるとき、また②払込金額が当該者に特に有利な金額であるときは、取締役は募集事項の決定の決議にかかる株主総会において有利発行することを必要とする理由を説明しなければならない（238条3項）。そして、募集株式の発行の場合と同様に有利発行をするにあたっては、募集事項の決定に株主総会の特別決議が必要となる（309条2項6号）。ここで問題となるのが、いかなる場合に有利発行となるかである。東京地決平18・6・30判タ1220・110〔百選25、商判Ⅰ-64〕）は「募集新株予約権の公正な払込金額とは、現在の株価、行使価額、行使期間、金利、株価変動率等の要素をもとにオプション評価理論に基づき算出された募集新株予約権の発行時点における価額」と示した上で二項格子モデルによるオプション価額の算定が合理的と判断した。この二項格子モデルのほか、オプション評価モデルにはブラック＝ショールズ公式などがある〔田中編著 2021：182〜195〔田中亘〕〕。

い（255条1項但書）。証券が発行されていない新株予約権の譲渡は、振替制度が適用されている場合を除き、当事者の意思表示により効力が発生する。

　(3)　**新株予約権の譲渡の対抗要件**　　新株予約権の譲渡は、その新株予約権を取得した者の氏名又は名称及び住所を新株予約権原簿に記載し、または記録しなければ、株式会社その他の第三者に対抗することができない（257条1項）。なお、記名式の新株予約権の証券が発行されている場合及び記名式の新株予約権付社債券が発行されている場合には、証券の交付によって譲渡が行われ、株券と同様の規制を受けるため、新株予約権原簿の記載・記録は株式会社に対する対抗要件となる（257条2項）。

6　新株予約権の行使

　(1)　**新株予約権の行使の手続**　　新株予約権を行使するにあたっては、①その行使に係る新株予約権の内容及び数、②新株予約権を行使する日を明らかにしなければならない（280条1項）。また、証券発行新株予約権を行使しようとするときは、当該証券発行新株予約権の新株予約権者は、当該証券発行新株予約

敵対的企業買収と新株予約権

　敵対的企業買収に対する対抗措置としての新株予約権の発行に注目が集まるようになった契機とされるが東京高決平17・3・23判時1899・56〔百選97、商判Ⅰ-66〕である。同事件においては、敵対的買収者の持株比率を低下させ現経営陣の経営支配権を維持・確保することを目的として新株予約権を発行することは不公正発行にあたるとしながらも「経営支配権の維持・確保を主要な目的とする新株予約権発行が許されないのは、取締役は会社の所有者たる株主の信認に基礎を置くものであるから、株主全体の利益の保護という観点から新株予約権の発行を正当化する特段の事情がある場合には、例外的に、経営支配権の維持・確保を主要な目的とする発行も不公正発行に該当しないと解すべきである」と示し、その例として、敵対的買収者がいわゆるグリーンメイラーである場合や焦土化経営を目的に株式を買い占めているような場合などを挙げた。また、最決平19・8・7民集61・5・2215〔百選98、商判Ⅰ-67〕は、①敵対的買収者を差別的に扱う条件が付された新株予約権の無償割当てに関する事項を株主総会の特別決議事項とすることを内容とする定款変更議案及び②①が可決されることを条件として新株予約権無償割当てを行うことを内容とする議案が株主総会に付議されいずれの議案も出席株主の多数の賛成により可決された事案において「株主平等の原則は、個々の株主の利益を保護するため、会社に対し、株主をその有する株式の内容及び数に応じて平等に取り扱うことを義務付けるものであるが、個々の株主の利益は、一般的には、会社の存立、発展なしには考えられないものであるから、特定の株主による経営支配権の取得に伴い、会社の存立、発展が阻害されるおそれが生ずるなど、会社の企業価値がき損され、会社の利益ひいては株主の共同の利益が害されることになるような場合には、その防止のために当該株主を差別的に取り扱ったとしても、当該取扱いが衡平の理念に反し、相当性を欠くものでない限り、これを直ちに同原則の趣旨に反するものということはできない。そして、特定の株主による経営支配権の取得に伴い、会社の企業価値がき損され、会社の利益ひいては株主の共同の利益が害されることになるか否かについては、最終的には、会社の利益の帰属主体である株主自身により判断されるべきものであるところ、株主総会の手続が適正を欠くものであったとか、判断の前提とされた事実が実際には存在しなかったり、虚偽であったなど、判断の正当性を失わせるような重大な瑕疵が存在しない限り、当該判断が尊重されるべきである」とし、買収防衛を目的とした差別的な行使条件が付された新株予約権であっても株主の賛成があれば認められるとの理解を示した。

権にかかる新株予約権証券（発行されていない場合は除かれる）を会社に提出しなければならない（280条2項）。証券発行新株予約権付社債に付された新株予約権を行使しようとする場合には、新株予約権者は、新株予約権付社債券を株式会社に提示しなければならない（280条3項前段）。この場合において、株式会社は、当該新株予約権付社債券に当該証券発行新株予約権付社債に付された新株予約権が消滅した旨を記載する必要がある（280条3項後段）。また、新株予約権の行使により社債が消滅するときは、新株予約権付社債券を株式会社に提出しなければならない（280条4項）。社債の償還後に証券発行新株予約権付社債に付された新株予約権を行使しようとする場合には、新株予約権付社債券を株式会社に提出する必要がある（280条5項）。

3　社　　債

1　総　　説

　会社が多額となり得る事業資金を調達するためには、募集株式の発行や銀行から借り入れる以外の方法が必要な場合もあろう。会社法は会社の資金調達手段として社債の制度を設けている。社債とは、一般的に、公衆に対する起債によって生じる会社の債務と定義される。社債には、大量に公衆から起債することが予定されており、集団性を有する債務であるほか、長期的な債務であるという特徴があり、1対1の取引によって成立する銀行借入れとも性質が異なる。社債は上記の性質を持っているため、社債権者保護と集団的処理が必要となり、それに応じた制度設計が求められる。我が国の会社法は、これらの要請を受けて社債について詳細に規定している。なお、社債には公衆（一般投資者）に向けて発行される公募債のほか特定の少人数に向けて発行される私募債もある。その意味では、社債の一般的な定義がいうところの「公衆に対する起債」が当てはまらないものもある。この点につき会社法では、この法律の規定により会社が行う割当てにより発生する当該会社を債務者とする金銭債権であって、募集社債に関する事項についての定めに従い償還されるものとの定義規定を置いた（2条23号）。これにより、会社にとっての金銭債務を社債とするかどうかは、会社の選択に委ねるという制度設計がとられた。なお、社債に関する

規定は、株式会社のみならず持分会社にも適用される。

2　募集社債の発行

(1)　**募集事項の決定**　会社は、その発行する社債を引き受ける者の募集をしようとするときは、その都度、募集社債（募集に応じて社債の引受けの申込みをした者に対して割り当てる社債）について、以下の事項を定めなければならない（676条各号）。

① 　募集社債の総額

② 　各募集社債の金額

③ 　募集社債の利率

④ 　募集社債の償還の方法及び期限

⑤ 　利息支払の方法及び期限

⑥ 　社債券を発行するときは、その旨

⑦ 　社債権者が記名式と無記名式との間の転換請求の全部又は一部をすることができないこととするときは、その旨

⑧ 　社債管理者を定めないこととするときは、その旨

⑨ 　社債管理者が社債権者集会の決議によらずに破産手続等の行為（706条1項2号に掲げる行為）をすることができるときは、その旨

⑩ 　社債管理補助者を定めることとするときは、その旨

⑪ 　各募集社債の払込金額（各募集社債と引換えに払い込む金銭の額）若しくはその最低金額又はこれらの算定方法

⑫ 　募集社債と引換えにする金銭の払込みの期日

⑬ 　一定の日までに募集社債の総額について割当てを受ける者を定めていない場合において、募集社債の全部を発行しないこととするときは、その旨及びその一定の日

⑭ 　①〜⑬のほか、法務省令（会社規162条）で定める事項

(2)　**決定機関**　676条柱書は「会社は……定めなければならない」と規定していることから、募集事項を決定するのは条文上は会社となるが、実際に募集事項を決定するのは会社の機関である取締役になろう［近藤 2020：434］。もっとも、取締役会設置会社にあっては、社債発行に関する事項については、取締

役会の決議が必要とされる重要な業務執行とされており、募集社債の総額、及びその他社債を引き受ける者の募集に関する重要な事項として法務省令で定める事項（会社規99条）については、代表取締役ほか特定の取締役に委任することができず取締役会決議を必ず経なければならない（362条4項5号）。なお、指名委員会等設置会社では、募集事項の決定を執行役に委任することができ（416条4項）、監査等委員会設置会社では取締役の過半数が社外取締役である場合または定款でその旨を定めた場合は、募集事項の決定を取締役に委任することができる（399条の13第5項・6項）。

3　募集社債の申込みと割当て

(1)　**申込み・割当て**　会社は、募集に応じて募集社債の引受けの申込みをしようとする者に対して、①会社の商号、②募集事項（676条各号）、③法務省令で定める事項（会社規163条により、社債管理者・社債管理補助者・社債原簿管理人の氏名・名称・住所）を通知しなければならない（677条1項）。このとき、会社が、①～③の事項を記載した目論見書（金商2条10項）を申し込みをしようとする者に対して交付している場合等については通知は不要となる（677条4項）。金融商品取引法等による投資者保護が十分になされていれば、会社からの通知をあえて求める必要性がないからである。

募集社債の引受けの申込みをする者は、申込者の氏名又は名称及び住所、引き受けようとする募集社債の金額及び金額ごとの数、会社が払込金額の最低額を定めたときは希望する払込金額を記載した書面を会社に交付して申込みをしなければならない（677条2項）。なお、会社の承諾を得た場合には、書面に記載すべき事項を電磁的方法により提供することができる（677条3項）。

会社は、申込者の中から募集社債の割当てを受ける者を定め、かつ、その者に割り当てる募集社債の金額及び金額ごとの数を定めなければならない。この場合において、会社は、当該申込者に割り当てる募集社債の金額ごとの数を、申込者が引き受けようとする募集社債の金額ごとの数よりも減少することができる（678条1項後段）。申込みに対して会社が割当てをすることにより、申込者は社債権者となる（680条1号）。募集事項として、一定の期日までに募集社債の総額について割当てがされなければ募集社債の全部を発行しないこととす

る旨を定めていない限り（676条11号）、割当てがなされた募集社債の金額を社債の総額として社債は成立する。このように社債については、打切り発行が原則とされている。

(2)　**払込み**　　募集社債の申込者は、会社が定めた払込期日（676条10号）までに、払込金額の払込みをしなければならない。募集株式の発行等の場合とは異なり、申込者の側から行う相殺の禁止及び払込取扱金融機関の制度は設けられていない。金銭の払込みに代えて金銭以外の財産を給付する契約が締結されている場合は（会社676条12号、会社規162条3号）、その給付をしなければならない。なお、検査役の調査の制度はない。

(3)　**違法な社債発行**　　募集株式の発行等とは異なり、違法な社債発行について、株主による発行の差止めについての規定は置かれておらず、一般規定（360条・385条・407条・422条）で対応するほかない［江頭 2021：847等］。取締役と通謀して著しく不公正な払込金額で社債を引き受けた者らの民事責任についても規定はない。

　社債の発行は、会社の組織に関する事項ではないので、無効の訴えは法定されていない（新株予約権付社債については新株予約権無効の訴えにしたがう）。そのため、通常の無効確認訴訟で争うこととなるが、違法な社債の発行は、取締役・執行役の損害賠償責任の問題になると解すべきである［江頭 2021：847］。

4　社債の利払い・償還

(1)　**利息の支払い**　　利率の定めがあり、定期的に所定の利息が支払われる利付債の場合、当該社債の約定（会社676条3号・5号、担信19条1項4号・6号）に従い、定時に所定の利息が支払われる。記名社債の場合には、社債原簿に記載された社債権者に対して、社債原簿に記載・記録された住所において利息が支払われる（会社681条4号、商516条）。他方で無記名債券である場合には、社債券に利札（697条2項）が付いていることが通常であり、利払期に利札所持人が発行会社、社債管理者、社債管理補助者又は指定された金融機関に対し利札を呈示してその支払いを受ける（民520条の8）［江頭 2021：847-848参照］。

　利息支払義務の不履行（発行会社が社債利息の支払を懈怠）があった場合については、通常は、社債契約上、発行会社が直ちに社債総額につき期限の利益を

喪失する旨が定められている。会社法のもとでは、社債利息の支払いの懈怠があるときは、社債権者集会の決議に基づき発行会社に対して一定の期間（2ヵ月以上）内に弁済すべき旨、及び、その期間内に弁済しないときは社債の総額につき期限の利益を喪失する旨を通知することができる（739条1項）。なお、前述の期間内に弁済されないときは社債の総額につき期限の利益を喪失すると規定されているが（739条3項）、それは任意規定である〔江頭 2021：848〕。

(2)　**社債の償還**　　社債は、発行時の定め（会社676条4号、担信19条1項5号）に従って償還される。償還される金額は、通常は、社債の金額（676条2号・681条2号・697条1項2号）と同額となるが、後述するように任意繰上償還などがなされた場合は、社債金額とは同額とならない場合もある。なお、社債には、自己株式取得の制限のような財源規制等はないことから、新株予約権付社債を含め、償還期前に発行会社が社債を任意に取得し消却することもできる。

　償還の方法としては定時償還と任意繰上償還がある。定時償還は、発行会社に対し社債発行後一定の据置期間を経過した後、定期的に一定額以上の社債を償還（抽選償還）又は買入消却すべき義務を負わせるものである。任意繰上償還は、社債発行後一定の据置期間が経過した後、約定の満期前に、未償還の社債の全部又は一部（一部の場合は抽選償還となる）を償還する権限を、発行会社に対して付与するものである。任意繰上償還は、社債権者にとって不利な時期に行われることが多いので、この場合の償還金額は、社債契約上、社債の金額より高く定められるのが通常である。

5　社債の管理

(1)　社債原簿

(i)　社債原簿の作成義務　　会社は、社債を発行した日以降遅滞なく、**社債原簿**を作成しなければならない（681条）。社債原簿には以下の事項を記載しなければならない（同条各号）。

① 676条3号から8号の2までに掲げる事項その他の社債の内容を特定するものとして法務省令（会社規165条）で定める事項（これを社債の「種類」という）

② 種類ごとの社債の総額及び各社債の金額

③　各社債と引換えに払い込まれた金銭の額及び払込みの日

④　社債権者（無記名社債を除く）の氏名又は名称及び住所

⑤　社債権者（無記名社債を除く）が各社債を取得した日

⑥　社債券を発行したときは、社債券の番号、発行の日、社債券が記名式か、又は無記名式かの別及び無記名式の社債券の数

⑦　①〜⑥のほか法務省令（会社規166条）で定める事項

　さらに、社債権者は、当該社債権者、質権者についての社債原簿に記載・記録された社債原簿記載事項を記載した書面の交付又は当該社債原簿記載事項を記録した電磁的記録の提供を請求することができる（682条・695条）。これは、社債券の発行されない場合であっても社債の譲渡・質入れを円滑にするためである。

　(ii)　社債原簿の備置き・閲覧　　発行会社は、社債原簿をその本店（社債原簿管理人がある場合にあっては、その営業所）に備え置かなければならない（684条1項）。また、社債権者その他の法務省令（会社規167条）で定める者は、発行会社の営業時間内はいつでも請求の理由を明らかにすれば、①社債原簿が書面をもって作成されているときは、当該書面の閲覧又は謄写の請求、②社債原簿が電磁的記録をもって作成されているときは、当該電磁的記録に記録された事項を法務省令で定める方法（会社規226条）により表示したものの閲覧又は謄写の請求をすることができる（684条2項）。発行会社は、社債原簿の閲覧の請求があった場合は、(i)当該請求を行う者がその権利の確保又は行使に関する調査以外の目的で請求を行ったとき、(ii)当該請求を行う者が社債原簿の閲覧又は謄写によって知り得た事実を利益を得て第三者に通報するため請求を行ったとき、(iii)当該請求を行う者が、過去2年以内において、社債原簿の閲覧又は謄写によって知り得た事実を利益を得て第三者に通報したことがあるものであるときを除いてその請求を拒むことができない（684条3項）。また、発行会社が株式会社である場合に、その親会社社員は、その権利を行使するため必要があるときは、請求の理由を明らかにした上で、裁判所の許可を得て、当該発行会社の社債原簿について閲覧の請求をすることができる（684条4項・5項）。

　(iii)　社債原簿管理人　　社債原簿管理人とは、会社に代わって社債原簿の作成及び備置きその他の社債原簿に関する事務を行う者をいう（683条括弧書）。会社は、社債原簿管理人を定め、当該事務を委託することができる。

(ⅳ)　社債権者に対する通知　　発行会社が社債権者に対してする通知又は催告は、社債原簿に記載し、又は記録した当該社債権者の住所にあてて発すれば足りる（685条1項）。なお、社債権者の住所は、当該社債権者が別に通知又は催告を受ける場所又は連絡先を当該社債発行会社に通知した場合にあっては、その場所又は連絡先となる。この通知又は催告は、その通知又は催告が通常到達すべきであった時に、到達したものとみなされる（685条2項）。

　なお、社債が2以上の者の共有に属するときは、共有者は、発行会社が社債権者に対してする通知又は催告を受領する者1人を定め、当該発行会社に対し、その者の氏名又は名称を通知しなければならない。この場合においては、その者を社債権者とみなして通知・催告がなされる（685条3項）。ここにいう共有者の通知がない場合には、発行会社が社債の共有者に対してする通知又は催告は、そのうちの1人に対してすれば足りる（685条4項）。

　社債権者集会の通知に際して社債権者に書面を交付し、又は当該書面に記載すべき事項を電磁的方法により提供する場合も同様となる（685条5項）。

　(ⅴ)　共有者の権利行使　　社債が2人以上の者によって共有されているときは、共有者は、当該社債についての権利を行使する者1人を定め、会社に対し、その者の氏名又は名称を通知しなければ、当該社債についての権利を行使することができない（686条）。ただし、かかる通知がなくても会社が当該権利を行使することに同意した場合は、権利行使は認められる（686条但書）。

　(2)　**社債管理者**

　(ⅰ)　社債管理者の設置義務　　会社は、社債を発行する場合には、**社債管理者**を定め、社債権者のために弁済の受領、債権の保全その他の社債の管理を行うことを委託しなければならない（702条）。ただし、各社債の金額が1億円以上である場合、ある種類の社債の総額を当該種類の各社債の金額の最低額で除して得た数が50を下回る場合（会社規169条）は、社債管理者を設置する義務はない（702条但書）。ここで掲げた場合の社債権者は大口投資家として情報収集能力や交渉に長けていることが想定され、また当該社債の社債権者の数も少なく社債権者集会で機動的な処理が可能であると考えられたためである。

　社債管理者には資格要件が定められており、①銀行、②信託会社、①②のほか、これらに準ずるものとして法務省令（会社規170条）で定める者（一定の金融

機関）が社債管理者となることができる（703条）。

　社債管理者を置かずに社債を発行する場合には、取締役には過料の制裁が科されるが（976条33号）、社債管理者を設置せずに発行された社債が無効になるわけではない。

　なお、社債管理者が置かれた場合において、各社債権者が社債の償還請求をすることができるか争いがあるが、判例はこれを認める（大判昭3・11・28民集7・1008〔百選81、商判Ⅰ-171〕）。

　(ⅱ)　社債管理者の義務　　社債管理者は、社債権者のために、公平かつ誠実に社債の管理を行わなければならない（704条1項）。また、社債管理者は社債権者に対し善管注意義務を負う（704条2項）。

　704条が定める社債管理者の義務は、社債管理者が会社法上有する権限を行使する場合は当然のこと、発行会社との間で締結される社債管理委託契約に基づく権限を行使する場合についても、課されると解される［近藤 2020：444］。

　(ⅲ)　社債管理者の権限　　社債管理者は、社債権者のために社債に係る債権の弁済を受け、又は社債に係る債権の実現を保全するために必要な一切の裁判上又は裁判外の行為をする権限を有する（705条1項）。また社債管理者は、その管理の委託を受けた社債につき、これらの行為をするために必要があるときは、裁判所の許可を得て、社債発行会社の業務及び財産の状況を調査することができる（705条4項）。これに加え、社債管理者が社債権者のために社債に係る債権の弁済を受けた場合には、社債権者は、その社債管理者に対し、社債の償還額及び利息の支払いを請求することができる。この場合において、社債券を発行する旨の定めがあるときは、社債権者は、社債券と引換えに当該償還額の支払いを請求しなければならず、また当該利息の支払いは利札と引換えに請求しなければならない（705条2項）。以上の権限は、社債権者集会の決議が不要である。

　他方で、①当該社債の全部についてする支払いの猶予、その債務もしくはその債務の不履行によって生じた責任の免除又は和解、②当該社債の全部について行う訴訟行為又は破産手続、再生手続、更正手続若しくは特別清算に関する手続に属する行為については、社債管理者は社債権者集会の決議によらなければ行うことはできない（706条1項）。①については、令和元年改正によって、

元利金の減免が社債権者集会の決議事項に追加された。

(3)　社債管理補助者

（i）　前述したように、ある社債について、一定の要件を満たせば、社債管理者不設置債とすることができる（702条但書）。実務上は、社債管理者を設置することはコストが高いこともあり、社債管理者不設置債とする傾向がみられた。しかしながら、リーマンショック後に社債管理者不設置債がデフォルト（債務不履行）に陥る事例が多くみられ、そのような社債について、個々の債権者の間で混乱が生じるなど社債管理者不設置債の社債管理に係る問題が多くみられた。そこで、令和元年会社法改正においては、社債権者のために社債の管理の補助を行うことを会社から委託された者としての、社債管理補助者の制度が新設された（714条の2）。社債管理補助者の設置は、社債管理者不設置債であって、かつ無担保社債の場合に限って認められる。社債管理補助者の資格は、銀行、信託会社、これに準ずる金融機関等のほか、弁護士・弁護士法人に認められている（会社714条の3、会社規171条の2）。

　社債管理補助者の権限は、法定権限および委託契約の約定によって定められたもの（約定権限）に限られる。法定権限で認められているのは、社債権者のために、①破産手続参加、民事再生手続参加または更生手続参加、②強制執行または担保権の実行の手続における配当要求、③清算株式会社に対する債権の申し出をすることである（714条の4第1項）。約定権限の下では、委託契約に従い社債権者のために、④社債に係る債権の弁済を受けること、⑤社債に係る債権の弁済を受けまたその実現を保全するために必要な一切の裁判上または裁判外の行為をなすこと、⑥706条1項各号が定める行為、⑦社債発行会社が社債の総額について期限の利益を喪失することとなる行為等をすることが認められる（706条の4第2項）。

　社債管理補助者は、社債管理人と比べるとその権限は限定的であるが、公平誠実義務と善管注意義務を負い（714条の7・704条）、これらの義務に違反したことによって生じた損害を賠償する責任を負う（714条の7・710条1項）。

(4)　社債権者集会

（i）　社債権者集会の意義　　社債権者の数は多数であることが多いが、各社債権者の社債金額は大きくないことが一般的である。そのため、各社債権者の

発行会社に対する立場はそれほど強くない。会社法は、社債権者の会議体として**社債権者集会**を設置し、前述した特徴を持つ社債権者の保護を図っている。社債権者集会は、社債権者保護のほか、発行会社にとって集団的な処理が容易になるというメリットもある。

　(ii)　社債権者集会の招集手続　　社債権者集会はいつでも招集することができる（717条1項）。これは、株主総会と同様である（296条2項）。社債権者集会は、基本的には、発行会社又は社債管理者が招集するが（717条2項）、次に掲げる場合については社債権者が招集することができる。第1は、ある種類の社債の総額（償還済みの額を除く）の10分の1以上にあたる社債を有する社債権者が、発行会社又は社債管理者に対して、社債権者集会の目的である事項及び招集の理由を示した場合である（718条1項）。第2は、一定の場合に該当するときに、社債権者が裁判所の許可を得て社債権者を招集する場合である（718条3項）。社債権者集会を招集する者は、①社債権者集会の日時及び場所、②社債権者集会の目的である事項、③社債権者集会に出席しない社債権者が電磁的方法によって議決権を行使することができることとするときは、その旨、及び④①〜③に掲げるもののほか法務省令（会社規172条）で定める事項を定めなければならない（719条）。①〜④の事項は招集通知に記載する必要がある（720条3項）。

　社債権者集会の招集者は、社債権者集会の日の2週間前までに、知れている社債権者及び発行会社並びに社債管理者あるいは社債管理補助者がある場合にあってはそれらの者に対して、書面をもって招集通知を発しなければならない（720条1項）。なお、通知を受ける者の承諾があれば、電気的方法によって招集通知を発することもできる（720条2項）。

　(iii)　社債権者の議決権　　社債権者は、自己が有している種類の社債の金額の合計額（償還済みの額を除く）に応じて議決権を有する（723条1項）。この議決権は、代理人によって代理行使することができる。このとき、代理行使をするにあたっては、社債権者又は代理人は、代理権を証明する書面を招集者に提出しなければならない（725条1項）。招集者が承諾すれば、書面ではなく電磁的方法で提供することも可能となる（725条3項）。ここにいう代理権の授与は、社債権者集会ごとにしなければならない（725条2項）。議決権の行使は、

書面投票によって行うこともできる（726条）。招集通知を送る際に招集者が、知れている社債権者に対して、議決権の行使について参考となるべき事項を記載した書類（社債権者集会参考書類）と議決権行使書面を交付するのは（721条1項）は、この書面投票のためである。議決権行使は電磁的方法で行うことができる（会社727条1項、会社規176条）。さらに、社債権者は議決権を不統一行使することもできる（728条）。

(iv) 社債権者集会の決議　社債権者集会の決議事項は、社債権者集会に出席した議決権者の総額の2分の1を超える議決権を持つ者の同意によって可決される（724条1項）。ここにいう議決権者とは、議決権を行使することができる社債権者を指す。また、社債権者に重大な影響を及ぼす可能性のある事項については、前述した普通決議（724条1項）よりも要件が加重され、議決権者の議決権の総額の5分の1以上で、かつ、出席した議決権者の議決権の総額の3分の2以上の議決権を有する者が同意しなければならない（724条2項）。これを普通決議に対して特別決議という。社債権者集会の決議について、令和元年改正により、機動的な意思決定のために、議決権者の全員による同意の意思表示をもって決議を省略できるようになった（735条の2第1項）。

(v) 社債権者集会の決議の執行　決議の執行は社債管理者が行うことが原則であり、社債管理者がいない場合は代表債権者が行う（737条1項）。なお、社債権者集会の決議は、裁判所の認可を受けなければ効力を生じない（734条1項）。これは、多数決の濫用の弊害を防止するためである。裁判所による認可あるいは不認可の決定は、発行会社によって公告される（735条）。

6　社債の譲渡・質入れ

社債券を発行する場合は、社債券の交付によって譲渡の効力が発生し（687条）、無記名社債を除いて、社債を取得した者の氏名又は名称及び住所を社債原簿に記載することが発行会社への対抗要件となる（会社688条1項・691条、会社規168条）。無記名社債の場合は、社債原簿に氏名を記載することができないので、社債券の占有が対抗要件となる（688条3項）。社債券の占有者は、当該社債券に係る社債についての権利を適法に持つものと推定される（689条1項）。また、社債券の交付を受けた者は、悪意又は重大な過失がない限り当該

新株予約権を付した社債のことを**新株予約権付社債**という（2条22号）。新株予約権付社債は、権利行使がなされた際に社債を出資の目的とするものであるため、新たな金銭の払込みはなされない。株式を取得するために社債が消滅することが多くの場合予定されていることから、社債の償還金が新株予約権の行使により取得することになる株式の取得代金として充てられているともいえる。

なお、新株予約権付社債は、行使期間中に新株予約権を行使しなくても、社債部分があるため元本の返済と利息の支払は受けることができる。つまり、新株予約権を保有している投資者は、株価が権利行使価格を上回っており、かつ社債の利回りよりも有利だと判断すれば新株予約権を行使して利益を得ることができ、逆に株価が下落している状況であっても権利行使せずに社債部分でリスクをヘッジすることができる。また、新株予約権付社債は発行会社にもメリットがあり、それは低金利で資金調達ができること、及び株価が上昇した場合に新株予約権が行使されれば株式が発行されることにより自己資本を増強できることである。

社債券に係る社債についての権利を取得する（689条2項）。質入れについても、社債券の交付が質入れの効力発生要件となる（692条）。発行会社その他の第三者への対抗要件は、質権者が社債券を継続して占有することである（693条2項）。

他方で、社債券を発行しない場合は意思表示のみで譲渡できるが、社債を取得した者の氏名又は名称及び住所を社債原簿に記載しなければ、発行会社その他の第三者に対抗することはできない（688条1項）。質入れについても意思表示のみで効力が生じる。この場合の発行会社その他の第三者への対抗要件は、質権者の氏名又は名称及び住所を社債原簿に記載することである（693条1項）。

7章

会社の基礎の変更

I 定款変更

1 意　義

　成立後の株式会社は、株主総会の決議によって定款を変更（規定の変更、削除、追加）することができる（466条）。目的や商号などの絶対的記載事項であっても手続を経ることにより自由に変更できる。本店所在地の地名が変更された場合や公告方法として定められた新聞紙名が変更された場合であれば、事実が変更されただけなので、定款変更の手続を要しない。

2 手　続

　定款変更には株主総会の特別決議を要する（466条・309条2項11号。ただし、110条、111条1項、164条2項に規定される場合は総株主の同意を要し、309条3項4項、322条4項は特殊の決議を要する。184条2項、191条、195条1項は株主総会決議を要しない）。書面・電磁的方法により招集通知をしなければならない場合、定款の変更に係る議案の概要を招集通知に記載・記録しなければならない（会社299条4項、会社規63条7号チ）。

　種類株式発行会社が、ある種類の株式の内容として、譲渡制限条項又は全部取得条項についての定款の定めを設ける場合には、定款変更のための株主総会決議と、その種類株式の種類株主による種類株主総会決議が必要となる（108条2項4号・7号・111条2項）。

3 効力発生

定款変更における定款とは実質的意義の定款をいうと解されるから、定款変更は、株主総会決議の成立の時に効力が発生する。当該決議で効力発生日を定めることもできる。形式的意義の定款（書面等）の作成は定款変更の効力発生要件ではない。

会社設立時とは異なり、定款変更は公証人の認証を要しない。登記事項が変更されたときは変更登記を要する（915条）。登記の有無は定款変更の効力に影響を与えない。

4 株式買取請求権・新株予約権買取請求権

定款を変更して株式譲渡制限の定めを設ける場合や、全部取得条項付種類株式の定めを設ける場合など、一定の定款変更をする場合には、反対株主に株式買取請求権が与えられ（116条1項）、新株予約権者に新株予約権買取請求権が与えられる（118条1項）。買取請求の手続については、組織再編の株式買取請求権・新株予約権買取請求権の項を参照されたい。

2　事業の譲渡等

467条1項1号から4号に掲げる行為を**事業譲渡等**という（468条1項括弧書）。

1 事業譲渡

(1) **事業譲渡の意義**　事業譲渡とは、契約によって会社が事業を他に譲渡する行為（取引行為）である。事業を譲渡した会社はその対価を受領し、それによって事業を存続させることができるから、事業の全部を譲渡した会社であっても、当然に解散するものではない（471条参照）。事業譲渡を受けた会社が、対価としてその株式を譲渡会社に交付する場合、譲受会社は**現物出資**の規制に服する（207条）。

事業譲渡によって何を譲渡するかは、事業譲渡契約によって定める。合併などの組織再編行為と異なり、事業譲渡契約の内容として定めるべき事項は法定されていない。事業譲渡によって債務や契約上の地位（労働契約など）を譲渡

するためには、契約の相手方の承認を得なければならない。そのため、組織再編行為と異なり、債権者異議手続や契約書面等の備置きの手続をとる必要はない。

(2)　**事業の全部又は重要な一部の譲渡**　事業の全部又は重要な一部を譲渡する場合には、株主総会でその契約の承認を受けなければならない（467条1項1号・2号）。事業を構成する個別の財産を譲渡する場合であれば株主総会の承認は不要となるから（ただし、362条4項1号参照）、事業の意義が問題となる。

　判例によれば、株主総会の特別決議を経ることを要する営業の譲渡とは、会社法制定前商法24条以下の営業の譲渡と同一意義であって、①一定の事業目的のため組織化され、有機的一体として機能する財産（得意先関係等の経済的価値のある事実関係を含む）の全部又は重要な一部を譲渡し、②これによって、譲渡会社がその財産によって営んでいた営業的活動の全部又は重要な一部を譲受人に受け継がせ、③譲渡会社がその譲渡の限度に応じ法律上当然に同法25条（会社21条に相当）に定める競業避止義務を負う結果を伴うものをいう（最大判昭40・9・22民集19・6・1600〔百選82、商判Ⅰ-174〕）（判決当時の商法は、会社が行うべきものの総体を「営業」と規定していたが、会社法は、会社は「事業」を行うものと用語整理した）。

　事業の一部を譲渡する場合であれば、重要といえる程度の事業の一部を譲渡するときに株主総会決議による承認が必要となる。重要であるか否かの判断は、その事業譲渡が、株主の利害関係に重大な影響を及ぼすか否かの観点から、事業の量的側面（譲渡される事業の資産、売上高、利益、従業員数等の割合）、及び質的側面（会社のイメージに与える影響等）から実質的に判断される〔江頭2021：1011〕。

　上記の各要素の何％を占める事業であれば重要といえるかの基準は明らかになっていない。そのため、疑わしい場合には念のために総会決議を経ておくのが実務とされる。

(3)　**簡易の事業譲渡**　譲渡する資産の帳簿価額が総資産額の5分の1以下である場合（これを下回る割合を定款で定めることも可能）、株主総会の決議を要しない（**簡易の事業譲渡**、467条1項2号括弧書）。重要性の判断基準が明確ではないため、株主総会決議を要する事業譲渡の量的な範囲の一部を明らかにしたもの

論点7-1　事業譲渡の意義

　従来、本文の最高裁判決は、①〜③を事業譲渡の不可欠の要件とすることを示したものと理解されてきた。しかし、競業避止義務は特約によって排除可能である（21条1項・2項）。特約で排除すれば事業譲渡に該当しなくなるとの理解では、株主保護という規定趣旨にそぐわない。そこで、②や③は、①の結果となることを示したにすぎない、との理解も有力であった。

　最高裁が本文の判断を示した根拠は、法律関係の明確性と取引の安全を企図するところにあった。（ア）かつての通説は、取引安全の要請を重視し判例と同じ立場をとっていた。（イ）学説は次第に株主保護の要請を重視するようになり、①のみを要件とする説が現在の多数説とされる［江頭　2021：1011］。（ウ）本文の①〜③のいずれも要件としない少数説は362条4項1号との整合性に問題がある。

　事業（営業）譲渡の意義に関する学説は、便宜上、上記の（ア）〜（ウ）の3説に分類される。近時は、得意先、ノウハウ又は人的要素の移転を伴う場合に有機的一体性を備えていると判断するとしても、異業種への譲渡であればノウハウの移転は想定できないし、リストラの一環として行われる事業譲渡では得意先や従業員の一部が引き継がれないことがあるため、有機的一体性の判断はなお不明確であることを理由に多数説に反対し、取引安全の要請を重視して①と②を要件とする学説も有力である［田中　2021：706］。

である。

　この基準を下回れば、事業の重要な一部に当たるか否かを検討するまでもなく、株主総会決議は不要となる。

2　子会社株式譲渡

　子会社によって事業を行っている親会社が、その子会社の支配を失う場合には、事業譲渡と実質的に異ならない影響が親会社に及ぶ。そこで、次の①②の要件を充たす子会社株式譲渡は、株主総会による承認を受けなければならない。

①　譲り渡す子会社の株式等の帳簿価額が、親会社の総資産額の5分の1（これを下回る割合を定款で定めることも可能）を超えるとき（467条1項2号の2イ）。取引の迅速性に配慮して、形式的基準のみが置かれた。

②　親会社が、効力発生日において当該子会社の議決権の総数の過半数を有しないとき（467条1項2号の2ロ）。親会社が子会社株式の過半数を譲渡する場合には、この要件が充たされる。

3　他の会社の事業全部の譲受け

他の会社（外国会社その他の法人を含む）の事業全部を譲り受ける株式会社は、吸収合併における存続会社に近い立場に立つことから、株主総会による承認を受けなければならない（467条1項3号）。自然人からの譲受けは規制されていない。

4　事業全部の賃貸等

事業の全部の賃貸、事業の全部の経営の委任、他人と事業上の損益の全部を共通にする契約その他これらに準ずる契約の締結、変更又は解約は、株主総会による承認を受けなければならない（467条1項4号）。事業全部を他人にまかせることになり、株主の利益に重大な影響を与えるからである。

5　事業譲渡等の手続

(1)　株主総会による承認

(i)　原　則　　事業譲渡等をする株式会社は、その効力発生日より前に、当該行為に係る契約について株主総会の特別決議による承認を受けなければならない（467条1項・309条2項11号）。会社の運命に重大な影響を与え、ひいては株主の利益に重大な影響を与えるからである［前田 2018：761］。書面・電磁的方法により招集通知をしなければならない場合、事業譲渡等に係る議案の概要を招集通知に記載・記録しなければならない（299条4項、会社規63条7号ト）。

必要な株主総会の承認を欠いたまま行われた事業譲渡は、譲受人の善意悪意を問わず絶対的無効であり、譲受人からの無効主張も可能と解される［江頭 2021：1014］（最判昭61・9・11判時1215・125〔百選5、商判Ⅰ-17〕。契約後約20年を経た無効主張は信義則に反し許されないと判断された）。

次の場合には株主総会による承認を省略できる。

(ii)　略式事業譲渡等　　事業譲渡等の相手方（B社）が、事業譲渡をする会

社（A社）の**特別支配会社**（議決権の90％以上を保有する会社。会社規136条参照）である場合、事業譲渡をする会社（A社）において株主総会を開催したとしても結論は明らかであるから、その承認は不要となる（468条1項）。

　(iii)　簡易の事業譲受け　　事業全部の譲受けをする会社において、譲受けの対価として交付する財産の帳簿価額が、純資産額の5分の1以下（これを下回る割合を定款で定めることも可能）であるとき、一定数（特別決議が成立しない可能性がある、総議決権数の6分の1を超える数。会社規138条）の株主が反対を通知しない限り、譲受会社における株主総会の承認は不要となる（468条2項・3項）。簡易の事業譲渡と同じく、株主に与える影響が軽微だからである。

　(2)　**反対株主の株式買取請求権**　　事業譲渡等をする場合、反対株主は、自己の有する株式を公正な価格で買い取ることを請求することができる（**株式買取請求権**、469条）。ただし、①事業全部譲渡契約を承認する株主総会決議と同時に会社を解散する決議がされた場合、②簡易の事業譲受けをする場合に株式買取請求権は認められない（469条1項1号2号・471条3号）。簡易の事業譲渡は事業譲渡等に当たらないから（467条1項2号括弧書）、買取請求権は認められない。株式買取請求の手続については、組織再編の株式買取請求権の項を参照されたい。

　(3)　**債権者保護**　　事業譲渡等について債権者異議手続は設けられていない。譲渡会社は事業譲渡の対価を受領するため、譲渡会社の債権者の債権回収可能性に影響を与えないからである。ただし、次の場合、譲受会社が譲渡会社の債務について責任を負う。

　(i)　商号続用責任　　事業を譲り受けた会社が譲渡会社の商号を引き続き使用する場合には、その譲受会社も、譲渡会社の事業によって生じた債務を弁済する責任を負う（22条1項）。営業主体を表示するものとして用いられていたゴルフクラブの名称を譲受人が継続して使用していた場合に、本規定（平成17年改正前商法26条1項）を類推適用した例がある（最判平16・2・20民集58・2・367〔商判Ⅰ-9〕）。

　(ii)　債務引受広告をした譲受会社の弁済責任　　譲受会社が譲渡会社の商号を引き続き使用しない場合においても、譲渡会社の事業によって生じた債務を引き受ける旨の広告をしたときは、譲渡会社の債権者は、その譲受会社に対し

て弁済の請求をすることができる（23条1項）。

　(iii)　**詐害的事業譲渡における直接請求権**　　譲渡会社が、譲受会社に承継されない債務の債権者（**残存債権者**）を害することを知って事業を譲渡した場合には、残存債権者は、その譲受会社に対して、承継財産の価額を限度として、当該債務の履行を請求することができる（**直接（履行）請求権**、23条の2）。詐害的な事業譲渡に対処するための規定である。

3　組織変更

1　組織変更の意義

　会社がその同一性を維持したまま、株式会社から持分会社に、又は持分会社から株式会社に組織を変わることを組織変更という（2条26号）。合名会社、合資会社及び合同会社の間で定款変更により種類が変わることは組織変更ではない（638条参照）。

　会社が組織を変更する方法は組織変更に限られないが（持分会社が株式会社に吸収合併されるような場合。748条参照）、組織変更では法人格の同一性が維持されるため、許認可事業を継続できる。

2　組織変更の手続

　組織変更は、次の手続を経た上で、組織変更計画で定めた効力発生日にその効力が発生する（745条1項・747条1項）。効力発生後2週間以内に組織変更の登記をしなければならない（920条）。

　(1)　**組織変更計画の作成**　　組織変更をする会社は、法定事項を定めた組織変更計画を作成しなければならない（743条）。定めるべき事項は、①組織変更後の会社の組織や体制に関する事項、②株主・新株予約権者又は社員に交付する金銭等、③効力発生日などである（744条・746条）。

　(2)　**事前の開示**　　組織変更をする株式会社は、債権者異議手続等の手続を行うために最も早く必要となる日から、効力発生日までの間、組織変更計画その他法務省令で定める事項を記載した書面（又は電磁的記録）を、本店に備え置き、株主及び債権者の閲覧等に供さなければならない（会社775条、会社規180条）。

株主・債権者が何らかの行動をとるための判断材料を提供するためである。

(3) **総株主・総社員の同意**　　株主と社員の間には責任の態様や持分の譲渡性に大きな相違があるため、組織変更計画は総株主・総社員の同意を得なければならない（776条1項・781条1項）。

(4) **新株予約権買取請求権**　　組織変更する株式会社の新株予約権者は、自己の有する新株予約権を、公正な価格で買い取ることを請求することができる（777条1項）。この手続については、組織再編の新株予約権買取請求権（→本章**4**の2(6)）を参照されたい。

(5) **債権者異議手続**　　組織変更は、会社債権者の不利益となる可能性があるから、**債権者異議手続**が必要となる（779条・781条2項）。この手続については、組織再編の債権者異議手続の項（→本章**4**の2(7)）を参照されたい。

3　組織変更の無効の訴え

組織変更は会社の組織上の行為として整理され、**組織変更無効の訴え**によってのみその無効を主張することができる（828条1項6号）。この手続については、組織再編の無効の訴えの項（→本章**4**の2(9)）を参照されたい。

4　組織再編

1　組織再編の種類

会社が組織や事業を再編するための行為には、事業譲渡のほか、合併、会社分割、株式交換・株式移転及び株式交付がある。これらの行為を総称して一般に組織再編（行為）という。組織再編は複数の会社が関係する行為である点で、定款の変更・組織変更と異なる。組織再編は企業グループ内で事業を再編する場合に利用されることが多い。

組織再編は、株主総会の特別決議によって会社の組織に変動を与える行為であり、会社の組織上の行為である。株式会社はすべての種類の組織再編の当事会社となることができるので、以下では株式会社を当事会社とする組織再編について述べる。

(1) **合　併**　　合併とは、2個以上の会社が契約によって1個の会社となる

> **コラム7-1　M&A**
>
> 　企業や事業の移転を伴う取引を、一般に M&A（Mergers and Acquisitions. 又は M, A & R：Mergers, Acquisitions and Restructuring）という。
>
> 　M&A の手法は、株式の取得と事業の取得に大別される。株式の取得には、①組織再編による株式取得（株式交換、株式移転）、②キャッシュ・アウトによる株式取得、③株式発行を受ける方法による株式取得、④対象会社の株主からの株式取得（公開買付け、市場内買付け等）などがある。事業の取得には、①事業譲渡・譲受けによる取得、②合併・会社分割による取得などがある。
>
> 　M&A は企業・事業の一部を対象としても行われるほか、複数の手法を組み合わせ、又はアレンジして行われることもある。吸収分割の効力発生により、分割会社は承継会社の株主となるため（759条8項1号）、対価の分割払いや事後の価格調整が可能かにつき疑義を生ずる。そこで、いったん事業を子会社に承継させ、その後、子会社株式を譲渡するという方法がとられることも多い［西村あさひ編 2019：57］。

行為である。合併には、消滅会社の権利義務の全部が存続会社に承継される**吸収合併**（2条27号）と、消滅会社の権利義務の全部が設立会社に承継される**新設合併**（2条28号）がある。すべての種類の会社の間で合併することができる。

　吸収合併では吸収合併契約で定めた効力発生日に、新設合併では設立会社の登記日に、合併の効力が発生する（750条1項・754条1項）。既存の会社間で行われる吸収合併、吸収分割、株式交換及び株式交付を**吸収型再編**といい、当該再編により新たに会社が設立される新設合併、新設分割及び株式移転を**新設型再編**という（会社計算2条37号・45号）。吸収型再編は契約で定めた効力発生日に効力発生し、新設型再編は設立登記の時に効力が発生する。

　効力発生により、消滅会社の権利義務は存続会社・設立会社に承継され（750条1項・754条1項）、消滅会社は解散後（471条4号）、清算手続を経ることなく消滅する（475条1号括弧書）。

　消滅会社の株主には、存続会社・設立会社から合併の対価が交付される（749条1項2号・753条1項6号）。対価として存続会社・設立会社の株式が交付された場合、消滅会社の株主は、効力発生日に、存続会社・設立会社の株主と

図表 7 - 1　組織再編 1

〈吸収合併Ⅰ〉

存続会社がその株式を消滅会社の株主に交付
する吸収合併

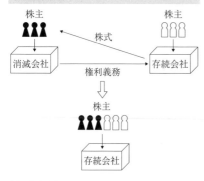

〈吸収合併Ⅱ〉

存続会社が金銭を消滅会社の株主に交付する
吸収合併

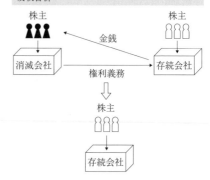

〈新設合併〉

設立会社がその株式を消滅会社の株主に交付
する新設合併

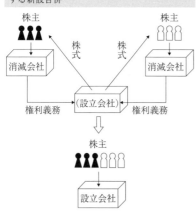

〈吸収分割Ⅰ〉

承継会社がその株式を分割会社に交付する
吸収分割

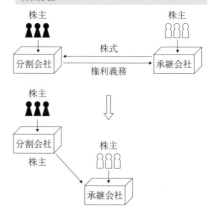

なる（750条3項1号・754条2項。**図表7-1**〈**吸収合併Ⅰ**〉参照）。株式を対価とす
る合併が行われるのが通常である。吸収合併では**対価が柔軟化**されたため、金
銭を交付することができる（749条1項2号ホ。**図表7-1**〈**吸収合併Ⅱ**〉参照）。

　(2)　**会社分割**　　会社分割とは、分割会社（株式会社又は合同会社に限られる。
757条前括弧書）が、その事業に関して有する権利義務の全部又は一部を他の会

コラム7-2　会社分割と事業譲渡

会社分割は、事業の全部又は一部を移転できるという経済的効果の面において
も、権利義務を移転した後の会社が解散せず、その株主の地位にも影響を与えない
という法的効果の面においても、事業譲渡と類似している。

事業に関する債務や契約上の地位の承継を、事業譲渡によって行う場合であれば
相手方の承諾を得る必要があるのに対し、会社分割によって行う場合であれば相手
方の承諾を得ずに包括的に移転できる。この点で会社分割が好まれる。もっとも、
労働条件の異なる会社に対して事業部門を承継させる会社分割では、従業員間に不
公平感が生じるなど、経営上の支障が生じ得るため、会社分割に際して労働条件を
統一する必要性が高い[西村あさひ編 2019：1098]。

会社分割では、契約上の地位も相手方の承諾なく承継される。そこで、契約の相
手方が会社分割をする場合に備えて、中途解約違約金条項などを特約で定めること
がある[江頭 2021：956]。吸収分割をして契約上の地位が承継会社に承継されたこ
とを理由に、分割会社が違約金債務を負わないと主張することは、信義則に反する
と判断された例がある（最判平29・12・19民集71・10・2592〔百選90、商判 I -185〕）。

社に承継させる行為である。会社分割には、既存の会社（承継会社）に権利義
務を承継させる**吸収分割**と（2条29号）、会社分割によって設立する会社（設立
会社）に権利義務を承継させる**新設分割**（2条30号）がある。合名会社・合資会
社は分割会社となることができない。

合併と異なり、会社分割では、承継する権利義務に代わる対価は分割会社に
対して交付され（758条4号）、分割会社の株主に対して対価は交付されない
（図表7-1〈吸収分割 I〉図表7-2〈新設分割 I〉参照）。会社分割の対価を株式・
持分に限定していた会社法制定前商法は、物的分割（分割会社に対価・株式を交
付する会社分割。分社型会社分割）のほか、**人的分割**（分割会社の株主に承継会社・
設立会社の株式を分配する分割。分割型吸収分割・分割型新設分割。会社計算2条3項
44号・54号）を認めていた。会社法は人的分割の規定を廃止したが、分割会社
が、会社分割の対価（承継会社・設立会社の株式）を、会社分割の手続の中で剰
余金の配当（現物配当）として分配できるから（758条8号ロ・763条1項12号
ロ）、人的分割をすることは実質的に可能である（図表7-2〈吸収分割 II〉〈新設
分割 II〉参照）。この人的分割は「物的分割＋剰余金の配当」と整理されるが、

図表 7 - 2　組織再編 2

〈吸収分割Ⅱ〉

分割会社が、承継会社の株式を分割会社の
株主に現物配当・交付する人的分割

株主
現物配当
対価交付
株主

分割会社　←株式→　承継会社

⇩

株主　株主

分割会社　承継会社

〈新設分割Ⅰ〉

設立会社がその株式を分割会社に交付する
新設分割

株主

分割会社　←株式／権利義務→　（設立会社）

⇩

株主

分割会社　株主

設立会社

〈新設分割Ⅱ〉

分割会社が、設立会社の株式を分割会社の
株主に現物配当・交付する人的分割

株主
現物配当
対価交付

分割会社　←株式→　（設立会社）

⇩

株主

分割会社　設立会社

〈株式交換Ⅰ〉

完全親会社（B社）がその株式を完全子会社
（A社）の株主に交付する株式交換

株主　B社株式　株主

A 社　A社株式　B 社

⇩

株主

完全
親会社　B 社

完全
子会社　A 社

「物的分割＋全部取得条項付種類株式の取得対価の交付」と整理される人的分割も可能である（758条 8 号イ・763条 1 項12号イ）。この場合でも、剰余金の配当・全部取得条項付種類株式の取得のために必要な手続を省くことはできない（171条 1 項・454条 4 項参照）。

図表 7 - 3　組織再編 3

〈株式交換Ⅱ〉
完全親会社（B社）が金銭を完全子会社の
株主に交付する株式交換

〈株式移転〉
完全親会社がその株式を完全子会社の株主に
交付する株式移転

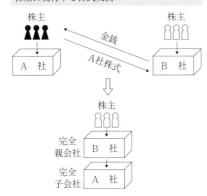

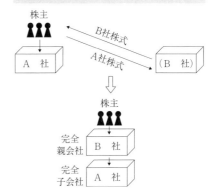

(3)　株式交換・株式移転

（ⅰ）　**株式交換**　　**株式交換**とは、株式会社が、その発行済株式の全部を他の株式会社又は合同会社に取得させることをいう（2条31号）。

　例えば、〈**株式交換Ⅰ**〉の図のA社が株式交換を行い、発行済株式の全部をB社に取得させれば、A社の株主はB社だけになり、A社はB社の子会社となる。B社のように、他社の発行済株式全部を有する会社を完全親会社といい、A社のように、完全親会社によって発行済株式全部を保有されている会社を完全子会社という（会社規218条の3）。株式交換により、完全親子会社関係が創設される。

　株式交換では株主の有する株式が他の会社によって取得される。この点で、株式交換は、会社の権利義務が承継される合併や会社分割と大きく異なる。株式交換契約について株主総会で特別多数が承認すれば（783条1項）、少数株主の意思に反してもその株式は取得される。したがって、株主総会決議が可決される見込みがある場合であれば、株式交換を株式の取得による買収の手段として利用できるほか（**図表 7 - 3 〈株式交換Ⅱ〉**参照）、既存の子会社を完全子会社とするための手段として利用される。

　株式交換完全親会社は、契約で定めた効力発生日に、株式交換完全子会社の

図表7-4　組織再編4

〈株式交付〉

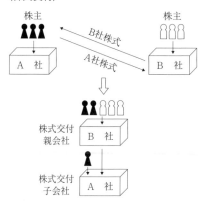

発行済株式の全部を取得する（769条1項）。完全親会社株式が対価として交付される場合、株式交換完全子会社の株主は、効力発生日に完全親会社の株主となる（769条3項1号）

（ii）**株式移転**　**株式移転**とは、1又は2以上の株式会社が、その発行済株式の全部を新たに設立する株式会社に取得させることをいう（2条32号）。

株式移転によっても完全親子会社関係が創設されるが、株式移転によって設立される完全親会社は、株式移転をする（完全子会社となる）会社の株式を取得するだけであるから、自ら事業を行わない（純粋）**持株会社**となる（図表7-3〈株式移転〉参照）。そこで、株式移転は、2社以上の会社が共同で株式移転を行い、持株会社の下で経営統合する場合にも利用される。

株式移転は、完全親会社の成立の日に効力発生し、完全親会社が完全子会社の発行済株式の全部を取得する（774条1項）。完全子会社の株主は、完全親会社の成立の日に、完全親会社の株式となる（774条2項・3項）。

(4)　**株式交付**　株式交付とは、株式会社（株式交付親会社。774条の3第1項1号）が、他の株式会社（株式交付子会社。同号）を子会社とするために、株式交付子会社の株主から株式を譲り受け、その対価として自社株を交付することをいう（2条32号の2）。株式交付は、株式会社が子会社化する点で株式交換に類似する。しかし、株式交換によって完全親子会社関係が創設されるのに対し、株式交付では、議決権の過半数所有による親子会社関係が創設される（774条の3第1項2号・2項、施行規4条の2）。

株式交付は、株式会社が財産の給付を受けて自社株を交付する点において、現物出資による募集株式の発行に類似する。そこで、①株式交付子会社株式の譲渡しの申込み（774条の4。株式交付親会社は、株式交付子会社の株主の申込みに基づいて株式交付子会社株式を譲り受ける）、②株式交付親会社が譲り受ける株式交

> **論点7−2　事業に関して有する権利義務**
>
> 　会社分割では、権利義務が恣意的に振り分けられることがあるから、会社債権者の利益が害されるおそれが類型的に大きい。会社法制定前の商法が、会社分割の対象を「営業の全部又は一部」とする規定を置いていたのは、承継されるものが営業であることを要すると定めることによって、営業から特定の債務を切り離して承継させないようにする趣旨であった。
>
> 　会社法は分割の対象を「その事業に関して有する権利義務」に改めた。この文言からは、事業に「関して」有する限り、「事業性」を有しない個々の権利義務であっても分割の対象にできそうである。しかし、1個の行為で会社設立まで完了する組織上の行為である会社分割の解釈として、個々の権利義務を会社分割の対象とすることは許されないとの見解も有力である［龍田・前田 2017：504］。
>
> 　事業性を会社分割の要件と解するのであれば、その判断基準（→**論点7−1**）は明確ではないので、取引の安全を害するおそれが大きい。詐害的会社分割から債権者を保護するための法改正も行われた。そこで、会社分割の対象は事業性を要しないと解するのが多数説である［江頭 2021：929］。

付子会社株式の割当て（774条の5。株式交付親会社が譲渡しを受ける株式を定めることを、株式交付子会社株式の割当てという）、③株式交付子会社株式の譲渡し（774条の7。割当ての通知を受けた者が株式交付子会社株式の譲渡人となり、株式交付の効力発生日に当該株式を株式交付親会社に給付する）等、株式交付親会社では募集株式の発行手続と同様の手続が求められる（→**6章❶の6**）。

　株式交付親会社は、株式交付計画の作成・承認等、次の2で述べる組織再編の手続を経なければならないから、現物出資規制（→**6章❶の7⑵**）や有利発行規制（→**6章❶の4**）は適用されない。

　これに対し、株式交付子会社では次の2で述べる組織再編の手続は不要である。割当てを受けた株式交付子会社の株主が株式交付子会社の株式の譲渡人となり、株式交付子会社は譲渡の当事者にならないためである。

　株式交付は、株式交付計画で定めた効力発生日に効力を生じ、株式交付親会社は給付を受けた株式交付子会社の株式等を取得し、株式交付子会社の株式の譲渡人は、株式交付計画で定めた割当比率に従って対価を取得する（774条の11第1項2項）。

2　組織再編の手続

　組織再編を行うためには、情報を開示した上での株主総会決議、株式（新株予約権）買取請求手続、及び債権者異議手続をとらなければならない。これらの手続は並行して行うことができる。

　(1)　**契約・計画の作成・締結**　　組織再編を行う会社は、まず組織再編の契約（合併契約、吸収分割契約、株式交換契約）・計画（新設分割計画、株式移転計画、株式交付計画）を締結・作成しなければならない（748条・757条・762条・767条・772条・774条の2）。その内容の決定には取締役会設置会社では取締役会決議を経なければならない（362条4項）。契約の締結は、会社の代表者が行う（349条1項4項・420条3項）。株主総会決議による承認の後で契約を締結しても差し支えない（通常は契約締結が先に行われる）。

　組織再編契約・計画では、組織再編の対価に関する事項、新たに設立する会社の組織・体制、効力発生日等、法定の事項を定めなければならない（必要的（記載）事項、749条・753条・758条・763条・768条・773条・774条の3）。組織再編の対価に関する事項としては、対価の種類・額・数量等のほか、割当てに関する事項（組織再編比率）を定めなければならない（749条1項2号・3号等）。吸収合併では、割当てに関する事項は「消滅会社株主に、その株式1株につき存続会社株式0.82株を割当交付する」のように定められる。

　対価の割当ては、株式の内容が同一である限り、株主が有する株式数に応じて割り当てなければならない（株主平等原則。749条3項・753条4項・768条3項・773条4項・774条の3第4項）。

　組織再編の契約・計画を定めない場合、又は法定の事項を欠く場合、組織再編の無効原因になると解される［田中 2021：663］。

　会社分割では、承継会社・設立会社が承継する資産、債務、雇用契約その他の権利義務に関する事項を定めなければならない（758条2号・763条1項5号）。この定めに従って、分割会社の権利義務が承継会社・設立会社に承継される。したがって、承継される権利義務の全部を個別に記載する必要はないものの、会社分割後、分割会社に残存する権利義務か、承継会社・設立会社に承継される権利義務かが明らかになる程度の記載を要する（「○○事業に関する一切の資産・債務を承継する。」のように定められる）。承継される債務については、会社分

コラム7-3　組織再編対価の柔軟化

　会社法制定前、組織再編の効率性・迅速性を高めるとともに、組織再編の促進や市場における淘汰を通じて我が国の経済を活性化させるため、合併等の対価を柔軟化すべきことが経済界から求められた。

　そこで、会社法は、規制緩和の一環として組織再編の対価を柔軟化し、株式以外の財産を交付する吸収型再編を可能とした。新設型再編については、新たに会社を設立するという性質を有するため、対価の柔軟化は図られなかった。

　吸収合併等の対価は「金銭等」であれば足りる（749条1項2号・758条4号・768条1項2号）。金銭等とは金銭その他の財産をいうが（151条1項柱書括弧書）、「金銭」と「親会社株式」が重要である。吸収合併・株式交換の対価として金銭を受領した株主は、株主としての地位を失いキャッシュ・アウトされる（**図表7-1吸収合併Ⅱ、図表7-3株式交換Ⅱの図参照**）。吸収合併・株式交換の対価として、存続会社・完全親会社の「親会社」の株式を受領した株主は、その「親会社」の株主となる（**三角合併・三角株式交換**）。外国会社がその「親会社」となって、そのような組織再編を行えば、クロスボーダーM＆Aが可能となる。

　対価を交付しない吸収型再編も可能となった（無対価再編）。帳簿上の債務超過会社であっても実質的に債務超過でない場合がある。そのような会社を吸収合併することが、正面から認められた。実質的債務超過会社の吸収合併が可能かについては争いがあるが、これを認める見解が増えている［江頭 2021：909］。

割後、分割会社が当該債務に係る責任を負うか（併存的・重畳的債務引受け）、否か（免責的債務引受け）の別を定めなければならない［江頭 2021：938］。

　(2)　**組織再編の会計処理**　　組織再編の対価の全部又は一部が存続会社の株式である場合、存続会社・設立会社、承継会社・設立会社、完全親会社、株式交付親会社において、資本金・準備金に関する事項を定めなければならない（749条1項2号イ・753条1項6号・758条4号イ・763条1項6号・768条1項2号イ・773条1項5号・774条の3第1項3号・445条5項）。

　(3)　**事前の開示**　　組織再編をする会社は、組織再編契約・計画その他一定の事項を記載した書面（又は電磁的記録）を本店に備え置き、株主・会社債権者（新株予約権者を含む）の閲覧等に供さなければならない（782条・794条・803条・816条の2）。株主・会社債権者に対し、株式の買取り若しくは差止めを請求

し、又は異議を述べるかどうかの判断材料を提供するためである。その不備は、株主・債権者の合理的な判断を妨げ、その権利行使に重大な支障を来すため、組織再編の無効原因と解される（神戸地尼崎支判平27・2・6金判1468・58）。

開示は、各手続（株式・新株予約権の買取請求、債権者異議手続、株主総会）を行うために最も早く必要となる日に開始しなければならず（782条2項・794条2項・803条2項・816条の2第2項）、また、組織再編の効力発生日から6ヵ月を経過する日まで開示しなければならない（782条1項・794条1項・803条1項・816条の2第1項。消滅会社は合併の効力発生により設立会社が成立する日までの開示で足りる）。

開示すべき事項は、組織再編契約・計画の内容、及び法務省令で定める事項である（782条1項・794条1項・803条1項・816条の2第1項）。法務省令は、①**対価の相当性**に関する事項、②**人的分割**をする場合には、全部取得条項付種類株式の取得と引換えに交付する対価の内容・数・額・算定方法や割当てに関する事項、又は配当財産の種類・帳簿価額総額・割当てに関する事項、③相手方当事会社の計算書類、④当事会社の**債務の履行の見込み**に関する事項等を、開示事項とする（会社規182条ないし184条・191条ないし193条・204条ないし206条・213条の2）。

(4) 株主総会決議による承認

（i）原　則　　組織再編契約・計画は、原則として、組織再編の当事会社の株主総会で特別決議による承認を受けなければならない（783条1項・795条1項・804条1項・816条の3第1項・309条2項12号）。株主総会の特別決議が成立すれば、たとえ少数株主の反対があったとしても、その組織再編は実行される。

ただし、譲渡制限のない株式の株主に譲渡制限株式等（783条3項・816条の3第3項、会社規186条）が交付される場合、定款に株式譲渡制限の定めを置く場合と同様、特殊の決議による承認を要する（309条3項2号・3号。持分等が交付されるために総株主の同意が必要となる場合につき、783条2項・804条2項参照）。

（ii）略式組織再編　　吸収型再編をする当事会社（A社）の相手方（B社）が、その会社（A社）の**特別支配会社**（議決権の90％以上を保有する会社。468条1項、会社規136条参照）である場合、その会社（A社）において株主総会を開催したとしても結論は明らかであるから、その承認は不要である（784条1項本文・796条1項本文。ただし、784条1項但書・796条1項但書に例外規定が置かれる）。特別

支配関係は吸収型再編の場合においてのみ存在するから、**略式組織再編**（略式再編）は吸収型再編においてのみ認められる。

　(iii)　簡易組織再編　　組織再編における簡易の手続には以下の２つがある。

　　(a)　吸収合併、吸収分割、株式交換、株式交付における簡易の手続　　存続会社・承継会社・完全親会社・株式交付親会社が交付する対価の帳簿価額が、当該会社の純資産額（会社規196条・213条の５）の５分の１以下（これを下回る割合を定款で定めることも可能）である場合、当該会社の株主総会の承認は不要となる（796条２項・816条の４第１項）。株主に与える影響が軽微だからである。ただし、①一定数の株主が反対を通知した場合（796条３項・816条の４第２項、会社規197条・213条の６。概ね総議決権の６分の１超の反対があればその意思を尊重すべきだから）、②差損が生ずる場合（796条２項但書・816条の４第１項但書。分配可能額が減少するなど株主に対する影響が少なくないから）、③対価が譲渡制限株式である場合（同項但書。非公開会社の募集株式発行は株主総会決議を要するから）、株主総会決議を省略できない。

　　(b)　吸収分割・新設分割の分割会社における簡易の手続　　承継会社・設立会社に承継される資産の帳簿価額の合計額が、分割会社の総資産額（会社規187条・207条）の５分の１以下（これを下回る割合を定款で定めることも可能）の場合、分割会社の株主総会の承認は不要となる（簡易分割。784条２項・805条）。

　(5)　反対株主の株式買取請求権　　組織再編をする場合、反対株主は、株式会社に対し、自己の有する株式を**公正な価格**で買い取ることを請求することができる（**反対株主の株式買取請求権**。785条・797条・806条・816条の６）。これと同様の反対株主の株式買取請求権は、①116条１項各号に規定する場合、②事業譲渡等をする場合（469条）、③株式併合をする場合（182条の４）にも認められる。

　(i)　反対株主

　　(a)　組織再編をするために株主総会の決議を要する場合　　この場合の「反対株主」とは、①当該決議に先だって組織再編に反対する旨を株式会社に対し通知し、かつ、当該株主総会で反対の議決権行使をした株主（785条２項１号イ・797条２項１号イ・806条２項１号・816条の６第２項１号イ。116条２項１号イ・182条の４第２項１号・469条２項１号イも同じ）、及び②当該株主総会において議決権を行使することができない株主である（785条２項１号ロ・797条２項１号ロ・

806条2項2号・816条の6第2項ロ。116条2項1号ロ・182条の4第2項2号・469条2項1号ロも同じ）。議決権制限株式の株主（108条1項3号）等がこれにあたる。事前の反対通知を要する理由は、総会での反対や株式買取請求権の行使を会社が予測し、場合によっては組織再編を中止する機会を与えるためである［江頭 2021：874］。

　（b）組織再編をするための株主総会の決議を要しない場合　　この場合、原則としてすべての株主が「反対株主」となる。ただし、例外的に以下の株主は株式買取請求できない。①略式組織再編の特別支配会社（785条2項2号括弧書・797条2項2号括弧書。議案に賛成することが明らかだから。469条2項2号括弧書も同じ）。②総株主の同意を要する場合（785条1項1号・806条1項1号。反対株主は存在しないから）。③簡易組織再編をする場合（785条1項2号・797条1項但書・806条1項2号・816条の6第1項但書。影響が軽微だから。469条1項2号も同じ）。

　(ii)　株式買取請求の手続　　組織再編をする会社は、その効力発生日の20日前までに、株式買取請求の対象となる株主に対し、当該組織再編をすることを通知・公告しなければならない（785条3項4項・797条3項4項・806条3項4項・816条の6第3項4項。116条3項4項・182条の4第3項・469条3項4項も基本的に同じ）。買取請求権を行使する機会を提供するためである。

　買取請求権を行使する反対株主は、吸収型再編では効力発生日の20日前の日から前日までの間に（785条5項・797条5項・816条の6第5項。116条5項・182条の4第4項・469条5項も同じ）、新設型再編では上記の通知・公告をした日から20日以内に（806条5項）、買取請求する株式数を明らかにして請求しなければならない。

　株式買取請求した株主は、株券については会社に提出し、振替株式については会社の買取口座への振替の申請をしなければならない（会社785条6項・797条6項・806条6項・816条の6第6項、社債振替155条3項。会社116条6項・182条の4第5項、469条6項も同じ）。濫用的な株式買取請求者による市場売却を防止するためである。株式買取請求をした株主は、会社の承諾を得ない限り買取請求を撤回できない（785条7項・797条7項・806条7項。816条の6第7項・182条の4第6項、469条7項も同じ）。株主の機会主義的行動を抑制するためである［田中 2021：670］。

　総会決議の時までに株主名簿の名義書換えをしていない株主は、株式買取請

求をすることができないと判断した例があるが（東京地決昭46・4・19下民集22・3＝4・446）、反対説も有力である［田中 2021：670］。

　(iii)　買取価格の決定　　買取請求が適法に行われた場合には、会社はその株式を公正な価格で買い取る義務を負う。したがって、株式買取請求権は形成権と解される［江頭 2021：877］。

　株主と会社との間で買取価格について協議が調ったとき、会社は、効力発生日から60日以内にその支払いをしなければならない。効力発生日から30日以内に協議が調わないときは、株主又は会社は、その期間の満了の日後30日以内に、裁判所に対し、価格の決定の申立てをすることができる。裁判所が価格を決定したとき、会社は支払期間満了日からの利息を支払う必要があるため、会社は、価格決定の前に会社自身が公正な価格と認める額を支払うことができる（以上につき、786条・798条・807条・816条の7。117条・182条の5・470条も同じ）。

　(iv)　効力発生　　株式買取請求に係る株式の買取りは、組織再編の効力発生日にその効力を生ずる（786条6項・798条6項・807条6項・816条の7第6項。117条6項・182条の5第6項・470条6項も同じ）。

　会社が組織再編を中止したときは、株式買取請求はその効力を失う（785条8項・797条8項・806条8項。816条の6第8項・469条8項も同じ）。

　(v)　公正な価格

　(a)　基準日　　株式の買取価格について当事者の協議が調わない場合、裁判所が「公正な価格」を決定する。

　株価が変動する場合、いつの時点の「公正な価格」を決定するかが問題となる。

　これについては、反対株主が株式買取請求をすれば、反対株主と会社との間に売買契約が成立したのと同様の法律関係が生じるから、株式買取請求がされた日を基準日として、裁判所は「公正な価格」を定めるものと解されている。仮に、買取請求より後の日を算定基準日とすると、株価変動リスクを株主が負担する問題を生じ、また、株主総会決議の日を算定基準日とすると、株価変動リスクを株主が一切負担しない投機の弊害が生じる。これらも買取請求日を算定基準日とすべき根拠とされている（最決平23・4・19民集65・3・1311〔百選84、商判Ⅰ-176〕）。

(b)　公正な価格の算定方法

　(i)　組織再編により企業価値が増加しない場合　　組織再編により企業価値が増加しない場合には、反対株主に、組織再編がされなかった場合と経済的に同等の状況を確保する必要がある。そこで、この場合の「公正な価格」は、当該組織再編の承認決議がされなければその株式が有したであろう価格（**ナカリセバ価格**）である。

　しかし、買取請求日の市場株価は、組織再編を織り込んで形成されているのが通常である。そこで、その影響を排除するため、裁判所は、①組織再編公表前の特定日の市場株価をもって、又は②公表前の一定期間の市場株価の平均値をもってナカリセバ価格とすることができる。③市場の一般的な価格変動要因によって、公表後の市場株価が変動している場合には、公表前の市場価格に補正を加えることもできる。また、組織再編によって企業価値が変動しないため市場株価が変動しないと認められるときには、④買取請求日における市場株価や、⑤これに近接する一定期間の市場株価の平均値をもってナカリセバ価格とすることもできる（前掲最決平23・4・19）。

　116条1項の株式買取請求及び事業譲渡等・株式併合をする場合の株式買取請求における「公正な価格」についても、組織再編の株式買取請求権と同じ解釈が行われている［田中 2021：672］。

　非上場株式について株式買取請求がされた場合、どの株式評価手法を用いるかは裁判所の合理的な裁量に委ねられる。しかし、評価手法の内容、性格等から考慮することが相当でないと認められる要素を考慮することは、裁量の逸脱であり許されない（最決平27・3・26民集69・2・365〔百選88、商判Ⅰ-38〕）［江頭 2021：19、田中 2021：679］。

　(ii)　組織再編により企業価値が増加する場合　　この場合には、増加した企業価値（シナジー）を株主に適切に分配することにより、株主の利益を保障する必要がある。

　増加した企業価値をどのように分配するかは、当事会社が定めた組織再編比率によって決定されるから、この場合の「公正な価格」は、その組織再編比率が公正であったならば株式が有していると認められる価格（**公正分配価格・シナジー分配価格**）である（最決平24・2・29民集66・3・1784〔百選85、商判Ⅰ-178〕）。

論点7-3　企業価値が増加する場合の公正な価格の判断枠組み（独立当事者間取引）

　「相互に特別の資本関係がない会社間」で組織再編契約が作成・締結された場合、組織再編比率が公正か否かについては、原則として、株主・取締役の判断が尊重される。会社に対して忠実義務を負う取締役には、会社・株主の利益にかなう契約を締結することが期待できるし、株主は、自らの利益を考慮して公正と判断した場合に株主総会で賛成するからである。

　したがって、「相互に特別の資本関係がない会社間」において、公正な手続により組織再編の効力が発生した場合には、原則として、当事会社の定めた組織再編比率は公正とされる。そして、組織再編比率が公正である場合には、特段の事情のない限り、市場株価をもって「公正な価格」とすることができる（前掲最決平24・2・29）。

　「相互に特別の資本関係がない会社間」の取引とは、独立当事者間取引を指すものと解される。通説は、独立当事者間取引においては、株主総会の承認に際して不実の情報開示が行われたなど、当事会社の判断が信頼できないことを示す特段の事情がない限り、基準日における市場株価をもって「公正な価格」とする。公正な手続がとられなかった場合は、裁判所が、公正な比率であった場合を想定して独自に算定する［田中　2021：677］。

（6）**新株予約権買取請求権**　　次に述べる新株予約権者は、消滅会社等に対し、自己の有する新株予約権を公正な価格で買い取ることを請求することができる（**新株予約権買取請求権**。787条・808条）。118条1項各号の定款変更をする場合、及び組織変更をする場合にも、新株予約権者は新株予約権買取請求をすることができる（118条1項・777条1項）。株式交付に新株予約権の買取請求制度はない（申込みと割当てに基づく新株予約権の譲渡しは可能である。774条の9）。

　新株予約権買取請求権の手続は、株式買取請求権の手続に準ずる（787条・788条・808条・809条。118条・119条・777条・778条も同じ）。

（ⅰ）**合　　併**　　消滅会社の新株予約権は、合併の効力発生により消滅する（750条4項・754条4項）。そのため、存続会社・設立会社は、消滅会社の新株予約権の新株予約権者に対し、当該新株予約権に代えて、存続会社・設立会社の新株予約権又は金銭を交付しなければならない（749条1項4号柱書・753条1項10号柱書）。交付する（存続会社・設立会社の）新株予約権・金銭の割当てに関す

る事項等（「消滅会社の新株予約権1個につき、存続会社の新株予約権を〇個交付する。」のように定められる）は、合併契約において定めなければならない（749条1項4号5号・753条1項10号11号）。この割当てに関する事項等が新株予約権者に不利となる場合があるため、新株予約権の買取請求が認められる（787条1項1号・808条1項1号）。

　ただし、合併契約の定めが、あらかじめ当該新株予約権の内容として定められていた条件（236条1項8号イ）と合致するときは、新株予約権買取請求は認められない（787条1項1号・808条1項1号）。あらかじめ「組織再編がされる場合には、新株予約権者が保有する新株予約権の数と同一の数の再編対象会社の新株予約権を交付する」と定められているような場合に、それと同じ取扱いがされるときは、新株予約権者に不利益はないからである。

　(ii)　会社分割　　承継会社・設立会社は、分割会社の新株予約権の新株予約権者に対し、当該新株予約権に代えて、承継会社・設立会社の新株予約権を交付することにより、新株予約権を承継することができる。

　新株予約権を承継する場合、分割契約・計画において、承継会社・設立会社の新株予約権の交付を受ける新株予約権者が有する新株予約権（吸収分割契約新株予約権・新設分割計画新株予約権）の内容のほか、交付する承継会社・設立会社の新株予約権の内容・数・算定方法や割当てに関する事項等を定めなければならない（758条5号6号・763条1項10号11号）。これにより、承継会社・設立会社の新株予約権の交付を受けると定められた分割会社の新株予約権者は、新株予約権買取請求することができる（787条1項2号イ・808条1項2号イ）。

　ただし、吸収分割・新設分割がされるときに承継会社・設立会社の新株予約権を交付するという内容が、あらかじめ定められていた新株予約権については（236条1項8号ロハ）、その内容にしたがった取扱いがされないときに、新株予約権買取請求権が発生する（787条1項2号ロ・808条1項2号ロ）。

　(iii)　株式交換・株式移転　　株式交換・株式移転によって完全親子会社の関係を創設したにもかかわらず、完全子会社に残された新株予約権が行使されれば、完全親子会社関係が崩れてしまう。そこで、完全親会社が完全子会社の新株予約権を承継することができる。

　新株予約権を承継する場合、株式交換契約・株式移転計画において、完全親

会社の新株予約権の交付を受ける（完全子会社の）新株予約権者が有する新株予約権（株式交換契約新株予約権・株式移転計画新株予約権）の内容のほか、交付する（完全親会社の）新株予約権の内容・数・算定方法や割当てに関する事項等を定めなければならない（768条1項4号5号・773条1項9号10号）。これにより、完全親会社の新株予約権の交付を受けると定められた（完全子会社の）新株予約権者は、新株予約権買取請求することができる（787条1項3号イ・808条1項3号イ）。

　ただし、株式交換・株式移転がされるときには完全親会社の新株予約権を交付するという内容が、あらかじめ定められていた新株予約権については（236条1項8号ニホ）、その内容にしたがった取扱いがされないときに、新株予約権買取請求権が発生する（787条1項3号ロ・808条1項3号ロ）。

(7)　債権者異議手続

　(i)　合　併　　経営状態が悪い会社と合併すれば、相手方当事会社の債権者は債権回収可能性が低下するという不利益を受ける。それだけでなく、組織再編に際して資本金又は準備金として計上すべき額が、合併前より小さく定められた場合（445条5項参照）、又は合併対価の交付により会社財産が外部に流出した場合にも、債権者は同様の不利益を受ける。

　そこで、合併当事会社の債権者は、それぞれの当事会社に対し、合併について異議を述べることができる（789条1項1号・799条1項1号・810条1項1号。779条も同じ）。異議を述べることができる債権者が存在する場合、当事会社は次に述べる**債権者異議手続**をとらなければならない。その手続が終了していない場合、又は中止した場合、吸収合併の効力は発生しない（750条6項。745条6項・747条5項も同じ）。新設合併の場合、債権者異議手続を履践したことを証する書面を添付して設立登記申請しなければならない（商登81条8号）。

　債権者異議手続の内容は次の通りである。

　(a)　公告・催告　　異議を述べることができる債権者が存在する場合、合併の当事会社は、1ヵ月を下らない一定の期間を定め、①合併をする旨、②他の当事会社の商号及び住所、③当事会社の計算書類に関する事項として法務省令で定めるもの、④債権者が一定の期間内に異議を述べることができる旨を公告し、かつ、知れている債権者には、各別に異議を述べるよう催告しなければ

ならない（会社789条2項・799条2項・810条2項、会社規188条・199条・208条。会社779条2項、会社規181条も同じ）。ただし、公告を、官報のほか、定款で定めた日刊新聞紙又は電子公告により行った場合（二重の公告）、各別の催告（個別催告）を省略できる（789条3項・799条3項・810条3項。779条3項も同じ）。公告・催告は、債権者に異議を述べる機会を提供するために必要となる。二重の公告は、会社の手続的負担軽減の要請を考慮した上で債権者に告知する方法として規定されたものであるから、各別の催告の省略が可能となる。

「知れている債権者」とは、債権者が誰か、その債権がどのような原因に基づく債権かの大体を、会社が知っている債権者をいう。会社がその債権の存在を訴訟で争っている場合であっても、「知れている債権者」ではないとはいえない（大判昭7・4・30民集11・706〔百選75、商判Ⅰ-167〕）。その当時の状況から、会社が債権の不存在を確信するのが合理的な場合は、「知れている債権者」に当たらない。

将来の労働契約上の債権のように、債権額が具体化していない債権者は、弁済等によって保護され得ないから、「知れている債権者」に含まれないと解されている［江頭 2021：730］（反対：大判昭10・2・1民集14・75）。

(b) 異議を述べた場合　会社が定めた一定の期間内に債権者が異議を述べたとき、会社は、当該債権者に対し、弁済をするか、相当の担保を提供するか、又は弁済目的で財産を信託しなければならない（789条5項・799条5項・810条5項）。ただし、債権者を害するおそれがないときは、その例外として弁済等をする必要はない（789条5項但書・799条5項但書・810条5項但書。779条5項但書も同じ）。この例外規定は、異議の濫用による合併手続の遅延を防止するために置かれたものであるから、債権者を害するおそれがない場合とは、①すでに相当な担保の提供を受けている場合や、②債権額が非常に小さいのに他の当事会社の資力が十分である場合のように、狭く解されている。債権者を害するおそれのないことは会社が立証責任を負う。

異議を述べた債権者があるときは、弁済等をしたことを証する書面・債権者を害するおそれがないことを証する書面を、変更・設立の登記の申請書に添付しなければならない（商登80条3号8号・81条8号。77条3号も同じ）。

(c) 異議を述べなかった場合　異議を述べなかった債権者は、当該合併

を承認したものとみなされる（789条4項・799条4項・810条4項）。そして、これにより異議手続は終了し、合併の手続進行が可能となる。

　債権者の承諾なくして債務者の交替（免責的債務引受け）はできないのが民法上の原則である（民472条）。しかし、組織再編では、債権者は、異議を述べない限り承諾したものとして扱われる。

　(ii)　会社分割

　(a)　異議を述べることができる債権者　　承継会社が会社分割により不採算部門の承継を受ける場合、承継会社の既存債権者の債権回収可能性は低下する。そこで、①承継会社の債権者は、承継会社に対し、吸収分割について異議を述べることができる（799条1項2号）。

　分割会社では、分割会社に残存する債権者（**残存債権者**）と、承継会社・設立会社に承継される債権者（承継債権者）とでは、会社分割によって受ける影響が異なる。優良事業と不採算事業とを振り分け、不採算事業だけを承継会社・設立会社に承継させる会社分割では、承継債権者の債権回収可能性は低下する。優良事業だけを承継させた場合でも、承継会社の経営状態が悪ければ、承継債権者の債権回収可能性は低下する。もっとも、分割会社と承継会社・設立会社との合意により、承継させる債務について分割会社が連帯債務を負うようなとき、その債務の承継債権者は分割会社に対して債務の履行を請求できるから、債権回収可能性は会社分割前と変わらない

　そこで、②会社分割後、分割会社に対して債務の履行を請求することができない分割会社の債権者は、異議を述べることができる（789条1項2号・810条1項2号）。

　他方、分割会社に対して債務の履行を請求することができる分割会社の債権者は、異議を述べることができない。なぜなら、分割会社は、会社分割により、承継会社・設立会社に承継させた権利義務の対価を、承継会社・設立会社から受領するため、分割対価が相当である限り、分割会社の責任財産は会社分割の前後を通じて変動しないからである。これは、事業譲渡に債権者異議手続が置かれないのと同じである。事業買収・再編を円滑に進めたいとの要請もあり、このような規律とされた。不当な分割対価が定められるなどして、残存債権者を害する会社分割がされた場合、残存債権者は直接請求権等によって保護

される。しかし、分割会社から優良・主要事業が流出した場合、収益力の低下や総資産額減少に伴う負債割合の増加により残存債権者の債権回収可能性は低下するため、残存債権者が害されるおそれは少なくない。

③分割会社が人的分割をする場合、分割会社のすべての債権者が、分割会社に対し、会社分割について異議を述べることができる（789条1項2号後括弧書・810条1項2号後括弧書）。人的分割とは、会社分割の対価として受領した承継会社・設立会社の株式を、分割会社がその株主に分配する会社分割である。人的分割によって分割会社の責任財産が減少するにもかかわらず剰余金の配当制限が課せられない（792条・812条）。これにより分割会社の債権者は債権回収可能性が低下するおそれがあるため、債権者異議手続の対象とされた。こうした債権者異議手続を経て人的新設分割が行われた場合に、設立会社株式の現物配当に対して否認権を行使することは、債権者異議手続における事前開示に虚偽記載があったため、債権者の権利保護の機会が実質的に与えられていないような特段の事情がない限り、許されないと判断された例がある（東京地判平28・5・26判タ1436・220〔商判Ⅰ-188〕）。

(b) 公告・催告　　異議を述べることができる債権者が存在する場合の公告・催告の手続は、合併の場合と基本的に同じである。（会社789条2項3項・799条2項3項・810条2項3項、会社規188条・199条・208条）。

ただし、不法行為により生じた債務の債権者に対しては、二重の公告をした場合でも、各別の催告を省略できない（789条3項括弧書・810条3項括弧書）。不法行為債権者は、多くの場合、会社と取引関係にない一般国民であり、公告のチェックを要求するのは酷と考えられたからである。

債権者が異議を述べた場合、又は異議を述べなかった場合の効果は、次の催告懈怠の場合を除き、合併の場合と同じである（789条4項5項・799条4項5項・810条4項5項）。

(c) 催告懈怠の効果　　異議を述べることができる分割会社の債権者であって、各別の催告を受けなかった債権者は、吸収分割契約・新設分割計画の定めにより債務を負担しないと定められた会社に対しても、①分割会社に対しては、効力発生日に有していた財産の価額を限度として債務の履行を請求することができ（759条2項・764条2項）、②承継会社・設立会社に対しては、承継

コラム 7 - 4 　詐害的（濫用的）会社分割

　会社法は、会社分割の対象を「事業に関して有する権利義務」であれば足りるものとした（→**論点 7 - 2**）。開示事項である「債務の履行の見込み」は、将来予測に基づく判断に過ぎないことから会社分割の無効原因ではないと解されている［反対：江頭 2021：945］。債権者への各別の催告の省略が可能となっていたことや、税務・会計上のメリットもあり、会社法制定後、会社分割は、事業再生・倒産処理の場面で大いに活用されるようになった。

　優良事業が設立会社に承継され、不採算事業が残された分割会社が特別清算等の方法によって整理されたとしても、それによって残存債権者の債権回収率が大きくなるのであれば、それは良い会社分割といえよう。

　しかし、債務免脱のため債権者に知らせないまま秘密裏に新設分割が行われ、不採算部門と取引上不可欠でない債権者が残された分割会社が、整理されることもなく放置されるという事案が頻発した（詐害的・濫用的会社分割）。そこで、最高裁は、残存債権者が詐害行為取消権を行使して新設分割を取り消し、その債権の保全に必要な限度で設立会社への権利の承継の効力を否定することを認めた（最判平24・10・12民集66・10・3311〔白選91、商判Ⅰ-186〕）。残存債権者は、会社法22条1 項の類推適用（最判平20・6・10判時2014・150〔百選 A40、商判Ⅰ-10〕）、法人格否認の法理（福岡地判平23・2・17判タ1349・177）（→**1 章の 2 の 1 (1)**、**コラム1 - 2**）、又は倒産法上の否認権の行使（東京高判平24・6・20判タ1388・366〔商判Ⅰ-187〕）によっても救済された。

　総債権者の責任財産保全を目的とする詐害行為取消しは、残存債権者の保護を目的とする直接請求権と制度趣旨が異なり、逸出財産の現物返還請求や受益者・転得者に対する取消しも可能である。そこで、直接請求権を定めた規定が設けられた後も、残存債権者は詐害行為取消権を行使できると解される［田中 2021：689］。

した債務の価額を限度として、債務の履行を請求することができる（759条 3 項・764条 3 項）。

　この規定は、各別の催告を受けなかった債権者が異議を述べる機会を失い、不測の損害を被ることを防止する趣旨で設けられた。したがって、分割会社が二重の公告をしない場合には、「知れている債権者」であると否とを問わず、異議を述べることができるのに各別の催告を受けなかった債権者のすべてが、この連帯債務を追及できる。ただし、分割会社が二重の公告をした場合、この

連帯債務を追及できるのは不法行為債権者のみとなる（759条2項第3括弧書・764条2項第3括弧書）。

　(d)　残存債権者の直接請求権　　分割会社が残存債権者を害することを知って吸収分割・新設分割をした場合、残存債権者は、承継・設立会社に対して、承継財産の価額を限度として、当該債務の履行を請求することができる（**直接（履行）請求権**、759条4項・764条4項）。この規定は**詐害的（濫用的）会社分割**に対処するために設けられた。直接請求権の行使期間は、民法上の詐害行為取消権の行使期間と同じである（会社759条6項・764条6項、民426条）。ただし、吸収分割の承継会社が、効力発生時に残存債権者を害することを知らなかったときは、この規定に基づく直接請求はできない（会社759条4項但書、民424条1項但書参照）。吸収分割では承継会社の株主や債権者の利益にも配慮する必要があるからである。

　人的分割をした分割会社の残存債権者は、異議を述べることができるので（789条1項2号後括弧書・810条1項2号後括弧書）、これに加えて直接請求権は認められない（759条5項・764条5項）。

　また、会社分割後、分割会社について倒産手続（破産・民事再生・会社更生の手続）が開始された場合、残存債権者は直接履行請求権を行使できない（759条7項・764条7項）。倒産手続では、否認権の行使（破産160条以下、民再127条以下、会更86条以下）による逸出財産の回復（債権者保護）を優先させるためである。これと同様に、直接請求権に係る訴訟の係属中に倒産手続が開始されれば、債務者の責任財産・破産財団の保全が優先され、直接請求権は破産管財人等に受け継がれない。

　(e)　雇用契約　　雇用契約も、分割契約・計画において「承継される権利義務」（758条2号・763条1項5号）として定められることにより（→7章4の2⑴）、労働者の個別の同意を得ることなく承継会社・設立会社に承継され、その承継に民法625条1項は適用されない。

　会社分割により、主として従事してきた事業から意に反して切り離される労働者は、その不利益を回避するため異議を申し出ることができる。具体的には、①承継事業に主として従事する労働者（主従事労働者）は、その労働契約が分割契約・計画で承継されないと定められた場合でも、異議申出により承継

会社・設立会社に承継される（労働契約承継4条）。②承継事業の主従事労働者以外の労働者（従として従事し、又は全く従事しない労働者）は、その労働契約が分割契約・計画で承継される（承継非主従事労働者）と定められた場合でも、異議申出により分割会社に残留できる（労働契約承継5条）。

　上記①②の労働者に異議申出が認められるのに対し、③承継事業に主として従事する労働者（主従事労働者）が承継されると定められた場合、その主従事労働者に異議申出は認められず、主として従事してきた事業から切り離されないまま当然に承継される（労働契約承継3条）。

　労働者に異議申出の機会を与えるため、分割会社は、当該会社分割に関する一定の事項を、労働者等に対して通知しなければならず（労働契約承継2条1項2項）、また、この通知をすべき日までに労働者と協議をしなければならない（5条協議。平12年商法改正附則5条1項）。

　5条協議を全く行わなかった場合や、実質的にそれと同視できる場合、会社分割の手続上の重大な瑕疵として会社分割の無効原因になり得ると解されている［江頭 2021：939］。しかし、労働者が会社分割無効によって救済を受けられるのは、会社に対して未払賃金債権等の具体的債権を有している場合に限られるうえに、労働者が具体的債権を有する場合であっても、会社が弁済等をすれば無効原因がなくなるため、会社分割無効による労働者保護は限定的である。

　上記③の承継は、5条協議が行われ、当該労働者の保護が適正に図られていることを前提としているものと解される。そこで、③の労働者との関係において5条協議が全く行われなかった場合、又は協議が行われた場合でも、説明や協議の内容が著しく不十分であるため、協議を求めた法の趣旨に反することが明らかな場合には、当該労働者は、自己の労働契約承継の効力を争うことができる（最判平22・7・12民集64・5・1333〔百選92、商判Ⅰ-184〕。相対効説・相対的無効説）。

　(iii)　株式交換・株式移転・株式交付　　株式交換・株式移転・株式交付では会社の権利義務が承継されず、会社財産に影響を与えないから、原則として債権者異議手続は不要となる。会社債権者が異議を述べることができるのは次の場合に限られる。債権者異議手続の内容・効果は、合併の場合と同じである。

(a)　金銭等を交付する場合（799条1項3号・816条の8第1項）

　株式交換完全親会社・株式交付親会社は、完全子会社の株主・株主交付子会社の株式の譲渡人に対し、金銭等を交付できる（768条1項2号・774条の3第5項）。この金銭等が一定の額を超えた場合（交付する金銭等の合計額の5％超が親会社株式以外の財産である場合。会社規198条・213条の7）、親会社の債権者は異議を述べることができる。

(b)　完全子会社の新株予約権付社債を完全親会社が承継する場合（789条1項3号）

　完全親会社は、株式交換契約・株式移転計画において定めることにより、完全親会社の新株予約権を交付して、完全子会社の新株予約権を承継できる（768条1項4号イ・773条1項9号イ）。この新株予約権に社債が付されている場合、社債に係る債務を完全親会社が承継する（763条1項10号ハ・768条1項4号ハ）。

① 　完全子会社の新株予約権付社債が完全親会社に承継されれば、当該社債権者（完全子会社の債権者）は、完全親会社の社債権者となる。したがって、当該社債権者は、完全子会社に対し、異議を述べることができる（789条1項3号・810条1項3号）。

② 　完全子会社の新株予約権付社債を完全親会社が承継すれば、完全親会社は債務を免責的に引き受けることになる。したがって、完全親会社の債権者は、完全親会社に対し、異議を述べることができる（799条1項3号「又は」以降）。

(8)　効力発生

(i)　効力発生と登記

(a)　吸収型再編　　吸収合併、吸収分割、株式交換及び株式交付（吸収型再編）は、効力発生日に効力を生ずる（750条・759条・769条・774条の11）。ただし、債権者異議手続が終了していない場合又はその再編を中止した場合、効力は生じない（750条6項・759条10項・769条6項。株式交付は、給付を受けた株式交付子会社の株式数が株式交付計画所定の下限に満たない場合等にも効力発生しない。774条の11第5項）。そのような場合には、効力発生日を変更することができる（790条・816条の9）

　吸収合併・吸収分割は、効力発生日から2週間以内に登記をしなければなら

ない（921条・923条）。しかし、この登記の前に、吸収合併・吸収分割は効力発生している。

　そうすると、吸収合併の消滅会社は吸収合併の効力発生日に解散するものの（471条4号）、効力発生日から登記がされるまでの間、登記上は、消滅会社がなお存在し、その代表者もなお存在するかのような外観を呈することになる。そのため、そのような代表者が、存続会社に承継させた不動産を（合併の登記前に）第三者に売却するといった事態も起こりうる。

　そこで、このような事態に備えて、吸収合併による消滅会社の解散は、その登記の後でなければ第三者に対抗できないとされた（750条2項。吸収分割では当事会社が解散しないため、特に規定は置かれない）。

　(b)　新設型再編　　新設合併、新設分割及び株式移転（新設型再編）は、設立される会社について設立の登記をしなければならないから（922条・924条・925条）、その成立の日に効力を生ずる（754条・764条・774条）。

　(ii)　事後の開示　　組織再編の当事会社は、組織再編の効力発生日後遅滞なく、一定の事項を記載した書面を作成し、効力発生日から6ヵ月間、本店に備え置いて株主・債権者の閲覧等に供さなければならない（会社791条・801条・811条・815条・816条の10、会社規189条・190条・200条・201条・209条ないし213条・213条の9・213条の10）。株主や債権者に、組織再編の無効の訴えを提起するか否かを判断する資料を提供するためである。

(9)　組織再編の差止めと無効

　(i)　組織再編の差止め　　組織再編が法令又は定款に違反する場合、株主が不利益を受けるおそれがあるときは、当事会社の株主は、当該当事会社に対し、当該組織再編をやめることを請求することができる（784条の2第1号・796条の2第1号・805条の2・816条の5）。ただし、株主に与える影響が軽微だから簡易の組織再編の差止めは認められない（784条の2但書等）。

　略式組織再編では、組織再編の対価・割当てに関する事項が当事会社の財産の状況に照らして著しく不当であることも（**組織再編対価・条件の著しい不当性**）、差止事由として規定される（784条の2第2号・796条の2第2号）。略式組織再編では株主総会決議を省略できるため、株主総会決議の効力を争う機会が著しく減少するからである［江頭　2021：924］。

略式以外の一般的組織再編の差止事由である法令違反とは、会社が組織再編に適用される法令に違反することと解され、対価の不当性を差止事由から除外する規定ぶりから、取締役の善管注意義務違反・忠実義務違反を含まないと解される。ただし、決議に特別利害関係のある多数派株主が議決権を行使することによって、著しく不当な対価を内容とする組織再編を承認した決議には、決議取消しの瑕疵がある（831条1項1号）。決議取消しの訴えが認容されれば総会決議を欠くこととなるから、これが法令違反の差止事由になると解される［田中 2021：681］。

(ⅱ)　組織再編無効の訴え

　(a)　手　続　　設立無効その他の会社の組織に関する行為と同様に、組織再編の無効は無効の訴えによってのみ主張することができる（828条1項7号ないし13号。6号も同じ）。多数の利害関係人との法律関係を早期に確定し法的安定を図るため、無効判決による組織再編の無効は第三者との関係でも無効となり（838条）、既往の法律関係を尊重して遡求効が否定され（839条）、提訴期間（828条1項7号ないし13号。6号も同じ）、提訴権者が制限されるなど（828条2項7号ないし13号。6号も同じ）、組織再編無効の訴えは設立無効の訴えと同じ規制に服する。

　ただし、組織再編無効の訴えの提訴権者は、以下の通り拡大されている。

　すなわち、①組織再編の対価として金銭を受領し株主でなくなった者（株主等）、②破産管財人及び③「組織再編について承認をしなかった債権者」もまた、組織再編無効の訴えを提起することができる（828条2項7号ないし13号。6号も同じ）。

　「承認をしなかった債権者」とは、「異議を述べることができる債権者」のうち、異議を述べた債権者をいうと解されている。「異議を述べることができない債権者」は会社分割について承認する立場にないからである（東京高判平23・1・26金判1363・30）。このほか、適法な公告・催告がなかったために異議を述べる機会を失った債権者も、「承認をしなかった債権者」に該当すると解される［田中 2021：699］。

　(b)　無効原因　　組織再編の無効原因を定めた規定はないから、何が無効原因かは解釈に委ねられる。重大な手続的瑕疵が無効原因になると解されてい

論点7-4　不公正な組織再編比率

　企業価値の評価は困難だから、微妙な企業価値の測定として許される範囲を超えない限り、組織再編比率は著しく不公正ではないと解されている（東京高判平2・1・31資料版商事法務77・193〔百選89、商判Ⅰ-181〕）。組織再編比率がその許される範囲を超え、著しく不公正となった場合でも、必要な情報が適正に示された株主総会で組織再編契約が承認されたのであれば、多数決の濫用がない限り、組織再編の無効原因ではないと解するのが通説である［反対：神田 2021：395］。

　通説によれば、独立当事者間取引においては、取締役が自社に不利益となる経営判断をするインセンティブは通常働かないから、取締役の経営判断が尊重される。ただし、支配会社が従属会社を吸収合併する場合のように、多数株主と少数株主との間に構造的な利益相反関係がある株主総会で、著しく不公正な比率の合併契約が承認された場合であれば、多数決の濫用の問題として処理される（831条1項3号）。そして、総会決議が取り消されれば、組織再編の無効原因になる［江頭 2021：925］。

　株主総会決議取消しの訴え（831条）はその提訴期間内に提起しなければならない。しかし、その係属中に組織再編の効力が発生した後は、組織再編無効の訴え（会社828条）に変更し（民訴143条）、当該無効の訴えの中で取消しの瑕疵を争うことができる［田中 2021：700］。

　不公正な組織再編比率によって不利益を受ける株主は、429条1項に基づき取締役の責任を追及することができる。

る。①組織再編契約・計画の内容の違法、②事前・事後の開示の不備、③組織再編契約・計画を承認した株主総会決議の瑕疵、④債権者異議手続・株式買取請求手続の不履践、⑤労働者との協議義務違反、⑥要件を充たさない簡易・略式組織再編、⑦組織再編差止仮処分の違反、⑧独禁法違反、⑨意思表示の無効（名古屋地判平19・11・21金判1294・60〔商判Ⅰ-182〕）などが無効原因となる。組織再編を承認しなかった債権者は、自己に対する債権者異議手続の瑕疵のみを無効原因として主張できるものと解される［江頭 2021：926］。

　(c)　無効判決が確定した場合　　組織再編を無効とする判決が確定すると、その判決の効力は第三者に対しても及び（838条）、その判決において無効とされた組織再編は、将来に向かってその効力を失う（839条）。

　合併を無効とする判決が確定すると、将来に向かって、消滅会社は復活し、

設立会社は解散し、合併の対価として発行していた株式・新株予約権は無効となる（839条。登記につき937条3項2号・3号参照）。合併後に変動がなかった株主・権利義務は、合併前の会社に復帰する。合併後に負担した債務は当事会社の連帯債務となり、取得した財産は当事会社の共有となる（843条1項1号・2号、2項。負担部分・共有持分の決定につき、843条3項・4項参照）。

　会社分割を無効とする判決が確定すると、設立会社は解散し、会社分割により承継された権利義務は、分割会社に復帰し、会社分割の対価として発行していた株式・新株予約権は無効となる（839条。登記につき937条3項4号・5号参照）。会社分割後に当事会社が負担・取得した債務・財産は、当事会社の連帯債務・共有となる（843条1項3号4号・2項。負担部分・共有持分の決定につき、843条3項4項参照）。

　株式交換・株式移転を無効とする判決が確定すると、株式移転完全親会社は解散し、株式交換・株式移転の対価として発行していた株式・新株予約権は無効となる（839条）。株式交換・株式移転の対価として完全親会社の株式が交付されていた場合には、完全親会社は、無効判決確定時に、当該完全親会社の株式の交付を受けた者が有していた完全子会社の株式を交付しなければならない（844条1項）。

　株式交付を無効とする判決が確定すると、対価として交付していた株式交付親会社の株式（旧株式交付親会社株式）は無効となる（839条）。株式交付親会社は、旧株式交付親会社株式の株主に対し、株式交付の際に給付を受けていた株式子会社の株式・新株予約権を返還しなければならない（844条の2第1項）。

5　キャッシュ・アウト

1　キャッシュ・アウトの意義

　少数株主を当該会社から締め出して完全子会社化することを、一般に締め出し（スクイーズ・アウト。金銭対価であればキャッシュ・アウト）という。完全子会社化すれば、総会開催手続や有価証券報告書作成が不要となり、法令遵守コスト・株主管理コストを削減することができるほか、柔軟な経営が可能となる。これらがキャッシュ・アウトのメリットである。

2　キャッシュ・アウトの方法

　キャッシュ・アウトの方法には、株主総会決議を要するものとして、①金銭対価の組織再編、②全部取得条項付種類株式の取得、③株式併合があり、株主総会決議を要しないものとして、④特別支配株主の株式等売渡請求、⑤金銭対価の略式組織再編がある。

　①②③によりキャッシュ・アウトするためには、株主総会の特別決議を成立させる程度の多数の株式を保有していることが必要となる。④⑤の方法は、特別支配関係（総株主の議決権の90％以上）が存在していることが必要となる。そこで、上場会社を買収してキャッシュ・アウトをするためには、少なくとも株主総会の特別決議を成立させる程度の多数の株式を取得するため、公開買付けを前置するのが通例である。公開買付けを前置したキャッシュ・アウトを一般に**二段階買収**という。

　かつては会社法・法人税法等の規定が未整備であったため、キャッシュ・アウトに全部取得条項付種類株式が専ら利用されていた。その後、平成26年会社法改正により、株式併合の規定が整備され、株式等売渡請求制度が設けられた。平成29年税制改正により、キャッシュ・アウトの方法の違いによる税務上の取扱いの相違はおおむね解消された。

　(1)　**公開買付け**　　証券市場で多数の株式を買い集めることも可能であるが、買い集めの過程で株価が上昇することなどを考慮すると、中途半端な買収に終わってしまうことも考えられる。そこで、**公開買付け**により、不特定多数の株主から、市場外で対象会社の株式を買い付ける方法が用いられる。公開買付けとは、不特定の者に対し、公告により株券等の買付けの申込み又は売付けの申込みの勧誘を行い、市場外で株券等の買付け等を行うことをいう（金商27条の2第6項）。10名以下の者からの買付けでなければ、買付後の所有割合が5％超となる場合に、10名以下の者からの買付けであれば、買付後の所有割合が3分の1を超える場合に、公開買付けが、原則として義務づけられる（金商27条の2第1項1号・2号）。

　公開買付けでは、情報開示のため、その目的、買付け等の価格、買付予定の株券等の数、買付期間等を公告し、公開買付届出書を金融商品取引所等に送付なければならない（金商27条の3）。対象会社は、公開買付けに対する意見を記

載した書類を監督当局に提出しなければならない（金商27条の10・27条の14）。

公開買付けでは、部分買収や二段階買収の場合に、対象会社の株主に対して、公開買付けに応募するよう圧力をかける危険（**強圧性**）が構造的に存在する。そこで、買付価格は均一であることを要し（金商27条の2第3項）、公開買付後に買付者の所有割合が3分の2以上となる場合、買付者は応募株式の全部を買い付けなければならない（金商27条の13第4項）。実務では、二段階買収が予定されている場合には、二段階目の行為の予定時期、対価等を開示することが求められている。

買付価格が市場の期待より低ければその公開買付けは失敗に終わるであろうが、たとえ期待に応える価格であったとしても、株主の無関心や価格に対する不満などから、全株式の買付けに成功することはほとんどない。そこで、完全子会社化するための第二段階目として、①金銭対価の組織再編、②全部取得条項付種類株式の取得、③株式併合のほか、④株式等売渡請求、⑤金銭対価の略式組織再編が用いられる。このうち、①⑤についてはすでに述べたので、②③④の方法によるキャッシュ・アウトについて述べる。

(2) **全部取得条項付種類株式の取得**　**全部取得条項付種類株式**の取得によるキャッシュ・アウトは、キャッシュ・アウトする会社の株式全部の内容を全部取得条項付種類株式に変更した上で、その全部取得条項付種類株式を取得するという手続を経る。そのため、①種類株式発行会社でない会社では種類株式発行会社となる必要があるから（108条2項柱書参照）、株主総会の定款変更決議が必要となる。次いで、②株式全部の内容を全部取得条項付種類株式に変更する必要がある。そのためには定款にその旨を定めなければならないから（108条2項7号）、株主総会の定款変更決議が必要となる。定款変更により全部取得条項を付す場合には、全部取得条項を付される種類株主を構成員とする種類株主総会の決議を経なければならない（111条2項1号・324条2項1号）。①②によって当該会社の株式全部の内容が全部取得条項付種類株式となった後で、③会社が全部取得条項付種類株式を取得することを株主総会決議で定める（171条1項）。①～③の決議は、通常、1回の株主総会・種類株主総会で行われる。

公開買付けにより、買収者が、対象会社の株主総会の特別決議を成立させる程度の多数の株式を保有することになった場合、上記①～③の決議は、買収者

> **コラム7-5**　MBO（マネジメント・バイアウト）
>
> 　対象会社の取締役（経営陣）自らが、対象会社の株式を買収することをMBOという。経営陣が投資ファンド等から金融支援を受けて受皿会社を設立し、その受皿会社が二段階買収の方法によって対象会社のすべての株式を取得するという方法のMBOが多く行われた。
>
> 　MBOは、企業内部のインセンティブ構造をベンチャー企業のように単純化するため、長期的な経営戦略をとることができるなどの経済的意義を有する。しかし、MBOは、取締役自らが対象会社の株式を株主から取得するという取引であるから、株主と取締役との間に利益相反の問題が必然的に生じるほか、両者間に情報の非対称の問題もある。
>
> 　「公正なM＆Aの在り方に関する指針」（2019年、経済産業省）は、MBO取引・支配会社による完全子会社化取引（→**論点7-5**）における公正性を確保するためのベストプラクティスとして、公正性担保措置（具体的には、独立した特別委員会の設置、外部専門家の独立した専門的助言の取得等）を公表した。公正性担保措置の採用・不採用がただちに特定の法的効果を伴うものではないが、取締役の義務違反や公正な価格の決定に際しての重要な考慮要素となることが期待されている（同指針注1）。
>
> 　MBOを行うこと自体が合理的な経営判断に基づいている場合でも、企業価値を適正に反映しない価格で株式が取得されたときは、取締役に善管注意義務違反が認められる余地がある。取締役の具体的な義務として、公正な企業価値の移転を図らなければならない義務（公正価値移転義務）、及び情報開示を行うときには適正に行うべき義務（適正情報開示義務）を認めた例がある（東京高判平25・4・17判時2190・96〔百選52、商判Ⅰ-152〕）。

の賛成により成立する。そして、全部取得条項付種類株式の取得と引き換えに、対象会社の他の種類の株式が株主に交付される（171条1項1号イ）。その割合は、すべての少数株主に交付される株式が1株未満となるように設定される。そのため、対象会社の少数株主には、端数株式を売却することによって得られる金銭が交付され（234条1項2号）、少数株主はキャッシュ・アウトされる。

　(3)　**株式併合**　　株式併合とは、数個の株式を、それより少数の株式とする会社の行為である。株式併合によって端数が生じた場合、端数株式を株主に交

付せず、端数合計数に相当する数の株式を売却して得られた代金を、端数に応じて株主に交付する（235条）。併合する株式数を大きくすれば、併合後の保有株式が1株未満となる株主を、キャッシュ・アウトできる。全部取得条項付種類株式を用いたキャッシュ・アウトでは上記(2)①～③の手続がとられるが、株式併合ではそのような複雑な手続は不要である。

(4) **特別支配株主の株式等売渡請求**　　平成26年会社法改正前にキャッシュ・アウトのために主として用いられていた全部取得条項付種類株式の取得には略式の手続がなく、株主総会決議を省略できないため、キャッシュ・アウトの時間的・手続的コストが大きいなどの問題があった。そこで、株主総会決議不要型の機動的なキャッシュ・アウトの方法として**特別支配株主の株式等売渡請求**の制度が創設された。

特別支配株主とは、対象会社の総株主の議決権の90％（これを上回る割合を定款で定めることも可能）以上を有する者をいう（179条1項前括弧書）。特別支配株主が単独で90％以上を有する必要はない。ある株主が、実質的に支配している法人の保有株式と合算して、対象会社の株式の90％を有していれば、その株主は特別支配株主となる（会社179条1項前括弧書、会社規33条の4）。特別支配株主は「者」であればよいので、外国会社、会社以外の法人や自然人も特別支配株主になり得る。

対象会社とは、売渡請求の対象となる株式を発行している株式会社をいう（179条2項第2括弧書）。公開会社でない株式会社も対象会社とすることができる。

対象会社の議決権の90％以上を有する特別支配株主は、他の株主の有する対象会社の株式（**売渡株式**）を、自分に売り渡すよう請求することができる（179条1項第2括弧書）。これを**株式売渡請求**という（179条2項第1括弧書）。株式売渡請求の相手方（**売渡株主**、179条の2第1項2号前括弧書）は、対象会社の株主の全員である（ただし、対象会社及び特別支配株主を除く。179条1項第2括弧書）。特別支配株主は、株式売渡請求にあわせて、対象会社の新株予約権の全部の売渡請求をすることもできる（179条2項・3項）。株式売渡請求と新株予約権売渡請求を総称して、株式等売渡請求といい（179条の3第1項括弧書）、売渡株式と売渡新株予約権を総称して、**売渡株式等**という（179条の2第1項5号前括弧書）。

株式等売渡請求の手続は、①特別支配株主から対象会社に対する通知によっ

て開始される（179条の3第1項）。②対象会社が株式売渡請求を承認したとき
は、③対象会社が売渡株主に対し通知等をすることにより（179条の4）、④特
別支配株主が定めた取得日に、特別支配株主が売渡株式等を取得し、キャッ
シュ・アウトが完了する（179条の9）。売渡株式等の売買は特別支配株主と売
渡株主との間で行われるから、対象会社はその売買取引の当事者とはならない。

3 全部取得条項付種類株式の取得・株式併合によるキャッシュ・アウトの手続

　キャッシュ・アウトがされると、多数の株主がその地位を失い、株主の権利
に重大な影響を及ぼすことになる。そこで、キャッシュ・アウトをする会社
は、組織再編と同様の手続をとらなければならない。

　(1)　**事前の開示・事後の開示**　　全部取得条項付種類株式の取得・株式併合を
する会社は、事前開示手続（会社171条の2・182条の2、会社規33条の2・33条の
9）、及び事後開示手続（会社173条の2・182条の6、会社規33条の3・33条の10）
をとらなければならない。これにより、組織再編と同程度の情報が、株主・株
主であった者（キャッシュ・アウトされた者）に提供される。

　(2)　**株主総会決議**　　株主総会の特別決議により、①取得の対価の内容、数
等、又は算定方法、②割当てに関する事項、③取得日を定めなければならない
（会社171条1項・180条2項・309条2項3号4号）。

　組織再編と異なり、株主総会決議の省略は認められない。株主総会におい
て、取締役は取得を必要とする必要とする理由を説明しなければならない
（171条3項・180条4項）。

　(3)　**取得価格決定の申立て・反対株主の株式買取請求権**　　全部取得条項付種類
株式の取得対価に不満な株主は、取得日の20日前の日から取得日の前日までの
間に、裁判所に対し、全部取得条項付種類株式の取得価格の決定を申し立てる
ことができる（172条1項）。取得価格決定申立制度の趣旨は、強制的に地位を
剥奪されることになる株主を保護するためであるから、裁判所は、取得日にお
ける「公正な価格」を取得価格として決定すべきものと解される（東京高決平
20・9・12金判1301・28〔白選87〕）。価格決定を申し立てることができる株主
は、取得に反対した株主、及び議決権を行使することができない株主である
（172条1項）。

論点7-5　キャッシュ・アウトにおける株式の取得価格（非独立当事者間取引）

　公開買付けにより多数株主となった者が、対象会社の株式を全部取得条項付種類株式に変更した上で取得する場合、多数株主・対象会社と少数株主との間には利益相反関係が存在する（非独立当事者間取引）。このような場合でも、一般に公正と認められる手続により公開買付けが行われ、その後に対象会社が公開買付価格と同額で全部取得条項付種類株式を取得した場合には、その取引の基礎となった事情に予期しない変動が生じたと認めるに足りる特段の事情がない限り、裁判所は、当事者が決定した公開買付価格をもって取得価格とすることができる（最決平28・7・1民集70・6・1445〔百選86、商判Ⅰ-41〕）。

　通説は、非独立当事者間取引においても、公正性担保措置が採られている限り、当事会社が決定した価格が尊重されるべきであるとする。MBOや株式等売渡請求がされた場合でも同じように考えられている。公開買付価格に20%のプレミアムを加算した取得価格を決定した前掲東京高決平20・9・12は、公正な手続を経て行われなかったMBOにおいて、裁判所が独自の方法で取得価格を決定した例であると理解されている〔田中　2021：677〕。

　株式併合に反対する株主は、会社に対し、自己の有する端数株式を、「公正な価格」で買い取ることを請求することができる（182条の4第1項）。株主に適正な対価が交付されることを確保するためである。反対株主が株式の価格決定の申立てをした場合（182条の5第2項）、裁判所は、株式買取請求がされた日を基準日として、「公正な価格」を定めるものと解される（大阪高決平29・11・29金判1541・35）。この場合の反対株主とは、組織再編の株式買取請求における反対株主と同様に、反対の通知・議決権行使をした株主、又は議決権を行使できない株主をいう（182条の4第2項）。

　キャッシュ・アウトされる株主の価格決定申立制度は、会社の基礎に変更がある場合の投下資本回収を保障するための制度であり、議決権を前提としないから、株主総会の基準日後に株式を取得した株主も、価格決定申立てをすることができると解されている（東京高決平28・3・28金判1491・32）。

　価格決定申立て・差止めの機会を提供するため、会社は、取得日の20日前までに、株主に対し、取得する旨を通知・公告しなければならない（172条2項・3項・181条）。

論点7-6　正当な事業目的

　平成29年税制改正前は、税制上の理由から、キャッシュ・アウトの手段として全部取得条項付種類株式の取得による方法が主として利用されていた。しかし、全部取得条項付種類株式の制度は、キャッシュ・アウトのためではなく、債務超過の会社が100％減資を迅速に行うために会社法が創設した制度であった。そこで、学説からは、全部取得条項付種類株式を用いたキャッシュ・アウトは制度の目的外利用であって、キャッシュ・アウトを正当化できる事業目的が他にあることを要するとの批判がみられた。それによれば、正当な事業目的がないまま全部取得条項付種類株式の取得を承認した株主総会決議は、「著しく不当な決議」（831条1項3号）として取消しの瑕疵を帯び、又は株主平等原則違反により無効（830条参照）となる。とりわけ閉鎖的な会社において内紛に起因するキャッシュ・アウトがされた場合には、目的の不当性を慎重に判断すべきとの指摘もある［江頭 2021：163］。

　企業価値を損なうM&Aに対する懸念も示されるようになり、キャッシュ・アウトの方法が整備された平成26年会社法改正以降は、特別支配株主の売渡請求権制度とのバランスから、株主総会の特別決議だけで可能なキャッシュ・アウトを疑問視する見解が増えている［弥永 2021：392］。

　会社に少数株主を排除する目的があるというのみでは、全部取得条項付種類株式制度を規定した会社法の趣旨に反するとはいえないと判断した例がある（東京地決平22・9・6判タ1334・117）。

　全部取得条項を定めるための定款変更について、反対株主は株式買取請求をすることができ（116条1項2号）、買取価格決定を申し立てることができる（117条）。この株式買取りの効力発生は、定款変更の効力発生日である（117条6項）。

(4)　**効力発生**　　会社は、取得日に、全部取得条項付種類株式を取得し（173条）、併合された株式の株主となる（182条1項）。

(5)　**差止めと効力を争う手段**

（i）　差止め　　全部取得条項付種類株式の取得・株式併合が、法令又は定款に違反する場合に、それによって株主が利益を受けるおそれがあるときは、株主は、会社に対し、当該全部取得条項付種類株式の取得・株式併合をやめるよう請求することができる（171条の3・182条の3）。

　差止事由としての法令違反とは、組織再編の差止めと同様に、会社が法令に

違反したことと解され、取得対価の不当性は差止事由にならないと解されている［江頭 2021：165、293］。

(ⅱ) 効力を争う手段　　全部取得条項付種類株式の取得・株式併合によるキャッシュ・アウトでは、株主総会決議によって取得・株式併合が決定される。そこで、取得・株式併合を決定した株主総会決議に取消しの瑕疵があれば、これを取り消すことにより、キャッシュ・アウトの効力を否定することができる。定款を変更して全部取得条項付の定めを定款に設ける場合、全部取得条項が付される種類株主による種類株主総会の決議を要するところ（111条2項1号）、種類株主総会について基準日を設定したときは、名義書換の機会提供のため、当該基準日の2週間前までに基準日公告をしなければならない（124条3項）。この公告を怠ったことが、種類株主総会決議の取消事由と認めた例がある（東京高判平27・3・12金判1469・58〔百選A13、商判Ⅰ-83〕）。

　全部取得条項付種類株式の取得・株式併合は会社の組織上の行為ではなく、形成訴訟としての無効の訴えの制度は、置かれない。

4　特別支配株主の株式等売渡請求の手続

(1)　**特別支配株主から対象会社への通知**　　株式等売渡請求は、特別支配株主が、株式等売渡請求の条件（売渡株式の対価として交付する金銭の額・算定方法、売渡株主に対する対価の割当てに関する事項、取得日等）を対象会社に通知することによって開始される（会社179条の2・179条の3第1項、会社規33条の5）。

(2)　**対象会社の承認**　　株式等売渡請求は、対象会社の承認を受けなければならない（179条の3第1項）。取締役会設置会社では、この承認をするか否かの決定は取締役会の決議によらなければならない（179条の3第3項）。

　この承認をするか否かの決定に当たり、対象会社の取締役は、売渡株主の利益に配慮し、株式等売渡請求の条件が適正かどうかを検討する役割を担う。その条件が適正でないにもかかわらず承認をしたことにより売渡株主に損害を与えた場合、取締役は、対象会社に対する善管注意義務違反を理由として、売渡株主に対し損害賠償責任を負う（429条1項）。取締役が売渡株主の利益を確保するために考慮すべき要素は、対価の相当性や、特別支配株主が対価を交付する見込みなど、株式等売渡請求の条件全般にわたり、具体的には、特別支配株

主の預金残高証明・貸借対照表、金融機関からの融資証明を確認することが想定されている。

(3)　**対象会社から売渡株主等に対する通知・公告**　　対象会社は、株式等売渡請求を承認したときは、取得日の20日前までに、売渡株主等に対し、その承認をした旨、株式等売渡請求の条件等を通知・公告しなければならない（会社179条の４第１項・２項、会社規33条の６）。

この通知・公告により、特別支配株主から売渡株主等に対し、株式等売渡請求がされたとみなされる（179条の４第３項）。これにより、売渡株主の個別の承諾を要することなく、特別支配株主と売渡株主との間に売渡株式等について売買契約が成立したと同様の法律関係が生ずる。したがって、株式等売渡請求は、一種の形成権の行使と解される。

(4)　**事前の開示・事後の開示**　　対象会社は、売渡株主等に対する通知・公告のいずれか早い日から取得後６ヵ月（非公開会社では１年）を経過する日までの間、他のキャッシュ・アウトと同等の事項を記載した書面等を、本店に備え置き、売渡株主等による閲覧等に供しなければならない（会社179条の５、会社規33条の７）。取得後の開示も義務づけられる（会社179条の10、会社規33条の８）。

(5)　**売買価格の決定の申立て**　　株式等売渡請求の条件として定められた対価に不満のある売渡株主等は、取得日の20日前の日から取得日の前日までの間に、裁判所に対し、その有する売渡株式等の売買価格の決定の申立てをすることができる（179条の８第１項）。この規定はキャッシュ・アウトされる株主を保護するために設けられたものであるから、裁判所は、売渡株式等の「公正な価格」を決定すべきものと解されている［田中 2021：641］。

上記(3)の通知・公告がされた後に売渡株式等を譲り受けた者は、売買価格の決定の申立てをすることができない（最決平29・８・30民集71・６・1000〔百選83、商判Ⅰ-43〕）。通知・公告の時点における対象会社の株主が、その意思にかかわらず定められた対価の額で株式を売り渡すことになるからである。通知・公告後に売渡株式等を譲り受けた者は、譲渡株主と特別支配株主との間で確定した対価の額をそのまま承継することになる。

(6)　**効力発生**　　特別支配株主は、取得日に、売渡株式等の全部を取得する（179条の９第１項）。

(7) 差止めと無効

(ⅰ) 差止め　　不利益を受けるおそれがある売渡株主等は、①株式等売渡請求が法令に違反する場合、②対象会社が通知・公告や事前・事後の開示義務に違反した場合、③売渡株式の対価が、対象会社の財産の状況その他の事情に照らして著しく不当である場合に、特別支配株主に対し、売渡株式等の全部の取得をやめることを請求することができる（179条の7）。

(ⅱ) 無効の訴え　　株式等売渡請求による売渡株式等の売買は、会社の組織上の行為ではないが、形成訴訟としての無効の訴えの制度が設けられている（846条の2ないし846条の9）。

それによれば、取得日において売渡株主であった者等、対象会社の取締役、監査役等であった者は、売渡株式等の全部の取得の無効を、取得日から6ヵ月間（非公開会社では1年）に、訴えをもってのみ主張することができる（846条の2）。この無効を認容した確定判決には対世効が認められ、将来に向かってのみ効力を生ずる（846条の7・846条の8）。

無効原因を定める規定はないから、何が無効原因になるかは解釈に委ねられている。

売渡の対価の著しい不当性は差止事由となるが、対価の相当性は十分に審理することができないため、無効原因としても認められる［田中 2021：643］。

8章

国際会社法・外国会社

1 国際会社法

　本章以外の章では、基本的に、日本の会社が、主に国内で事業を行うことを念頭に置いて解説している。他方で、企業活動の国際化を背景に、我が国においても、企業の国際的な展開を想定する局面が増えている。それは、①外国会社や外資系企業が日本に進出する場合や、②日本の会社が外国に進出して、子会社・支店・営業所を展開する場合などである。

　本章では、**国際会社法**と**外国会社**に分けて、このような国境を越えて活動する企業をめぐる渉外的な法律関係の問題を取り扱う。

1 抵触法と実質法

　(1)　**総　説**　　我が国の**国際私法**（抵触法）に関する明文の法律としては、**法の適用に関する通則法**（通則法）がある。渉外的な私法上の問題は、原則として、①抵触法の適用による**準拠法の決定**→②準拠法と判断された国の**実質法の適用**というプロセスを経る。準拠法としては、法律問題の性質によって、どの国の法が適用されるかを決定する。これに対して、実質法は、個々の法律関係に具体的に直接適用する各国の民法・会社法などの私法である。したがって、①国際私法→②会社法などを適用するプロセスで考えることが基本である。

　(2)　**会社従属法**　　会社は、ある国の法に従って法人格が付与され、企業活動をするための組織や機関なども、ある国の法に従う。このように、会社の組織や機関をめぐる会社内部の法律問題に関し、法人格を付与する国の法を「**会社従属法**」と呼ぶ。会社従属法は、原則として、会社の設立から消滅に至るま

での諸問題について、準拠法として単一の法が適用される。

　我が国における昨今の会社法改正や準拠法決定に関する通則法改正では、抵触法の適用範囲が不明確であるなどの理由で、会社の準拠法について明文規定を設けていない。そこで、会社の準拠法は、解釈で判断される。

　会社従属法の決定基準に関しては、以下の2つの考え方がある。①会社が設立する時に選択した国の法を適用する「**設立準拠法主義**」と、②会社の主たる事業活動が行われる国の法を適用する「**本拠地法主義**」が存在する。我が国では、設立準拠法主義が通説である。

　設立準拠法主義の採用は、会社の内部事項の規律について、会社が設立する時に選択した国の法律に従うことを意味する。設立準拠法主義が支持される理由としては、株主や会社債権者などの利害関係者にとり会社従属法の判断が容易である、会社従属法が固定的であり望ましい、日本法上の関連規定（2条2号・821条・933条2項1号、通則7条、民35条）と整合的であるなどが挙げられる。

　判例の立場は、必ずしも明らかではない。最判昭50・7・15民集29・6・1061は、「Yは、ニューヨーク州法に準拠して設立され、かつ、本店を同州に設置しているのであるから、Yの従属法はニューヨーク州法というべきである」と言及している。本判決が、設立準拠法主義と本拠地法主義のいずれであるか定かではない。ただし、地裁判決では、設立準拠法主義の採用を明確に言及している判決もある（東京地判平4・1・28判時1437・122〔国際私法百選22〕）。

　設立準拠法主義は、日本以外にも、アメリカ・イギリス・スイス・スペイン・オランダなどで採用されている。本拠地法主義は、ドイツ・フランス・オーストリア・ベルギー・ポルトガルなどで採用されている。

　(3)　**内国会社・外国会社・外資系企業**　　設立準拠法主義を前提にすると、日本で設立された会社は、日本法人（**内国会社**）である。**外国会社**は、外国の法令に準拠して設立された法人などである（2条2号）。

　また、日常的に、**外資系企業**という言葉を聞く場合がある。例えば、外資系企業で働く、外資系企業の日本進出などである。外資系企業とは、外国人や外国会社などが一定程度以上の出資を行い、直接的・間接的に経営へ参加するために、日本で設立された会社である。すなわち、外資系企業は、外国会社とは

> **コラム 8-1** **会社従属法の適用範囲**
>
> 　2006年の通則法改正の法制審議会では、**会社従属法について明文規定を設けるべ**きかどうかも検討されたが、特段の規定を設けないことになった。理由としては、①会社従属法の適用範囲などについて議論の蓄積が少ない、②諸外国の議論が流動的である、③規定を設けることによる弊害に対する実務界からの懸念があるなどであった。そこで、現在も、我が国における会社の準拠法は、解釈で判断される。
>
> 　しかし、我が国の会社従属法の適用範囲として、画一的な法の適用を確保し、利害関係者の予測可能性を促進するためにも、会社従属法について明文規定を設けるべきであると思われる。法制審議会では、A案・B案・C案の規定例を想定して検討がなされていたこともあり、そこでの議論も参考にして、会社従属法の適用範囲の議論を今後さらに深化させる必要がある。

異なり、外国資本が主な割合を占めている場合においても、日本で設立された会社ということで、内国会社になる。

2　国際会社法の個別問題

　(1)　**会社の設立・消滅**　　会社の**成立**に関する問題は、原則として、会社従属法としての設立準拠法が適用される。すなわち、会社が有効に設立されたか否か、会社設立の実質的・形式的要件、会社設立の無効原因などは、設立準拠法によって判断される。

　また、会社の**消滅**に関する問題も、原則として、会社従属法としての設立準拠法が適用される。すなわち、解散事由や清算手続などは、設立準拠法によって判断される。なお、倒産手続による会社の解散については、倒産法上の規定に従う場合もある。

　(2)　**会社の権利能力**　　会社の**一般的権利能力**や法人格の範囲は、原則として、会社従属法としての設立準拠法が適用される。

　他方で、会社の権利能力が定款に定めた目的の範囲に制限される場合（能力外法理＝ウルトラ・ヴァイレス）が問題となる。例えば、外国会社の従属法の認める範囲が、外国会社の取引を行う日本（行為地）の法が認める範囲よりも狭い場合などである。

このような場合には、行為地での取引保護のために、自然人の行為能力に関する通則法4条2項を類推適用して、会社従属法の適用を制限する見解がある。日本での取引相手方が、外国法により取引の効力を否定され、取引の安全を害する場合を回避するためである。ただし、この点に関しては、端的に会社従属法の適用を主張する見解もある。

　(3)　**会社の内部組織・内部関係**　　会社の**内部組織・内部関係**に関する問題も、原則として、会社従属法としての設立準拠法が適用される。例えば、会社と株主・取締役間などの観点から、取締役の選任・解任、定款作成、株式の発行、取締役会や株主総会の開催、株主代表訴訟、取締役の対内的責任、合併などが挙げられる。会社債権者の利害に影響を及ぼす会社の内部関係としては、社債発行や配当金の支払いなどが挙げられる。

　(4)　**会社の機関**　　会社の**機関**の問題は、(3)会社の内部組織・内部関係とも密接に関連する。会社の機関に関する問題も、原則として、会社従属法としての設立準拠法が適用される。

　他方で、会社の機関の権限が、会社外の第三者（債権者など）との関係で問題となる場合がある。例えば、外国会社の代表者が、権限を越える取引を日本で行った場合、外国会社の従属法である外国法が適用されると、日本の取引相手方が不利益を被るなどである。このような会社の機関の代表権の範囲などについては、行為地である日本の取引保護のために、通則法4条2項を類推適用して、会社従属法の適用を制限する見解がある。

　また、会社の機関における会社外の第三者（債権者など）への責任に関しては、会社従属法としての設立準拠法が適用される場合もある。他方で、このような局面を不法行為の問題と判断して、加害行為の結果発生地の法（通則17条）による場合などもありえる。

　そして、監査役の兼任禁止（335条2項）に関する問題もある。例えば、日本法を従属法とする株式会社の監査役は、外国子会社の取締役や執行役などを兼ねることができない。ここでは、日本法上の取締役や執行役などが、外国子会社の従属法である外国法において、誰がこのような役職に該当するかが問題となる（米国の会社法上の director や officer など）。

　(5)　**国際的な企業の組織再編**　　広義の国際的な企業組織再編は、従来から数

多く行われている。つまり、国際的な企業買収（公開買付や株式譲渡などの活用）は、日産・ルノーの事例、西友・ウォールマートの事例などがあるように、我が国においても現実に実行されてきた。ただし、これらの国際的な企業組織再編は、複数の会社が１つの会社に集約される場合（合併）や、100％親子会社関係を創設する場合（株式交換や株式移転）を含むものではなかった。

　平成17（2005）年の会社法改正により、合併局面における合併対価に関する重要な改正が行われた。例えば、吸収合併の手法においては、存続会社の株式を消滅会社の株主に割り当てることはせず、金銭のみを交付する**合併対価の柔軟化**が認められた。そのことに伴い、国際的な企業組織再編のツールの１つとして、合併対価について、外国会社の親会社株式・現金・債券などを交付することが可能となり、**三角合併**を実行することが可能となった。

　国際的な局面における三角合併とは、Ａ外国会社が、日本にＳ子会社を設立し、合併対価として、Ａ会社の外国株式をＳ子会社に移動し、その対価を、すでに設立されていた別のＴ内国会社に交付することにより成立する。つまり、Ｓ会社が存続会社でＴ会社は消滅会社となる合併が行われ、結果として、Ａ会社とＳ会社の国際的な親子会社の関係が創設される。このように、平成17（2005）年の会社法改正に伴う三角合併の活用によって、外国会社の日本子会社と、被買収企業である内国会社の合併の手法が活用できるようになったことは、国際的な企業組織再編の側面から画期的な改正であった。国際的な企業組織再編を促進するという側面からは、このような改正は肯定的に評価されると思われる。

　会社法改正により、このような三角合併という**間接的な国際合併**の手法を活用できるようになったが、外国会社と内国会社が直接的に国際合併や株式交換などを行うことが認められている訳ではない。

　なお、仮に**直接的な国際合併**を考慮する場合、具体的な適用としては、合併契約・株主総会決議・株式買取請求権・債権者保護・合併無効の訴えと合併差止めの訴えなどで、各当事会社の従属法の配分的適用が妥当である。例えば、日本法人とデラウェア州法人の国際合併の場合、どちらの会社が存続会社か消滅会社であれ、原則として、日本法人は日本法により、デラウェア州法人はデラウェア州法により、合併の手続が進められる。

　三角合併のメリットは、外国会社が関係する場合、実質的に国際的な企業組織再編であるが、形式的に内国会社同士の合併であり、1つの国の法適用に集約し、一定程度、抵触法上の問題を回避でき、法適用の複雑さを避けられる。他方で、三角合併のデメリットは、三角合併により、事後的に国際的な親子会社が形成され、複数の国に会社を存続させ、法適用の複雑さを助長させる。

　例えば、三角合併が実行された後、国際的な親子会社が存在する場合、子会社役員の責任を親会社株主が追及したいならば、どこの国の法律を適用すればよいかなどについて、未だ不分明な点が残されている。国際的な親子会社を規律する法制が確立していない我が国で、三角合併のみに限定した法制度で、はたして十分なのであろうか。

　三角合併の活用により、国際的な企業組織再編を行う実務上の要望には、一定程度、応えられているが、**直接的な国際合併**の理論的な議論を詰めておく必要がある。

　もちろん直接的な国際合併を実行する際の法適用の複雑さには、未だ解決していない問題も存在する。ただし、直接的な国際合併のメリットは、合併を実行した後、基本的に、1つの国の法適用に集約できる。例えば、異なる準拠法で設立された国際的な親子会社が存在する場合、親子会社間で準拠法が異なる状況を解消し、1つの準拠法の適用に集約させるため、直接的な国際合併を活用することが、実務上のニーズとして考えられる。この手法は、三角合併のデメリットを補完する機能を有する。

2　外国会社

1　外国会社の認許

　我が国の会社法は、会社従属法を日本法として設立した会社のみを「**会社**」と呼ぶ（2条1号）。また、「**外国会社**」とは、外国の法令に準拠して設立された法人その他の外国の団体であって、会社と同種のもの、又は会社に類似するものをいう（2条2号）。このように、我が国の会社法は、「会社」と「外国会社」を明確に分けている。

　我が国において、外国法人が日本で企業活動を行う場合、日本法の下で、あ

らためて法人格を承認する必要がある。我が国の民法は、外国会社について、国・国の行政区画と同様に、外国法人として、その成立を**認許**する（民35条1項）。認許された外国会社は、日本において成立する同種の会社と同一の私権を有する（民35条2項）。

　なお、認許されない外国法人は、我が国で法人として活動することは認められない。しかし、このような外国法人も、外国の会社従属法などでは、法人格を付与された社団又は財団としての実体を有する。そこで、我が国おいても、権利能力なき社団又は財団により、企業活動が規律される。

2　日本で継続取引を行う外国会社

　(1)　**日本における代表者**　　認許された外国会社は、日本で法人として企業活動をすることが認められる。外国会社は、日本において取引を継続するときは、**日本における代表者**を定め、そのうち1人以上は、日本に住所を有する者でなければならない（817条1項）。

　外国会社の日本における代表者は、外国会社の日本における業務に関する一切の裁判上・裁判外の行為をする権限を有し（817条2項）、外国会社が加えた制限は、善意の第三者に対抗できない（817条3項）。日本における代表者が、その職務を行うについて不法行為で第三者に損害を与えた場合、外国会社も、損害賠償責任を負う（817条4項）。

　また、外国会社の登記をした外国会社は、日本における代表者の全員が**退任**するときは、外国会社の債権者に対し、異議があれば1ヵ月以上の一定の期間内に官報に公告し、かつ、知れている債権者には、各別に催告しなければならない（**債権者異議手続**、820条1項）。これは、外国会社が、日本での債務を履行せずに、日本国内の普通裁判籍を失わせることなどを防止するためである。

　なお、外国会社が日本で継続取引を行う場合、日本に営業所を設置する必要はない。ただし、営業所のない場合は、日本における代表者の住所地が、営業所・支店の所在地とみなされる。

　(2)　**外国会社の登記**　　外国会社は、**外国会社の登記**をするまでは、日本において取引を継続できない（818条1項）。登記をせずに継続取引をした者は、相手方に対し、外国会社と連帯して、当該取引から生じた債務を弁済する責任を

負う（818条2項）。

　外国会社が初めて日本における代表者を定めたときは、3週間以内に、外国会社の登記をしなければならない（933条1項）。具体的には、①日本に営業所を設けた場合は、営業所の所在地、②日本に営業所を設けていない場合は、日本における代表者の住所地である。

　外国会社の登記事項は、日本における同種の会社又は最も類似する会社の設立登記事項である（933条2項）。そのような登記事項に加えて、①外国会社の設立準拠法、②日本における代表者の氏名・住所、③株式会社と同種・類似であれば、貸借対照表の公告方法なども登記しなければならない。

　日本における代表者全員が退任するときは、債権者異議手続の終了後に退任登記をすることによって、退任の効力が生じる（820条3項）。

　(3)　**貸借対照表の公告など**　　外国会社の登記をした外国会社で、株式会社と同種・類似であれば、法務省令で定めるところにより、貸借対照表に相当するものを公告しなければならない（819条1項）。このような公告に代えて、インターネットのウェブサイト上に、貸借対照表に相当する内容の情報を表示することもできる（819条3項）。

　また、日本の金融商品取引法により、有価証券報告書を提出しなければならない外国会社については、公告を必要としない（819条4項）。

　(4)　**外国会社の継続取引の禁止・営業所閉鎖の命令**　　外国会社の事業が不法な目的に基づいて行われたなど一定の場合、裁判所は、法務大臣又は株主・社員・債権者その他の利害関係人の申立てにより、内国会社の解散命令の要件とほぼ同じく、外国会社が日本で取引を継続することの禁止又は日本に設けられた営業所の閉鎖を命じることができる（827条1項）。

　(5)　**日本にある外国会社の財産についての清算**　　裁判所は、次のような場合、利害関係人の申立てや職権で、日本にある外国会社の財産の全部について清算の開始を命じることができる（822条1項）。それは、①外国会社が827条1項の規定による命令を受けた場合、②外国会社が日本における継続取引をやめた場合である。内国債権者を保護するために、属地清算を認めている。

　この場合、裁判所により選任された清算人が、清算手続を行う（822条2項）。清算については、株式会社の清算の規定が、その性質上許されないもの

を除き、準用される（822条3項）。

3　擬似外国会社

　まず、**外国会社**は、外国の法令に準拠して設立された法人などである（2条2号）。外国会社の中で、日本に本店を置き、日本で事業を行うことを主たる目的とする外国会社（**擬似外国会社**）は、日本において取引を継続できない（821条1項）。この規定に違反して取引をした者（代表者など）は、相手方に対し、外国会社と連帯して、当該取引から生じた債務を弁済する責任を負う（821条2項）。

　我が国における擬似外国会社の規定の趣旨は、設立準拠法主義を採用することを前提に、そこから生じる不備を補完することにある。つまり、日本法の適用を回避する目的で、意図的・詐欺的・濫用的に外国法に準拠して会社を設立しようとする一種の脱法的行為を防止するための規定である。また、実質的には、内国取引の安全を図るため、法律回避によって、我が国の資本制度の及ぶ会社債権者などを保護することが規制の趣旨である。

　擬似外国会社は、外国会社の登記をすることが可能である（818条1項・933条1項）。また、外国会社が登記をするまでの間と同様に、会社設立の登録免許税に相当する過料に処せられる（979条2項）。

　平成17（2005）年の会社法改正後は、擬似外国会社であっても通常の外国会社と同様に法人格が認められている。擬似外国会社も一般の外国会社と同様に、擬似外国会社を設立した国で法人格が認められる限り、民法35条1項により、我が国でも法人として認許される。会社法改正前の解釈如何によって法人格を認めない可能性があったことからすると、立法による大きな前進であろう。

　さらに、実務上、擬似外国会社は、外国証券会社や資産流動化取引の金融手法で問題となる場合があった。例えば、ケイマン法のような外国法に従って設立された特定目的会社（SPC）が、日本支店を利用する際に、擬似外国会社の規定を適用されるおそれがあった。

　ただし、現在は、会社資産を証券化する資産流動化の手段として、SPCが日本で資産の取得や証券発行を複数回行っても、1つの基本契約の一環で行わ

コラム8-3 擬似外国会社と平成17（2005）年の会社法改正

　平成17（2005）年の会社法改正前において、擬似外国会社は、内国会社と「同一ノ規定」に従うことを要求していた。「同一ノ規定」に「設立」に関する規定を含むかどうか、擬似外国会社は日本法に従って再設立手続をすべきかについて学説上の争いがあった。

　判例は、「同一ノ規定」に内国会社の「設立」に関する規定も含むと判断し、擬似外国会社に再設立を要求していた（東京地判昭29・6・4判タ40・73〔国際私法百選24〕）。この判断によると、擬似外国会社は、日本法に従って再設立されない限り、我が国で法人格が認められなかった。そうなると、擬似外国会社が法人として取引できず、代表者が個人責任を負うおそれがあった。

　「会社法制の現代化に関する要綱試案」では、擬似外国会社は日本法により再設立せず法人格を否認するＡ案と、擬似外国会社の規定を削除し通常の外国会社と同等に取り扱うＢ案が提示されていた。パブリック・コメントの結果は、Ｂ案が多数を占めていた。しかし、我が国の会社法の潜脱防止を目的とする擬似外国会社の規定は維持すべきという見解が主張され、擬似外国会社規定は、平成17（2005）年の会社法改正後も維持されている。

　なお、今後の方向性としては、①擬似外国会社の規制を撤廃し、設立準拠法の適用を制限する場合として、外国会社と擬似外国会社を統合し、外国会社規制に一本化する方向性と、②擬似外国会社の規制を強化する場合、カリフォルニア州法などのように、会社法の公法的な規定を特定し、擬似外国会社規定に内部事項の規定を組み込む立法論もありうる。

れる場合、継続取引にならず、我が国の擬似外国会社には当たらない。

9章 解散・清算

1 総 説

　本章は、株式会社の解散と清算について解説する。

　解散とは、株式会社の法人格の消滅原因となる事由である（471条）。**清算**は、解散した会社の法律関係の後始末をするための手続である。具体的には、債権の取立て・債務の弁済・株主に対する残余財産の分配など、事後的な手続を行う。会社の法人格は、解散によって直ちに消滅するわけではなく、解散に続く清算の手続により消滅する。

　なお、清算には、**通常清算**と**特別清算**がある。本章では、主に、解散と通常清算について解説する。特別清算は、倒産手続の１つであることから、特別清算以外の倒産手続を含めて、**コラム9-1**にて取り扱う。

2 解 散

1 解散事由

　株式会社は、以下のような事由によって解散する（471条）。①定款で定めた存続期間の満了、②定款で定めた解散の事由の発生、③株主総会の決議（特別決議）、④合併（消滅会社の場合）、⑤破産手続開始の決定、⑥解散命令・解散判決である。これは、株主の多数の意思に基づくもの（①②③④）と、それ以外のもの（⑤⑥）に分けられる。

　②定款で定めた解散の事由の発生に関しては、例えば、特定の株主の死亡により解散する場合などがある。③株主総会の決議に関しては、全部の事業を譲

渡しても会社が当然に解散するわけではなく、解散をするための決議が必要である。なお、業種によっては、事業免許を取り消されたときに、解散する場合もある（銀行40条、保険業152条3項2号など）。

また、会社が①②③により解散する場合、清算が結了するまで、株主総会の特別決議によって、会社を継続することができる（**会社の継続**、473条）。これにより、会社は、将来に向かって、解散前の状態に戻り、権利能力を回復する。この場合、解散の日から2週間以内に、本店所在地において、継続の登記をしなければならない（927条）。

2 解散命令

裁判所は、公益を確保するため会社の存立が許されない一定の場合、法務大臣や利害関係人の申立てにより、会社の解散を命じることができる（824条1項）。解散命令が可能な場合は、824条1項各号に列挙されている。解散命令により、株式会社は解散する（471条6号）。なお、この制度は、あまり利用されていない。

3 解散判決

危機的状況にある会社の最後の砦として、裁判所に解散判決をしてもらう方法がある。**解散判決**とは、やむを得ない一定の事由がある場合に、株主の請求によって、裁判所が、株式会社の解散を命じる制度である（833条1項）。

先述した解散命令が、公益の確保を目的とするのに対して、この解散判決は、主に**株主の利益保護**を目的とする。

株式会社の解散の訴えは、10％以上の議決権又は株式を持つ株主のみが提起できる。これは、**少数株主権**の1つであり、以下の厳格な要件もある。すなわち、解散判決のためには、次の①または②のいずれかにあたる場合で、しかも、**やむを得ない事由**が求められる。

①　会社が業務の執行において著しく困難な状況に至り、会社に回復することができない損害が生じているか、生じるおそれがあるとき。①は、閉鎖的な会社において、取締役や株主の間に激しい対立があり、会社としての意思決定ができないような場合である。①について判断した事例として

は、東京地判平元・7・18判時1349・148〔商判Ⅰ-175〕がある。

②　会社の財産の管理・処分が著しく失当で、会社の存立を危うくすると
き。②は、会社財産の流用・不当支出が甚だしいような場合である。

やむを得ない事由については、株主間の対立により、役員改選などで状況を
打開することも、解散決議もできないようなときに認められる。

4　休眠会社のみなし解散

株式会社が実際の事業活動を行っていないが、解散をせずに、登記上も存在
したままの場合がある。このような実体のない会社が存在することで、名ばか
りの会社が不正に利用されるなどの不都合があった。

そこで、会社法は、最後に登記をした日から12年を経過した株式会社（**休眠
会社**）に対して、一定の規制を設けている。すなわち、休眠会社については、
法務大臣が事業を廃止していないことの届出をするよう官報に公告し、届出が
ないときは、2ヵ月の期間満了の時に、解散したものとみなす（**休眠会社のみ
なし解散**、472条）。

事業活動を行う会社は、少なくとも10年に1度は取締役を選任し、その登記
がなされる（332条2項）。そこで、12年間登記をしていない会社は、休眠状態
とみなされるわけである。

なお、このような会社でも、解散したものとみなされた時から3年間は、株
主総会の決議によって、会社を継続することができる（473条）。

5　組織再編行為

解散した株式会社は、当該会社が存続会社となる吸収合併や、当該会社が承
継会社となる吸収分割を行うことはできない（474条）。法人格の消滅が見込ま
れる会社にこれらを認めると、法律関係を複雑にするからである。

3　清算（通常清算）

1　清算の開始

清算には、**通常清算**と**特別清算**がある。ここでは、主に、通常清算について

解説する。

清算は、解散した会社の法律関係の後始末をするための手続である。具体的には、債権の取立て・債務の弁済・株主に対する残余財産の分配など、事後的な手続を行う。株式会社が解散すると、合併や破産の場合を除いて、清算の手続が行われる（475条1号）。

この他の清算の開始原因としては、会社の設立無効の訴えの認容判決が確定した場合や、株式移転の無効の訴えの認容判決が確定した場合に、清算をしなければならない（475条2号・3号）。当該会社の設立は、遡って無効になるのではなく、将来に向かって、清算手続が行われる。

清算をする株式会社（清算株式会社）は、清算の目的の範囲内でのみ、権利能力を有する（476条）。そこで、清算人が清算株式会社のために清算の目的の範囲外の行為をしても、その効果は、会社に帰属しない（最判昭42・12・15民集25・7・962）。

2　清算株式会社の機関

(1) **清算人**　　清算人は、清算株式会社のために清算事務を行う者である。清算株式会社は、1人以上の清算人を置かなければならない（477条1項）。

清算の開始により、原則として、解散時の取締役が清算人に就任する（478条1項1号）。その他にも、定款で定める者や、株主総会の決議で選任された者が清算人となることもできる（478条1項2号・3号）。以上の規定により清算人となる者がいないときは、利害関係人の申立てにより、裁判所が清算人を選任する（478条2項）。

解散判決や解散命令により解散する場合に、裁判所は、利害関係人か法務大臣の申立てや職権で、清算人を選任する（478条3項）。この場合、多数派株主から選ばれた清算人には、公正な清算事務の実行を期待できない可能性があるからである。

(2) **その他の機関**　　株主総会は、会社の清算中も存続する。

清算株式会社は、定款の定めによって、**清算人会・監査役・監査役会**を置くことができる（477条2項）。

清算人会は、解散前の株式会社の取締役会に相当する。清算人会設置会社の

清算人は、3人以上でなければならない（478条8項・331条5項）。清算人会の権限や運営については、取締役会と同様の規律である（489条・490条）。

ただし、清算人会を置くことを定款で定めなければ、清算人会を置かなくてもよい。清算株式会社の業務は限定的であることから、機関設計については厳格な規制を設けていない。

清算の開始原因が生じた時において、公開会社・大会社である清算株式会社は、**監査役**を置かなければならない（477条4項）。清算株式会社に多数の利害関係者がいることから、監査する機関が必要である。これ以外の場合は、定款の定めによって、監査役を置くことができる（477条2項）。

清算株式会社には、会計参与・会計監査人・指名委員会等・監査等委員会を置くことはできない。会計参与・会計監査人は、会社の解散時に地位を失う。指名委員会等設置会社が清算手続に入ると、委員会は廃止されて、監査委員が監査役となる（477条6項）。監査等委員会設置会社の場合も同様である（477条5項）。清算株式会社の業務は限定的であることから、複雑な機関構造は不要である。

清算の開始により、取締役が清算人となる場合において、代表取締役が**代表清算人**となる（483条4項）。ただし、清算株式会社の業務の執行は、清算人会設置会社とそうでない会社とで異なる。そこでは、代表清算人が会社を代表する場合と、各清算人が業務を執行して対外的には清算株式会社を代表する場合がある。このような区別は、解散前の取締役会設置会社と非取締役会設置会社の区別に対応している。

3　清算手続

(1)　**総　説**　　清算人は、**清算手続**として、解散の時点で継続中の事務を完結させて、取引を終了させる（現務の結了、481条1号）。この他にも、清算人は、債権の取立て・債務の弁済・残余財産の分配を行う（481条2号・3号）。以下では、具体的な清算手続について説明する。

(2)　**財産状況の調査**　　清算人は、就任後遅滞なく、清算株式会社の財産状況を調査し、清算の原因発生日における**財産目録・貸借対照表**を作成しなければならない（492条1項）。清算人は、作成された財産目録・貸借対照表を株主総

会に提出し、その承認を受けなければならない（492条3項）。

(3) **債務の弁済**　清算人は、清算株式会社の**債務の弁済**をしなければならない（481条2号）。株式会社の債権者にとっては、会社の財産だけが債権回収のよりどころとなるため、清算手続における債務の弁済には、以下のような一定の手続が要求される。

清算株式会社は、清算の開始原因が生じた場合には、遅滞なく、債権者に対し、2ヵ月以上の一定の期間（**債権申出期間**）内にその債権を申し出るべき旨を官報に公告し、かつ、知れている債権者には、個別に催告しなければならない（499条1項）。

清算株式会社は、原則として、債権申出期間内には、債務の弁済をすることができない（500条1項前段）。これは、総債権者への公平な弁済を保障するためである。もっとも、この場合においても、清算株式会社は、債務不履行の責任（民415条）を免れることはできない（500条1項後段）。

債権申出期間が経過した後、清算株式会社は、申し出た債権者と知れている債権者の全員に弁済しなければならない。

債権申出期間内に申出をしなかった債権者は、清算から**除斥**される（503条1項）。清算から除斥された債権者は、分配がされていない残余財産に対してのみ、弁済を請求することができる（503条2項）。

(4) **残余財産の分配**　株主に対して財産を分配することができるのは、会社の債務を弁済した後に、会社になお財産が残っている場合である（**残余財産の分配**、504条）。原則として、会社債務の弁済後でなければ、株主に残余財産を分配できない（502条本文）。ただし、その存否・額について争いのある債務については、弁済に必要と認められる財産を留保した場合は、残余財産の分配を行うことができる（同条但書）。残余財産の分配は、各株主の有する株式の内容および数に応じて行う必要がある（504条2項・3項）。

(5) **決算報告**　清算株式会社は、清算事務が終了したときは、遅滞なく、**決算報告**を作成し、株主総会の承認を受けなければならない（507条1項・3項）。株主総会の承認があったときは、清算人の任務懈怠責任（486条）は、免除されたものとみなす（507条4項本文）。ただし、清算人の職務執行に関し不正の行為があったときは、免除されない（507条4項但書）。

> **コラム9-1**　**特別清算と倒産手続**
>
> 　会社法では、通常清算以外にも、**特別清算**を定めている。債務超過の疑いのある特別清算は、倒産手続の1つである。法的な倒産手続では、4種類の方法が存在する。①特別清算（会社510条ないし574条）、②**破産**（破産法）、③**民事再生**（民事再生法）、④**会社更生**（会社更生法）である。これらは、清算を目的とする手続（清算型）と、事業の再建を目的とする手続（**再建型**）に分けられる。清算型には、①特別清算と②破産が属し、再建型には、③民事再生と④会社更生が属する。また、①特別清算と④会社更生は、株式会社のみが利用できる手続であり、②破産と③民事再生は、自然人を含めてすべての債務者が利用できる手続である。
>
> 　これらの他にも、倒産状態にある会社において、経営者と会社債権者が協議して、事業の再生や清算を決める**私的整理**がある。多くの倒産事例では、時間・費用・融通性の観点から、私的整理が行われる。他方で、個々の債権者が処理の内容に同意しない場合、当該債権者に強制できないため、私的整理による事業再建は、困難な状況に陥る。そこで、上述した4種類の法的な倒産手続が用意されている。

　(6)　**清算の結了**　　清算事務が終了し、株主総会で決算報告が承認されると、清算は**結了**し、会社の**法人格**は消滅する。

　清算株式会社は、清算が結了したときは、株主総会で決算報告を承認する日から2週間以内に、本店所在地において、**清算結了の登記**をしなければならない（929条1号）。この清算結了の登記は、すでに効力が生じた事項である法人格の消滅を公示するものである。この点につき、設立登記が創設的効力を持ち、登記により初めて会社が成立する場合と異なる。

　(7)　**帳簿資料の保存**　　清算人は、清算結了の登記の日から10年間、清算株式会社の帳簿・重要な資料（**帳簿資料**）を保存しなければならない（508条）。清算手続の適法性などに関して、事後的に紛争が生じた場合に備えるためである。

10章 持分会社

I 総　説

　会社法で規定されている法人格のある会社は、①**株式会社**、②**合名会社**、③**合資会社**、④**合同会社**の全部で4種類ある（2条1号）。この中でも、合名会社・合資会社・合同会社は、定款自治が広く認められる組合的な形態である点で共通しているため、**持分会社**として一括りに規定されている（575条1項）。

　会社法では、持分会社の構成員・出資者を**社員**と呼ぶ。一般的な用語である社員（企業の従業員や正社員など）とは異なる。持分会社の社員には、持分会社の債務について無限責任を負う**無限責任社員**と、出資額の限度でのみ責任を負う**有限責任社員**がある（576条1項5号・580条）。

　持分会社では、法的に社員の会社債権者に対する責任のあり方の差異によって分類される。社員がすべて無限責任社員の**合名会社**、無限責任社員と有限責任社員が混在する**合資会社**、社員がすべて有限責任社員の**合同会社**である（576条2項ないし4項）。持分会社は、その種類に従い、商号中に合名会社・合資会社・合同会社の文字を用いなければならない（6条2項）。

　有限責任の下では、社員の義務は会社に対する出資義務に限定され、一定額を限度でしか責任を負わず、しかも社員は追加出資を強制されない。そこで、会社債権者は、社員に対して、会社債務の未弁済分の支払いを求めることができず、会社財産が会社債権者にとって重要な債権回収のよりどころとなる。

　他方で、無限責任の下では、会社自体の債務ではあるが、会社財産からの弁済が困難となった場合、社員が、会社債権者に対して、無限に責任を負う可能性がある。

コラム10－1 有限会社や他の企業形態

平成17（2005）年の会社法改正前は、有限会社を設立することも可能であった。しかし、会社法改正後は、①有限会社制度が廃止される、②株式会社と有限会社は、会社法で規定する株式会社に統合される、③既存の有限会社は、従来の形態・名称のまま存続できるが、改正後は、新たに有限会社を設立することができなくなる、④既存の有限会社が、株式会社に移行することは可能であることになった。

このほかの法人形態としては、少人数・特定事業で社会貢献を主として行い、地方自治体の認可が設立条件である**特定非営利活動法人**（NPO：Nonprofit Organization）や、**一般社団法人・一般財団法人**などもあるが、これらの法人形態は、会社法で規定されている訳ではない。

また、上述した会社形態は、法人格のある企業であるが、他方で、主に税制上のニーズから、法人格のない企業形態を利用する場合もある。これまで利用されてきた法人格のない企業形態としては、民法上の組合（民667条以下）や商法上の**匿名組合**（商535条以下）などが挙げられる。これらの企業形態に加えて、1998年には、共同投資やベンチャー・キャピタル・ファンドなどで利用するための手段として、**投資事業有限責任組合**が認められた。そして、2005年には、共同営利事業を営む企業形態として、**有限責任事業組合**（日本版LLP〔Limited Liability Partnership〕）の制度が創設された。

また、持分会社は、基本的にいずれも小規模な会社であることを想定している。そこで、持分会社は、少人数の者が集まって設立する会社を前提に、所有と経営が分離しておらず（**所有と経営の未分離**）、社員による持分譲渡が制限されている会社形態である。なお、持分会社は、株式会社と比べると、組合に近い企業形態であり、強行法規で規律される部分が少なく、定款自治の範囲が広い。

2　設　立

持分会社を設立するには、社員になる者が定款を作成し、全員がこれに署名・記名押印をする（575条1項）。

持分会社の定款には、次の事項を記載・記録しなければならない（576条1

項)。それは、①目的、②商号、③本店の所在地、④社員の氏名又は名称及び住所、⑤社員の無限責任社員・有限責任社員の別、⑥社員の出資の目的及び出資の価額又は評価の基準である。

⑤に関連して、合名会社と合同会社では、社員が1人でもよい。合資会社では、無限責任社員と有限責任社員がそれぞれ1人以上必要であり、社員は2人以上である。

⑥に関連して、有限責任社員の出資の目的は、株式会社と同様に、金銭その他の財産に限られる。無限責任社員は、**労務**や**信用を出資**の目的としてもよい。

また、社員がすべて有限責任社員の合同会社では、社員になろうとする者は、会社債権者保護のため、定款の作成後、設立の登記までに、出資の全額を履行しなければならない（**全額出資原則**、578条）。合名会社と合資会社では、このような**出資の履行**に関して、会社の成立後に行ってもよい。

持分会社は、本店所在地において、**設立の登記**をすることによって成立する（579条）。登記事項については、合名会社（912条）・合資会社（913条）・合同会社（914条）を参照。

3　社員の責任

持分会社の社員は、会社が倒産状態のような一定の場合、連帯して、持分会社の債務を弁済する責任を負う（580条1項）。具体的には、①持分会社の財産をもって債務を完済できない場合、②持分会社の財産に対する強制執行が奏功しない場合である。

無限責任社員は、このような要件の下で、会社債権者に対して、無制限の弁済責任を負う。

有限責任社員は、出資の価額から、すでに履行した出資の価額を差し引いた金額を限度とする（580条2項）。合同会社では、株式会社と同様に、各社員は、社員となる前に、出資の全額を履行しなければならない（578条・604条3項）。そのため、合同会社では、各社員は、社員となった後に、会社債権者に対し、原則として、弁済責任を負うことはない（**間接有限責任**）。

合資会社では、合同会社のような全額出資原則が採用されていないため、有限責任社員に未履行の出資の価額が残る場合がある。その場合に、合資会社の有限責任社員は、未履行の出資の価額を限度として、会社債権者に対して、直接的な弁済責任を負う（**直接有限責任**）。

なお、有限責任社員が自己を無限責任社員であると誤認させたり、社員でない者が自己を社員であると誤認させる行為をしたときは、取引相手方に対する弁済責任を負う（588条・589条）。

4　持分の譲渡

持分とは、持分会社の社員たる地位のことをいう。

持分会社の社員は、他の社員の全員の承諾がなければ、その持分を他人に譲渡することができない（585条1項）。持分会社では、社員間の信頼関係に基づくことを重要視するからである。もっとも、業務を執行しない有限責任社員は、業務を執行する社員全員の承諾があるときは、持分を譲渡することができる（585条2項）。このような規定は、任意法規であり、定款で別段の定めをすることができる（585条4項）。

また、持分の全部を他人に譲渡した社員は、登記前に生じた持分会社の債務について、従前の責任の範囲内で、弁済する責任を負う（586条1項）。もっとも、登記後2年を経過すると、この責任は、原則として消滅する（586条2項）。

なお、持分会社は、自己の持分を譲り受けることができない（587条1項）。持分会社においては、株式会社のように、手続規制を設けて譲受けを認める必要性は少ないからである。

5　管理・運営

1　業務執行

持分会社は、社員自らが、管理・運営にあたることが原則である。そこで、社員は、定款に別段の定めがある場合を除き、持分会社の業務を執行する（590条1項）。持分会社の業務は、定款に別段の定めがある場合を除き、社員の

過半数（頭数の多数決）をもって決定する（590条2項）。もっとも、持分会社の常務（日常の業務）は、各社員が単独で行うことができる（590条3項）。

　持分会社は、業務を執行する社員（**業務執行社員**）を定款で定めることができる。その場合、持分会社の業務は、定款に別段の定めがある場合を除き、業務執行社員の過半数をもって決定する（591条1項）。もっとも、支配人の選任・解任は、総社員の過半数（業務執行をしない社員も含む）をもって決定する（591条2項）。

　業務執行社員は、正当な事由がなければ、辞任することができない（591条4項）。業務執行社員は、正当な事由がある場合に限り、他の社員の全員一致によって解任できる（591条5項）。

　業務を執行しない社員にも、**業務・財産状況調査権**が認められている（592条1項）。

2　業務執行社員の義務と責任

　業務執行社員は、**善管注意義務・忠実義務**を負う（593条1項・2項）。**競業避止義務**（594条）や**利益相反取引**（595条）に関する規制もある。

　業務執行社員は、任務懈怠のある場合、会社に対し、損害賠償責任を負う（596条）。業務を執行する有限責任社員が、職務を行うについて悪意・重過失があったときは、第三者に生じた損害賠償責任を負う（597条）。

　また、法人も、業務執行社員になることができる。その場合、法人は、職務を行うべき者（**職務執行者**：理事・取締役・使用人などの自然人）を選任し、その者の氏名・住所を他の社員に通知しなければならない（598条1項）。職務執行者には、業務執行社員の義務・責任に関する諸規定（593条ないし597条）が準用される（598条2項）。

　なお、社員は、持分会社に代わって、業務執行社員の責任を追及する訴訟（**社員代表訴訟**）を提起することができる（602条）。

3　代表社員など

　業務執行社員は、各自が持分会社を代表する（599条、**代表社員**）。ただし、持分会社は、定款によって、業務執行社員の中から、代表社員を定めることがで

> **コラム10-2** 合同会社と米国の LLC
>
> 　我が国の合同会社（日本版 LLC）は、米国の LLC（Limited Liability Company）をモデルとして、平成17（2005）年の会社法改正において導入された制度である。ただし、我が国の合同会社が、米国の LLC と異なる点もある。
>
> 　米国の LLC においては、1988年以後、組合的規律が前提となっているため、全構成員が有限責任でありながら、課税主体とならない企業形態として認められている。つまり、会社構成員に直接課税され、法人としては課税されない、いわゆる二重課税されない**パス・スルー税制**が認められている。
>
> 　しかし、我が国の合同会社には、このようなパス・スルー税制が認められず、法人にも納税義務が課される。日本の経済界は、米国の LLC と同様に、我が国の法人格のある合同会社が、税制上の課税主体とならない会社形態として認められることを望んだが、このことは問題が少なくないと考えられたために実現しなかった。
>
> 　パス・スルー税制の他にも、我が国の合同会社と米国の LLC とが異なる点として、我が国の合同会社では、業務執行者が社員でなければならないこと、労務出資が認められないことが挙げられる。
>
> 　税務当局が合同会社におけるパス・スルー税制を認めなかったことから、この税制を活用できる**有限責任事業組合**（日本版 LLP）の制度が別途導入された。有限責任事業組合においては、法人格がないことから、組合員に直接課税され、組合員の責任は出資額に限定される。

きる（599条3項）。この場合、他の業務執行社員は、代表社員にはならない。代表社員は、持分会社の業務に関する一切の裁判上・裁判外の行為をする権限を有する（599条4項）。代表社員の権限に加えた制限は、善意の第三者に対抗することができない（599条5項）。代表社員が職務執行で不法行為をした場合、持分会社も第三者に対する損害賠償責任を負う（600条）。

　なお、持分会社の管理・運営の方法は、各社の自治に委ねられる場合も多い。監査役・会計監査人のような監査機関の設置は、会社法上、義務付けられてはいない。

6 社員の加入・退社

1 社員の加入

　持分会社は、新たに社員を加入させることができる（社員の加入、604条1項）。社員の氏名などは、持分会社の定款の絶対的記載事項である（576条1項4号ないし6号）。社員の加入・退社は、定款変更にあたるため、原則として、全社員の同意が必要である（637条）。

　合同会社へ新たに加入する社員は、出資の全額を履行した上で社員となる（全額出資原則、604条3項）。合名会社と合資会社においては、全額出資原則がなく、社員の加入に伴う定款変更をした上で社員となる（604条2項）。

　持分会社の成立後に加入した社員は、加入前に生じた持分会社の債務についても、弁済する責任を負う（605条）。この弁済責任は、合名会社と合資会社においてのみ問題となる。

2 社員の退社

　持分会社の社員は、一定の場合において、事業年度の終了の時において退社をすることができる（任意退社、606条1項）。一定の場合とは、①持分会社の存続期間を定款で定めなかった場合や、②ある社員の終身の間持分会社が存続することを定款で定めた場合である。この場合、各社員は、6ヵ月前までに、持分会社に退社の予告をしなければならない。ただし、定款で別段の定めをすることを妨げない（606条2項）。

　各社員は、やむを得ない事由があるときは、いつでも退社することができる（606条3項）。この規定は、社員の最低限の退社機会を保障する規定である。他方で、むやみに任意退社を認めると、会社や他の社員に不利益を被らせるおそれもあるため、「やむを得ない事由」という一定の制限をかけている。

　また、持分会社の社員は、一定の事由の発生により、退社することがある（法定退社、607条1項）。一定の法定退社事由は、①定款で定めた事由の発生、②総社員の同意、③社員の死亡、④合併により法人である社員が消滅する場合、⑤社員の破産手続開始の決定、⑥法人である社員の解散、⑦社員が後見開

始の審判を受けたこと、⑧除名（以上が607条1項1号ないし8号）、⑨持分の差押債権者による退社（**強制退社**、609条）、⑩設立が無効又は取り消され、その原因が社員にあり、他の社員の全員の同意により持分会社を継続する場合（845条）である。

　⑨強制退社に関して、社員の持分の差押債権者は、事業年度の終了時において、社員を退社させることができる（609条1項）。差押債権者は、社員の退社による持分の払戻しから、債権を回収することができる。この場合、差押債権者は、6ヵ月前までに、持分会社・当該社員に退社予告をしなければならない。当該社員が、差押債権者に弁済し、又は相当の担保を提供したとき、退社予告は効力を失う（609条2項）。債権者による退社予告について判断した事例としては、最判昭49・12・20判時768・101〔百選76、商判Ⅰ-194〕がある。

3　持分の払戻し

　退社した社員は、持分会社の**持分の払戻し**を受けることができる（611条1項）。持分の払戻しの金額は、退社の時における持分会社の財産の状況に従って決められる（611条2項）。持分会社の財産価値は、帳簿価額ではなく、継続企業価値で評価される。退社した社員の持分の払戻しは、労務出資など出資の種類を問わず、金銭で行うことができる（611条3項）。

　全額出資原則のない合名会社・合資会社においては、出資を履行していない社員が退社する場合、出資義務が消滅し、持分払戻請求権も発生しないとの裁判例がある（最判昭62・1・22判時1223・136〔百選77、商判Ⅰ-196〕）。これに対しては、持分払戻請求権も認められるべきという反対説がある。

　なお、退社した社員は、登記前に生じた持分会社の債務について、従前の責任の範囲内（580条参照）で、弁済する責任を負う（612条1項）。

7　計　算

1　会計帳簿・計算書類

　持分会社の会計は、一般に公正妥当と認められる企業会計の慣行（**公正な会計慣行**）に従うものとする（614条）。

持分会社は、適時に、正確な会計帳簿を作成し、一定期間、事業に関する重要な資料を保存しなければならない（615条）。

持分会社は、各事業年度にかかる**計算書類**を作成し、一定期間これを保存しなければならない（617条2項ないし4項）。持分会社の社員は、計算書類の閲覧・謄写を請求できる（618条）。合同会社においては、会社債権者も、計算書類の閲覧・謄写を請求できる（625条）。なお、計算書類は、株式会社の場合と異なり、決算公告（440条）の義務はない。

2 利益の配当

利益の配当は、持分会社の事業活動から得た利益を各社員に分配することである。社員は、持分会社に対し、利益の配当を請求することができる（621条1項）。ただし、持分会社は、利益の配当を請求する方法などの事項を定款で定めることができる（621条2項）。

各社員の**損益分配の割合**について、定款の定めがないときは、各社員の出資の価額に比例する（622条1項）。

利益の配当は、持分会社の**利益額**の範囲内で行われなければならない。有限責任社員に対する利益の配当が利益額を超える場合、配当を受けた有限責任社員は、持分会社に対し、連帯して、配当額に相当する金銭を支払う義務を負う（連帯責任、623条1項）。もっとも、利益額を超えて利益の配当をした場合、持分会社の種類によって法律効果は異なる。

3 出資の払戻し

持分会社の社員は、すでに履行した**出資の払戻し**を請求することができる（624条1項）。出資の払戻しとは、社員の地位を維持したままで、出資した金銭などを会社から取り戻すことである。この点で、退社に伴う社員の持分の払戻し（611条）とは異なる。

8 定款変更

持分会社の**定款変更**は、定款に別段の定めがある場合を除き、総社員の同意

によって行われる（637条）。

　定款変更を行うことで、新たに社員を加入させたり、社員の有限責任・無限責任を変更するなどにより、**持分会社の種類の変更**が生じる（638条）。例えば、合名会社が、有限責任社員を加入させる定款変更を行う場合、合資会社に種類が変更される（638条1項1号）。他にも、合名会社の全社員が、有限責任社員とする定款変更を行う場合、合同会社に種類が変更される（638条1項3号）。

　このように、持分会社の中で会社の種類が変更され、定款変更に関連付けられる。なお、この場合、持分会社の種類の変更により、商号の変更がなされる（6条2項・3項）。

9　組織再編

　持分会社は、他の持分会社や株式会社との間で、組織再編を行うことができる。

　すべての種類の持分会社は、消滅会社・存続会社として、他の会社と**合併**を行うことができる（2条27号28号・751条・752条・755条・756条）。持分会社が合併の消滅会社・存続会社となる場合、定款に別段の定めがない限り、基本的に、**総社員の同意**が必要である（793条1項1号・802条1項1号・813条1項1号）。

　合同会社は、会社分割の分割会社になることができる（2条29号・30号）。ただし、合名会社・合資会社は、分割会社になることができない。他方で、会社分割の承継会社・設立会社には、すべての種類の持分会社がなることができる（2条29号・30号・760条・761条・765条・766条）。

　合同会社は、株式交換の完全親会社になることができる（2条31号・770条・771条）。ただし、持分会社は、株式交換・株式移転の当事会社になることができない。

10　解散・清算

　持分会社は、次の法定事由によって**解散**する（641条）。①定款で定めた存続期間の満了、②定款で定めた解散事由の発生、③総社員の同意、④社員が欠け

たこと、⑤合併の消滅会社になること、⑥破産手続開始の決定、⑦解散命令（824条）、⑧解散判決（833条）である。

⑧解散判決について、**やむを得ない事由**がある場合、持分会社の社員は、**持分会社の解散の訴え**を請求できる（833条2項）。社員間の利害対立の原因が、多数派社員の不公正かつ利己的な行為にあり、少数派社員が不利益を被っている場合に、やむを得ない事由に基づく解散請求が認められる（最判昭61・3・13民集40・2・229〔百選79、商判Ⅰ-195〕）。

持分会社が解散した場合、原則として、**清算**をしなければならない（644条1号）。持分会社の設立無効の訴えや設立取消しの訴えの認容判決が確定した場合も、同様である（644条2号・3号）。会社債権者に対する債務の弁済が行われ（660条以下）、社員に残余財産の分配が行われる（666条）。これらの規定が、**法定清算**に関するものである。

合名会社・合資会社は、一定の条件の下で、**任意清算**を利用できる（668条）。任意清算は、清算の規定によらずに、定款・総社員の同意によって、会社財産を社員に分配するような場合である。

参考文献一覧

相澤哲編著『一問一答　新・会社法〔改訂版〕』（商事法務、2009年）

相澤哲＝葉玉匡美＝郡谷大輔編著『論点解説　新・会社法　千問の道標』（商事法務、2006年）

石山卓磨『現代会社法講義〔第3版〕』（成文堂、2016年）

石山卓磨＝河内隆史＝尾崎安央＝川島いづみ『ハイブリッド会社法』（法律文化社、2012年）

伊藤靖史＝大杉謙一＝田中亘＝松井秀征『会社法〔第5版〕（LEGAL　QUEST）』（有斐閣、2021年）

岩原紳作編『会社法コンメンタール　第7巻　機関(1)』（商事法務、2013年）

岩原紳作編『会社法コンメンタール　第9巻　機関(3)』（商事法務、2014年）

岩原紳作＝神作裕之＝藤田友敬編『会社法判例百選〔第4版〕』（有斐閣、2021年）

上村達男『会社法は誰のためにあるのか——人間復興の会社法理』（岩波書店、2021年）

上村達男『会社法改革——公開株式会社法の構想』（岩波書店、2002年）

江頭憲治郎『株式会社法〔第8版〕』（有斐閣、2021年）

江頭憲治郎編『株式会社法大系』（有斐閣、2013年）

江頭憲治郎編『会社法コンメンタール　第1巻　総則・設立(1)』（商事法務、2008年）

江頭憲治郎編『会社法コンメンタール　第6巻　新株予約権』（商事法務、2009年）

江頭憲治郎＝弥永真生編『会社法コンメンタール　第10巻　計算等(1)』（商事法務、2011年）

江頭憲治郎編『会社法コンメンタール　第16巻　社債』（商事法務、2010年）

江頭憲治郎＝中村直人編著『論点体系　会社法1　総則、株式会社 I（設立・株式（1））〔第2版〕』（第一法規、2021年）

江頭憲治郎＝中村直人編著『論点体系　会社法2　株式会社 II（株式(2)・新株予約権・株主総会）〔第2版〕』（第一法規、2021年）

江頭憲治郎＝中村直人編著『論点体系　会社法3　株式会社 III（役員等・計算）〔第2版〕』（第一法規、2021年）

江頭憲治郎＝中村直人編著『論点体系　会社法4　株式会社 IV（定款変更・事業譲渡・解散・清算）、持分会社〔第2版〕』（第一法規、2021年）

江頭憲治郎＝中村直人編著『論点体系　会社法5　社債、組織再編 I〔第2版〕』（第一法規、2021年）

江頭憲治郎＝中村直人編著『論点体系　会社法6　組織再編 II、外国会社、雑則、罰則〔第2版〕』（第一法規、2021年）

江頭憲治郎＝中村直人編著『論点体系　会社法　補巻　平成26年改正』（第一法規、2015年）

江頭憲治郎＝門口正人編集代表　西岡清一郎＝市村陽典＝相澤哲＝河和哲雄編『会社法大系1　会社法制・会社概論・設立』（青林書院、2008年）

江頭憲治郎＝門口正人編集代表　西岡清一郎＝市村陽典＝相澤哲＝河和哲雄編『会社法大系2　株式・新株予約権・社債』（青林書院、2008年）

江頭憲治郎＝門口正人編集代表　西岡清一郎＝市村陽典＝相澤哲＝河和哲雄編『会社法大系3　機関・計算等』（青林書院、2008年）

江頭憲治郎＝門口正人編集代表　西岡清一郎＝市村陽典＝相澤哲＝河和哲雄編『会社法大系4　組織再編・会社訴訟・会社非訟・解散・清算』（青林書院、2008年）

大隅健一郎＝今井宏＝小林量『新会社法概説〔第2版〕』（有斐閣、2010年）

大隅健一郎＝今井宏『会社法論上巻〔第3版〕』（有斐閣、1991年）

奥島孝康＝落合誠一＝浜田道代編『新基本法コンメンタール　会社法1　第1編：総則から第2編第3章：新株予約権まで〔第2版〕』（日本評論社、2016年）

奥島孝康＝落合誠一＝浜田道代編『新基本法コンメンタール　会社法2　第2編第4章：機関から第9章：清算まで〔第2版〕』（日本評論社、2016年）

奥島孝康＝落合誠一＝浜田道代編『新基本法コンメンタール　会社法3　第3編・持分会社から第8編・罰則まで〔第2版〕』（日本評論社、2015年）

落合誠一『会社法要説〔第2版〕』（有斐閣、2016年）

落合誠一編『会社法コンメンタール　第8巻　機関(2)』（商事法務、2009年）

落合誠一編『会社法コンメンタール　第12巻　定款の変更・事業の譲渡等・解散・清算(1)』（商事法務、2009年）

落合誠一編『会社法コンメンタール　第21巻　雑則(3)罰則』（商事法務、2011年）

カーティス・J・ミルハウプト編『米国会社法』（有斐閣、2009年）

河本一郎＝川口恭弘『新・日本の会社法〔第2版〕』（商事法務、2020年）

神田秀樹『会社法〔第23版〕』（弘文堂、2021年）

神田秀樹編『論点詳解　平成26年改正会社法』（商事法務、2015年）

神田秀樹編『会社法コンメンタール　第5巻　株式(3)』（商事法務、2013年）

神田秀樹編『会社法コンメンタール　第14巻　持分会社(1)』（商事法務、2014年）

神田秀樹編『会社法コンメンタール　第15巻　持分会社(2)』（商事法務、2018年）

神田秀樹＝上村達男＝中村直人「金商法と会社法の将来——再び、公開会社法をめぐって」資料版商事法務408号（2018年）

川村正幸＝仮屋広郷＝酒井太郎『詳説　会社法』（中央経済社、2016年）

岸田雅雄『ゼミナール会社法入門〔第7版〕』（日本経済新聞出版社、2012年）

黒沼悦郎『会社法〔第2版〕』（商事法務、2020年）

小林量＝北村雅史編著『事例研究　会社法』（日本評論社、2016年）

近藤光男『最新株式会社法〔第9版〕』（中央経済社、2020年）

北村雅史＝柴田和史＝山田純子『現代会社法入門〔第4版〕』（有斐閣、2015年）

三枝一雄＝南保勝美＝柿崎環＝根本伸一『最新　基本会社法〔第2版〕』（中央経済社、2021年）

酒巻俊雄＝尾崎安央＝川島いづみ＝中村信男編『会社法重要判例〔第3版〕』（成文堂、2019年）

酒巻俊雄＝龍田節編集代表　上村達男＝川村正幸＝神田秀樹＝永井和之＝前田雅弘＝森田章編集『逐条解説会社法　第1巻　総則・設立──会社法の沿革・会社法の性格』（中央経済社、2008年）

酒巻俊雄＝龍田節編集代表　上村達男＝川村正幸＝神田秀樹＝永井和之＝前田雅弘＝森田章編集『逐条解説会社法　第2巻　株式・1』（中央経済社、2008年）

酒巻俊雄＝龍田節編集代表　上村達男＝川村正幸＝神田秀樹＝永井和之＝前田雅弘＝森田章編集『逐条解説会社法　第3巻　株式・2　新株予約権』（中央経済社、2009年）

酒巻俊雄＝龍田節編集代表　上村達男＝川村正幸＝神田秀樹＝永井和之＝前田雅弘＝森田章編集『逐条解説会社法　第4巻　機関・1』（中央経済社、2008年）

酒巻俊雄＝龍田節編集代表　上村達男＝川村正幸＝神田秀樹＝永井和之＝前田雅弘＝森田章編集『逐条解説会社法　第5巻　機関・2』（中央経済社、2011年）

酒巻俊雄＝龍田節編集代表　上村達男＝川村正幸＝神田秀樹＝永井和之＝前田雅弘＝森田章編集『逐条解説会社法　第9巻　外国会社・雑則・罰則』（中央経済社、2016年）

坂本三郎編著『一問一答　平成26年改正会社法〔第2版〕』（商事法務、2015年）

宍戸善一『ベーシック会社法入門〔第8版〕』（日本経済新聞出版社、2020年）

柴田和史『会社法詳解〔第3版〕』（商事法務、2021年）

庄子良男訳『オットー・フォン・ギールケ　ドイツ団体法論　第1巻　翻訳第4分冊』（信山社、2015年）

砂川伸幸＝川北英隆＝杉浦秀徳『日本企業のコーポレートファイナンス』（日本経済新聞社、2008年）

砂田太士＝久保寛展＝髙橋公忠＝片木晴彦＝徳本穰編『企業法の改正課題』（法律文化社、2021年）

高橋英治『会社法概説〔第4版〕』（中央経済社、2019年）

高橋英治編『設問でスタートする会社法』（法律文化社、2016年）

髙橋公忠＝砂田太士＝片木晴彦＝久保寛展＝藤林大地『プリメール会社法〔新版〕』（法律文化社、2016年）

高橋美加＝笠原武朗＝久保大作＝久保田安彦『会社法〔第3版〕』（弘文堂、2020年）

龍田節＝前田雅弘『会社法大要〔第2版〕』（有斐閣、2017年）

田中亘『会社法〔第3版〕』（東京大学出版会、2021年）

田中亘編著『数字でわかる会社法〔第2版〕』（有斐閣、2021年）

徳本穰＝徐治文＝佐藤誠＝田中慎一＝笠原武朗編『会社法の到達点と展望』（法律文化

　　社、2018年）

徳本穰＝服部秀一＝松嶋隆弘編著『最新　法務省令対応　令和元年会社法改正のポイントと実務への影響』（日本加除出版、2021年）

永井和之編著『よくわかる会社法〔第3版〕』（ミネルヴァ書房、2015年）

中東正文＝白井正和＝北川徹＝福島洋尚『会社法　ストゥディア〔第2版〕』（有斐閣、2021年）

中村信男＝受川環大編『ロースクール演習会社法〔第4版〕』（法学書院、2015年）

新山雄三編著『会社法講義──会社法の仕組みと働き』（日本評論社、2014年）

西山芳喜編『アクチュアル企業法〔第2版〕』（法律文化社、2016年）

西村あさひ法律事務所編『M&A法大全（上）〔全訂版〕』（商事法務、2019年）

野田博『会社法判例インデックス』（商事法務、2013年）

野村修也＝奥山健志編著『令和元年改正会社法』（有斐閣、2021年）

蓮井良憲＝西山芳喜編『要説　会社法〔第2版〕』（法律文化社、2006年）

蓮井良憲＝西山芳喜編『入門講義　会社法〔第2版〕』（法律文化社、2006年）

畠田公明＝前越俊之＝嘉村雄司＝後藤浩士『新会社法講義』（中央経済社、2020年）

浜田道代＝岩原紳作編『会社法の争点』（有斐閣、2009年）

早川勝＝正井章筰＝神作裕之＝高橋英治編『ドイツ会社法・資本市場法研究』（中央経済社、2016年）

前田雅弘＝洲崎博史＝北村雅史『会社法事例演習教材〔第3版〕』（有斐閣、2016年）

前田庸『会社法入門〔第13版〕』（有斐閣、2018年）

松岡啓祐『最新会社法講義〔第4版〕』（中央経済社、2020年）

松下淳一＝山本和彦編『会社法コンメンタール　第13巻　清算(2)』（商事法務、2014年）

松嶋隆弘＝大久保拓也編『商事法講義1　会社法』（中央経済社、2020年）

三浦治『基本テキスト　会社法〔第2版〕』（中央経済社、2020年）

宮島司『新会社法エッセンス〔第4版補正版〕』（弘文堂、2015年）

森淳二朗＝吉本健一編『会社法エッセンシャル〔補訂版〕』（有斐閣、2009年）

森田章『上場会社法入門〔第2版〕』（有斐閣、2010年）

森本滋『会社法・商行為法手形法講義　第4版』（成文堂、2014年）

森本滋＝弥永真生編『会社法コンメンタール　第11巻　計算等(2)』（商事法務、2010年）

森本滋編『会社法コンメンタール　第17巻　組織変更、合併、会社分割、株式交換等(1)』（商事法務、2010年）

森本滋編『会社法コンメンタール　第18巻　組織変更、合併、会社分割、株式交換等(2)』（商事法務、2010年）

森本滋＝山本克己編『会社法コンメンタール　第20巻　雑則(2)』（商事法務、2016年）

弥永真生『リーガルマインド会社法〔第15版〕』（有斐閣、2021年）

柳明昌編『プレステップ会社法』（弘文堂、2019年）

山下友信＝神田秀樹編『商法判例集〔第 8 版〕』（有斐閣、2020年）
山下友信編『会社法コンメンタール　第 2 巻　設立⑵』（商事法務、2014年）
山下友信編『会社法コンメンタール　第 3 巻　株式⑴』（商事法務、2013年）
山下友信編『会社法コンメンタール　第 4 巻　株式⑵』（商事法務、2009年）
山本爲三郎『会社法の考え方〔第11版〕』（八千代出版、2020年）

事項索引

判例索引

■執筆者紹介 （＊執筆順、※は編者）

※徳本　穰（とくもと　みのる）　九州大学大学院法学研究院教授　　　　　1章
　　　　　　　　　　　　　　　　筑波大学大学院客員教授

千手　崇史（せんず　たかし）　近畿大学経営学部准教授　　　　　　　　2章

石田　眞（いしだ　まこと）　富山大学経済学部准教授　　　　　　　　　3章1節〜3節

王子田　誠（おうしだ　まこと）　駿河台大学法学部教授　　　　　　　　3章4節〜8節

内海　淳一（うつみ　じゅんいち）　松山大学法学部教授　　　　　　　　4章1節〜3節

田中　慎一（たなか　しんいち）　西南学院大学法学部准教授　　　　　　4章4節

西川　義晃（にしかわ　よしあき）　静岡大学人文社会科学部准教授　　　4章5節〜10節

井上　能孝（いのうえ　よしたか）　福岡大学法科大学院准教授　　　　　5章

宮崎　裕介（みやざき　ゆうすけ）　日本大学法学部教授　　　　　　　　6章

周田　憲二（すだ　けんじ）　広島大学大学院法務研究科教授　　　　　　7章

伊達竜太郎（だて　りゅうたろう）　沖縄国際大学法学部教授　　　　　　8章〜10章

Houritsu Bunka Sha

スタンダード商法II 会社法〔第2版〕

2019年4月25日 初 版第1刷発行
2022年4月30日 第2版第1刷発行

編 者 徳本 穰
　　　　　とくもと　みのる

発行者 畑 光

発行所 株式会社 法律文化社

〒603-8053
京都市北区上賀茂岩ヶ垣内町71
電話 075(791)7131 FAX 075(721)8400
https://www.hou-bun.com/

印刷：中村印刷㈱／製本：㈲坂井製本所
装幀：白沢 正
ISBN 978-4-589-04202-6

スタンダード商法
【全5巻】

〈本書の特長〉

・基本事項に重点を置いた標準テキスト
・丁寧な解説で商法の基本と全体像，およびリーガルマインドを修得できる
・理解を促すために，適宜，図解を用いる
・コラムにて重要判例，学説上の論点を解説し，知識の定着と応用を可能にする
・法学部をはじめ，経済学部・経営学部・商学部の講義に最適
・Ⅰ〜Ⅳは基礎から発展レベル，Ⅴは入門書

スタンダード商法 Ⅰ　商法総則・商行為法〔第2版〕
北村雅史編　　　　　　　　　　　　　　A5判・256頁・2750円

スタンダード商法 Ⅱ　会社法〔第2版〕
德本　穣編　　　　　　　　　　　　　　A5判・350頁・3300円

スタンダード商法 Ⅲ　保険法
山下典孝編　　　　　　　　　　　　　　A5判・290頁・2860円

スタンダード商法Ⅳ　金融商品取引法
德本　穣編　　　　　　　　　　　　　　A5判・224頁・2750円

スタンダード商法 Ⅴ　商法入門
高橋英治編　　　　　　　　　　　　　　A5判・214頁・2420円

―――――――――法律文化社―――――――――

表示価格は消費税10%を含んだ価格です